Gertrud von Stockmans

Um jeden Preis

Gertrud von Stockmans

Um jeden Preis

ISBN/EAN: 9783744654319

Hergestellt in Europa, USA, Kanada, Australien, Japan

Cover: Foto ©ninafisch / pixelio.de

Weitere Bücher finden Sie auf **www.hansebooks.com**

Um jeden Preis

von

Germanis.

— ◆ —

Die Daheimbibliothek bringt den Abonnenten der „Neuen Monatshefte“ als Extraprämie regelmäßig eine Romanbeigabe in fortlaufenden Bogen, welche darauf eingerichtet sind, vom Hefte abgetrennt und für sich gebunden zu werden. Im Laufe der Zeit wird sich so mit Hilfe der von uns zu liefernden Einbände eine Bibliothek guter Familienlektüre bilden.

Redaktion und Verlag des Daheim.

Daheimbibliothek II. Band:

Um jeden Preis.

Um jeden Preis.

Novelle

von

Germanis.

Bielefeld und Leipzig.
Verlag von Velhagen & Klasing.
1887.

Erstes Kapitel.

„Ich bitte Sie, Graf, wer ist jene schöne Frau in Weiß? Eine junonische Gestalt und ein entzückendes Antlitz! Selbst das lichte, goldige Braun ihrer Haare ist von seltener Schönheit."

Der Angeredete, ein Habitué der Gesellschaft, warf sein Augenglas geschickt in die Höhe, fing es mit einer Grimasse wieder auf und blickte nach der bezeichneten Richtung.

„Ah, Frau Viola von Weeren," sagte er langsam und fügte dann etwas schneller hinzu: „Sie kennen unsre neue Turandot noch nicht?"

„Nein, ich habe noch nicht die Ehre. Ungewöhnlich schneidige Frau, wie mir scheint; schön, elegant, aber grausam — was?"

„Jawohl, lieber Kaisler, daher der Name. Eine verteufelt kalte, stolze Person, übrigens Witwe und mit Glücksgütern gesegnet; zeigt aber nicht die mindeste Neigung, ihren Mammon zu teilen."

„Was man ihr eigentlich nicht verdenken kann. Ist sie eine hiesige Schönheit?"

„Nein, sie stammt aus dem Osten des Reiches, ist eine geborne von Rosenstein-Pittsburg und hat sehr jung ihren Vetter geheiratet. Eine gemachte Geschichte, die zum Glück nicht lange währte, da der liebenswürdige Gatte eines schönen Tages vom Wagen fiel und ohne weiteres den Hals brach. Die Sache ist in ihren Konsequenzen nur in sofern unangenehm, als die Erfahrung die schöne Frau sehr vorsichtig gemacht hat und sie ihre Freiheit nun mehr liebt, als ihren Verehrern gerade wünschenswert ist."

„Gehören Sie auch zu den letzteren, Graf?"

„Nein, ich ziehe es vor, die Rolle des unbefangenen Freundes zu spielen, und bin, dank dieser weisen Maßregel, bei unsrer neuen Turandot sehr gut accreditiert. Soll ich Sie etwa vorstellen, Kaisler?"

Der junge Kurländer dankte. „Später," sagte er zögernd — „erst orientieren Sie mich noch über die junge Dame, mit der Frau von Weeren in diesem Augenblick spricht."

„Sie meinen die kleine Brünette mit den lachenden Augen und der brandroten Toilette?"

„Ja, dieselbe; Sie erinnert in ihrer graziösen Lebhaftigkeit an eine zierliche Lazerte und scheint das ganze Gegenteil von Prinzeß Turandot zu sein, die neben ihr aussieht wie eine schöne, aber kalte Statue."

„Trotzdem oder vielleicht deshalb ihre beste Freundin; inséparable, sage ich Ihnen! Die kleine Excellenz — General von Randowitz, jener martialisch aussehende Herr dort, mit den vielen Orden, ist ihr Gatte, — geht diesen Winter zum erstenmal aus, und die schöne Witwe, die schon einige Semester hinter sich hat, versucht es, sie ein wenig zu chaperonnieren. Eine schwierige Aufgabe das! Ist nicht leicht zu hüten, die kleine Schlange, tanzt wie toll, und hat eine verhängnisvolle Neigung, sich zu kompromittieren. Man sagt, Frau von Weeren habe die Partie arrangiert und fühle sich nun verantwortlich für das Glück dieser Ehe."

„Gewiß ein Gegenstand steter Besorgnis! Schon der große Altersunterschied wirkt beängstigend. —"

„Ah, mein Lieber, es ist das nicht allein. Sehen Sie den jungen Mann, der neben ihr steht und sie soeben um eine Extratour bittet? — Distinguierte, interessante Erscheinung, nicht wahr? Heißt Graf Euen, arbeitet im auswärtigen Amt und ist einer der Löwen des Tages. Den beiden Damen gegenüber spielt er mit großer Verve den cavaliere servente und folgt ihnen in Gesellschaft auf Schritt und Tritt. Das Spaßhafte an der Sache ist nur, daß seine Feindschaft mit der einen fast gerade so groß ist wie seine Freundschaft mit der andern. Frau von Weeren erträgt seine Nähe nur um der jüngeren Freundin willen, und er wiederum kann es nicht begreifen, wie man ihr vor der Generalin den Vorzug geben kann."

„Prachtvoll! Und Seine Excellenz?"

„Ist eifersüchtig wie ein Türke."

„Teufel, dann kann die Sache doch noch unangenehm werden!" — — —

Graf Düren zuckte die Achseln. „Möglich," sagte er mit philosophischem Gleichmut, „vorderhand ist ja noch alles ruhig, und es lohnt wirklich der Mühe, das

wunderliche Kleeblatt kennen zu lernen. Also kommen
Sie, Baron."

Er schob seinen Arm unter den des jüngeren Ge-
fährten und führte ihn nach der andern Seite des Saales,
wo die beiden Damen, die Pause benutzend, sich unter
einer Gruppe breitblättriger Palmen niedergelassen hatten
und, in die roten Seidenkissen eines Divans geschmiegt,
sehr eifrig mit einander zu plaudern schienen.

„Ich bitte dich, Thesch, nimm endlich Vernunft an,"
sagte Frau von Weeren und blickte nach einer Ecke des
Saales, wo der General in längerem Tête-à-tête mit
einer älteren Dame stand, — „du kennst deinen Mann
nicht und weißt nicht, was sich hinter dieser scheinbaren
Ruhe verbirgt. Der Sturm ist im Anzuge, und wenn
er losbricht, kann er alles vernichten."

„Woraus schließt du das?" fragte die andere.

„Aus allerlei Anzeichen, die mich nicht trügen, vor
allem aber aus seinem neu emporblühenden guten Einvernehmen mit seiner alten Flamme, Gräfin Löwenclau.
Diese Frau ist deine geschworene Feindin, und wird es
dir nie verzeihen, daß du die Kühnheit gehabt, den
General zu heiraten."

„Den sie sich selbst zum zweiten Gatten ausgesucht
hatte," lachte die kleine Excellenz, „das will ich gern
glauben. Aber, was ist da zu thun? — Wenn sie mich
mit ihrem Hasse beehrt, ich kann es nicht ändern."

„Nein, aber du kannst doppelt wachsam und vorsichtig
sein," meinte Frau Viola. „Sie ist eine ebenso kluge
als intrigante Frau, und die Wahrheit, die durch ihren

Mund geht, wird immer mehr oder weniger entstellt sein."

Die kleine Excellenz schüttelte spöttisch lächelnd das Haupt. „Liebste Vi," sagte sie, „du siehst Gespenster. Was in aller Welt ist denn eigentlich geschehen? Ich thue nichts Böses und befinde mich überdem unter deinem erhabenen Schutze."

„Der nicht immer hinreicht, um alles zu cachieren, was du im jugendlichen Leichtsinn und Übermut verbrichst," erwiderte die andere. „Jedes Gebot der Klugheit, jede gesellschaftliche Rücksicht wird ja von dir beiseite gelassen, und die ungenierte Art, wie du mit Euen kokettierst —"

„Ist eben so ungefährlich als amüsant! Oder meinst du, es bereite mir kein Vergnügen, den Löwen der Saison zu meinen Füßen zu sehen? Nein, Liebste, so blasiert bin ich denn doch nicht, und alle wohlgemeinten Warnungen deinerseits werden nicht im stande sein, mir dieses harmlose Vergnügen zu verleiden."

Frau von Weeren seufzte. „Harmlos," sagte sie, „harmlos, wo dein Ruf, dein Lebensglück auf dem Spiele steht? — Ist es dir wirklich ganz gleichgültig, wenn die Skandalsucht sich deines Namens bemächtigt, und dein Gatte sich in Angst und Unruhe verzehrt? Nein, Thesch, für so leichtsinnig hätte ich dich doch nicht gehalten, und wenn ich geahnt hätte, daß du deine Stellung in dieser Weise mißbrauchen würdest —"

„So hättest du mich nimmermehr mit Seiner Excellenz, Herrn von Randowitz, verheiratet. Nicht wahr, Vi, das wolltest du sagen? — Aber das Unglück ist nun einmal geschehen, und da er eine Frau hat, die dreißig Jahre jünger ist als er, muß er sich daran gewöhnen, sie von anderen gefeiert zu sehen."

„Aber nicht in dieser drastischen, höchst auffallenden Weise. In dem Benehmen des Grafen liegt eine Süffisance, welche den Ausdruck wahrer Verehrung und Hochachtung ausschließt, und sein Ruf als Don Juan ist so wohl begründet, daß man im Verkehr mit ihm doppelt zurückhaltend sein sollte."

Die kleine Excellenz lachte belustigt. „Nun, Bi," sagte sie, „ich denke, du behandelst ihn schlecht genug; dieses Maß der Reserve genügt für uns beide. Ich für meinen Teil mag ihn schrecklich gern leiden, und da ich dabei gar nichts Schlimmes finde, sehe ich auch nicht ein, weshalb ich es ihm nicht zeigen sollte. Oder bist du am Ende gar eifersüchtig, Viola?"

Frau von Weeren errötete vor Unwillen. „Du bist unverbesserlich," sagte sie ungeduldig, „und wirst nicht ruhen bis es, so oder so, zu einem Eclat kommt. Was aber dann, kleine Schmetterlingsseele?"

„O, dann wirst du schon Rat schaffen, meine weise Sybille," lachte Frau Thesch. „Thue mir jetzt nur den einzigen Gefallen und verdirb mir den schönen Abend nicht mit deinen düsteren Prophezeiungen. -- Du hast ja so viele Courmacher, gönne mir nur den einen und gestatte, daß ich meine Jugend genieße. Ich habe wenigstens nicht die geringste Absicht, sie mir durch unnötige Skrupel verderben zu lassen."

Die Musik begann wieder, Graf Euen erschien, um die kleine Excellenz zu einem Lancier zu holen, und vergnügt aufspringend, hing sie sich lachend und plaudernd an seinen Arm; Frau von Weeren aber starrte ihrem Tänzer mit einem zerstreuten, abwesenden Ausdruck ins Gesicht und wußte offenbar nicht, was er von ihr wollte. Ihr Geist war mit ganz anderen Dingen beschäftigt. —

Inzwischen hatte sich an Frau Thesch's ehelichem Himmel wirklich ein kleines Unwetter zusammengezogen.

Der General, mißmutig und gelangweilt durch den Saal schreitend, hatte den einen und den anderen seiner Bekannten begrüßt und war schließlich bei seiner alten Freundin, Gräfin Löwenclau, stehen geblieben, mit der er vor zwanzig Jahren schon manchen Cotillon getanzt, und die auch heute noch in ihrer raffiniert einfachen schwarzen Spitzentoilette eine vornehme und anziehende Erscheinung bot. — Seine deprimierte Stimmung gewahrend, hatte sie ihn gewandt in eine animierte Unterhaltung zu verwickeln gewußt, und schon fühlte er seinen Unmut mehr und mehr schwinden, als eine Bemerkung der Gräfin ihn wie ein vergifteter Pfeil traf und schmerzlich und unruhig zusammenfahren ließ.

Sie hatte soeben mit heuchlerischer Wärme über die pikante Anmut und zierliche Eleganz seiner Gattin gesprochen und fügte nun scheinbar ganz unbefangen und harmlos hinzu: „Wissen Sie auch, Excellenz, daß man schon anfängt, Ihre Ruhe und Selbstlosigkeit zu bewundern? Wer hätte je gedacht, daß Sie ein so guter

Ehemann sein würden? Alte Junggesellen, wenn sie
heiraten, pflegen sonst meist ein wenig den Despoten zu
spielen, Sie aber haben für die Wünsche Ihrer reizenden
kleinen Frau stets nur die allerfreudigste Gewährung
und bringen ihren jugendlichen Launen das vollste Verständnis entgegen."

Der General wurde sehr rot, aber er bezwang sich
und sagte nur grollend: „Meine Gnädigste, ich halte
dies für ein Gebot der Klugheit und Pflicht. Wer selbst
der Jugend fern steht, gerät leicht in Gefahr, die be-
rechtigten Ansprüche derselben zu verkennen, und nichts
ist mir stets lächerlicher und verächtlicher erschienen als
ein eifersüchtiger Alter, der überall Gefahr und Über-
schreitung wittert und seiner jungen Gattin jede Freude
mißgönnt."

Gräfin Löwenclau lächelte freundlich. „Welche
loyale Gesinnungen, Excellenz! Von Ihnen kann man
in Wahrheit sagen: ein Ritter ohne Furcht und Tadel.
Aber nicht jeder hat eine so großartige Auffassung der
Dinge wie Sie, Excellenz, und was den Fluch der
Lächerlichkeit anbelangt, den Sie so sehr zu fürchten
scheinen, so trifft er vielleicht den allzu Vorsichtigen oft
weniger als denjenigen, welcher sich absichtlich in eine
trügerische Sicherheit wiegt, um dann einem fait accompli
gegenüber zu stehen."

„Letzteres, meine verehrte Gräfin, dürfte mir kaum
passieren," erwiderte der General mit großer Schärfe.
„Wenn ich auch jeden kleinlichen Argwohn als meiner
unwürdig verachte, so halte ich doch die Augen offen

und weiß, was ich meinem Namen und meiner Stellung
schuldig bin. Sollte daher die Verleumdung es wagen,
den Glanz desselben mit einem Hauch zu trüben — —-"

Die Gräfin fiel ihm beschwichtigend ins Wort.
„Verleumdung? Ich bitte Sie, Excellenz, welch ein
häßlicher Ausdruck! Wir wollen doch hier kein bürger-
liches Trauerspiel aufführen und die Dinge tragischer
nehmen als sie wirklich sind! Was ist ein on dit?
Ein Hauch, ein Nichts! Man kann es den Leuten nicht
verwehren zu reden, und daß die junge Gattin eines
hochgestellten Herrn wie Sie, lieber General, schärfer
beobachtet und lieber besprochen wird als eine andere,
das ist nun einmal der Lauf der Welt und eine Sache,
die Sie beim besten Willen nicht ändern werden."

„Nein," sagte der General, „aber es wäre mir angenehm zu erfahren, worin in diesem Falle das on dit
besteht?"

Mit einem halb koketten, halb ungläubigen Lächeln
sah die schöne Frau zu ihm auf, ließ den funkelnden
schwarzen Fächer auf und nieder schwirren, betrachtete
die goldenen Spangen an ihrem weißen Arm, und sagte
dann wie zweifelnd und zögernd: „Sollten Sie das
wirklich nicht wissen, Excellenz, oder — zum mindesten
doch erraten können? — Ihre Gattin und Frau von
Weeren sind unzertrennlich, wie allgemein bekannt ist,
aber diese Freundschaft hat neuerdings noch einen Zu-
wachs erhalten. Graf Euen, — der scharmante, galante,
interessante Graf Euen, scheint nunmehr der dritte im
Bunde zu sein, und welcher von den beiden Damen seine

Huldigungen gelten, darüber werden selbst Sie wohl kaum
noch im Zweifel sein."

Der General richtete sich hoch auf. „Allerdings,"
sagte er, „ist es mir bekannt, daß Graf Euen meine
Frau bis zu einem gewissen Grade auszeichnet und ihre
Nähe sucht, da dies aber in den gebührenden Grenzen
geschieht, sehe ich darin nur eine Anerkennung meines
eignen Geschmacks und keine Veranlassung, die Unbe=
fangenheit meiner Frau zu stören oder Maßregeln zu
treffen, welche ihre Freiheit beschränken könnten."

Wie sehr er sich innerlich auch gekränkt und beunruhigt
fühlte, er wollte seiner Partnerin nicht die Freude gönnen,
ihn schwach zu sehen und liebte seine Frau zu sehr, um
nicht jeden Zweifel an ihr wie eine persönliche Beleidigung
zu empfinden. Anderseits vermochte er sich dem Einfluß,
welchen die Gräfin auf ihn ausübte, nicht ganz zu ent=
ziehen, und ein seltsames Gemisch von Trotz, Mißtrauen
und Unbehagen bemächtigte sich seiner, als sie, nun plötz=
lich in ein silberhelles Lachen ausbrechend, sehr spöttisch
sagte:

„Nein, Excellenz, Sie sind doch immer noch unglaub=
lich naiv! — Beschränkung der Freiheit! — Als ob das
eine so einfache Sache wäre! Oder meinen Sie die
militärische Disciplin ohne weiteres auch auf die Ehe
übertragen und Ihre kapriziöse kleine Frau mit eiserner
Hand regieren zu können? Eine köstliche Idee, die leider
zu den unausführbaren Dingen gezählt werden muß! —
Wahrlich, das Gesicht dieser kleinen Circe möchte ich
sehen, wenn Sie es sich einfallen ließen, den vor dem

Altar gelobten Gehorsam einmal in der Praxis von ihr
zu verlangen, und selbst der vielgepriesene Einfluß ihrer
schönen Freundin würde Ihnen da wenig helfen; Sie
sind ja mit allem einverstanden, was die sehr reizende
junge Dame thut, und durch die obligate Illusion einer
verspäteten Flitterwochenglückseligkeit genügend geblendet,
— aber verbieten Sie ihr einmal, den Grafen einen Tag
nicht zu sehen, ihn in stundenlangem Tête-à-tête zu
empfangen oder bei jenen Aufführungen und lebenden
Bildern mitzuwirken, deren Besprechung den häufigen
Besuchen des Grafen zum Vorwand dienen muß — und
Sie werden sehen, wie weit Ihr unbeschränkter Wille,
Ihre Machtvollkommenheit reicht."

Befriedigt lehnte sie sich in ihren Stuhl zurück und
strich liebkosend über die Volants ihres Spitzenkleides,
der General aber zitterte vor innerer Erregung, und seine
Augen blickten finster, als er grollend sagte:

„Wir waren bisher immer gute Freunde, Gräfin,
und ich weiß nicht, ob Sie mich warnen oder nur reizen
wollen, aber Sie sollen ihn haben, den Beweis meiner
Macht! Wie ruhig ich selbst auch über dergleichen denke,
die Vorgänge in meinem Hause dürfen nicht mehr Anlaß
geben zu böswilliger Deutung, und von jetzt ab wird
meine Frau in meiner Abwesenheit keinen jungen Herrn
mehr empfangen, auch Graf Euen nicht. — Ich bin
gewohnt, mein Wort respektiert zu sehen, und auch für
meine Frau wird mein Wunsch Befehl sein, sobald sie
einsieht, daß es sich um mehr als um eine bloße Laune
handelt."

„Und wenn Sie sich dennoch täuschten, Excellenz, — wenn Ihre Frau stärker sein sollte als Sie?" — —

Der General zuckte zusammen. Ein unbändiger Stolz, eine maßlose Entrüstung lag in dem zornigen Blick seiner Augen, er machte eine verächtliche Gebärde, und fast höhnisch klangen seine Worte, als er endlich sagte: „Haha, — meine Gnädigste, Sie meinen, ich sei schon zu schwach, ein Weib zu regieren? Nun, da dürften Sie sich doch gründlich irren; — ich habe meinen Willen stets durchzusetzen gewußt, und was sich nicht beugt, — das wird gebrochen!"

Er wandte ihr nach kurzer Verbeugung den Rücken und ging hocherhobenen Hauptes von dannen. Gräfin Löwenclau aber blickte der hohen Gestalt nach, wie sie sporenklirrend den weiten Saal durchschritt, und ein glückliches, triumphierendes Lächeln schwebte um ihre schmalen Lippen. Wußte sie doch, daß sie ihren Zweck erreichen würde. Sie hatte Mißtrauen gesäet und wollte Sturm ernten — und wenn das Lebensglück ihrer Feindin dabei zu Grunde ging, um so besser: — es konnte ein ganz ergötzliches Schauspiel werden!

Zweites Kapitel.

Das Boudoir glich einem dunklen, duftigen Veilchen=
strauß!

Violetter Samt und gelbe Seide, gebeizter Nußbaum
in stilvollen Formen, gelblich=zarte Spitzenvorhänge und
ein breites Fenster mit Butzenscheiben, durch deren bunte
Glasmalereien die Sonne ihre zündenden Strahlen warf.
Regenbogengleich ließ sie alles im schönen, wechselvollen
Farbenspiel erglühen. Besonders das sehnende Antlitz
einer Klythia, von rosigem Licht übergossen, schien ein
geheimnisvolles Leben zu atmen, und eine kostbare Bronze
auf dem Kamin, den sterbenden Fechter darstellend, strahlte
in grünlich=goldigem Glanz. An der einen Wand hing
ein wundervolles Gemälde von Kray, und aus einem
dunklen Winkel grüßte Piglheims Pierrette mit schalkhaftem
Lächeln. Damit war die Zahl der Kunstgegenstände
aber auch schon erschöpft, nur Blattgewächse gab es in
Menge und frische Blumen in verschwenderischer Fülle.
Sie winkten und leuchteten aus allen Ecken und Eckchen,
zierten in niederen, grünlichen Rinnen den offenen Schreib=
tisch und erfüllten die Luft mit einem zarten undefinier=
baren Dufte, der den Eintretenden angenehm und
schmeichelnd umfing.

Das Gemach — in seiner dunklen gediegenen Pracht

2*

die rechte Folie für eine lichte Frauenschönheit — war im Augenblick leer; aus dem anstoßenden Frühstücks= zimmer aber drang die Stimme einer älteren Dame, welche sich sehr lebhaft mit ihrem Papagei unterhielt, und wenn man genauer hinhorchte, hörte man auch das leise, trauliche Summen des Samowars.

Ja, Frau von Weeren hatte noch nicht gefrühstückt, und die Uhr schlug schon zehn, aber sie war auch erst gegen drei Uhr nach Hause gekommen und hatte, den Be= richten der Jungfer zufolge, heute ihren nervösen Kopf= schmerz.

Die alte Dame blickte wiederholt nach der geschlossenen Thür und seufzte tief auf. Sie hieß Fräulein Bettina von Biddingsfeld und bildete sich auf ihren klassischen Vornamen nicht wenig ein, aber kein Mensch that ihr den Gefallen, denselben zur richtigen Anwendung zu bringen. Bei ihrer Nichte Viola sowohl wie bei allen näheren Bekannten und Freunden hieß sie ein für alle= mal Tante Betty, und keine Vorstellung ihrerseits ver= mochte etwas an diesem Faktum zu ändern. Daß dem so war, dazu trug ihr sanftes, mütterliches Wesen nicht wenig bei; ja, sanft und gut war sie, so recht zum Necken und Liebhaben gemacht, von dem Geist und der Originalität ihrer Namensschwester aber, dem berühmten „Kinde“, war nicht das geringste an ihr zu bemerken, und als Gardedame der eleganten jungen Witwe erinnerte sie nicht wenig an eine biedere Henne, die zu ihrem eigenen Erstaunen ein Entlein ausgebrütet und es dann mit Angst und Entsetzen davon schwimmen sieht.

Tante Betty also seufzte erheblich, strich wiederholt über den ohnehin sehr glatten Scheitel, zupfte an den lila Seidenbändern ihrer Morgenhaube und wollte eben aus Verzweiflung das Fremdenblatt lesen, als die betreffende Thür sich endlich öffnete und die Ersehnte erschien.

Frau von Weeren war nicht nur eine Abendschönheit! Selbst heute, nach einer durchwachten Nacht, da sie sich matt und angegriffen fühlte, war sie bezaubernd, und aus den Spitzenkaskaden ihres hellen Negligés hob sich der feine, vornehme Kopf in vollendeter Anmut. Sie trug denselben so stolz wie je, in ihren Bewegungen aber lag nicht allein klassische Ruhe, sondern auch Unlust und Lässigkeit, und das flüchtige „Guten Morgen," mit dem sie Tante Bettys zärtliche Begrüßung erwiderte, klang kühl und zerstreut bis zur Unhöflichkeit.

Ebenso zerstreut ließ sie sich auch an dem hübsch arrangierten Frühstückstisch nieder, und als die alte Dame sich nach ihrem Befinden erkundigte und wiederholt fragte, was der vorhergehende Abend ihr alles gebracht, bedurfte es einer sichtlichen Anstrengung von ihrer Seite, um sie ihre schweigsame Stimmung überwinden zu lassen. Sie rührte gedankenvoll in ihrem Thee, betrachtete, als wenn ihr Seelenheil davon abhinge, die rosigen Spitzen ihrer schlanken Finger, ließ die kostbaren Ringe auf und nieder gleiten und sagte dann, sich der Frage erinnernd:

„O danke, ich habe mich ganz gut amüsiert. Oder nein, eigentlich nicht! Wenn man sich's recht überlegt, so ist diese forcierte Art von Geselligkeit doch ein Nonsens, und ich bereue es beinahe, mich in diesen Strudel gestürzt zu haben."

Tante Betty sah ganz erschreckt aus. „Aber meine liebe Viola," sagte sie, „ich verstehe dich gar nicht. Du hast dich bisher doch immer vortrefflich amüsiert und nimmst eine Stellung ein, die wahrhaft beneidenswert ist. Du bist jung, schön, reich, vielumworben."

Frau von Weeren zerbrach ein Hörnchen und nahm etwas Butter. „Ja," sagte sie, „das ist ganz natürlich. Man wünscht mich eben zu heiraten, um seine Schulden zu bezahlen. Findest du das so beneidenswert, Tante? Ein kleines Ungeheuer mit demselben disponiblen Vermögen würde dieselben Erfolge haben, und ich bin leider nicht thöricht genug, mich über den Wert derselben zu täuschen."

Tante Betty schüttelte ernsthaft das Haupt. „Kind, Kind," sagte sie besorgt, „ich kenne dich nicht wieder. So mißtrauisch und menschenfeindlich warst du noch nie."

„Weil ich auch noch nie Gelegenheit hatte, Welt und Menschen kennen zu lernen wie gerade hier."

„Die ganze Jeunesse dorée liegt dir zu Füßen!"

„Und ich nehme mir nicht einmal die Mühe, sie aufzuheben."

Sie hatte es stolz, kalt, siegesgewiß gesagt, um — im nächsten Augenblick vor sich selbst zu erröten. Nein, Tante Betty hatte mit ihrer Voraussetzung nicht recht. Einen gab es, der ihr nie gehuldigt, der kalt und stolz an ihr vorüberging, der nur Sinn zu haben schien für eine andere Frau. Und dieser eine war zugleich der

einzige, der ihr je gefallen, im ersten Augenblick wenigstens,
so lange als sie seinen scheinbaren Unwert nicht zu erkennen vermocht. Wenn er sie gesucht, wenn er um sie
geworben hätte wie andere auch, vielleicht wäre sie, sich
selbst unbewußt, weniger streng mit ihm ins Gericht
gegangen, nun aber, da er ihr durch Thesch noch Kummer
und Angst bereitete, war aus dem keimenden Interesse
fast Abneigung geworden, und es schien ihre Pflicht, ihm
hemmend und hindernd in den Weg zu treten. Die alte
Dame aber wußte nichts von diesen Reflexionen, sie
seufzte nur wieder einmal und sagte nachdenklich:

„In einem hast du recht — das Ideal ist verloren
gegangen, Geld — Geld — Geld — heißt das Feld-
geschrei unserer modernen Legionen! Aber du unter-
schätzest deine eigenen Vorzüge, Viola, du bist zu bescheiden.
Auch um deiner selbst willen wirst du gefeiert.“

„Pah!“ sagte Frau von Weeren spöttisch, „von wem
denn? — von Schwachköpfen und Narren, welche die
Hohlheit ihres Wesens unter einem tadellosen Frack zu
verbergen trachten und von ihrer Unwiderstehlichkeit so
überzeugt sind, daß sie mich schon dadurch zum Widerspruch reizen.“

„Die Armen,“ sagte Tante Betty, „wahrlich, du
behandelst sie schlecht genug.“

Doch ihre Nichte schüttelte ernsthaft das Haupt.
„Nicht schlechter als sie es verdienen und vertragen
können,“ meinte sie ruhig, „der Name Turandot hat
mir noch bei keinem geschadet.“

„Ah — du weißt also?“

Frau von Weeren schob ihre Tasse zurück. „Natür=
lich," sagte sie, „Thesch hat es mir längst gesagt."

Die alte Dame schlug die Hände zusammen und
blickte erstaunt und unwillig drein. „Jawohl," sagte
sie, „Thesch, Thesch und immer nur Thesch — alles
Angenehme kommt ja von dort! Ich wünschte, die kleine
Dame acceptierte etwas von deiner kühlen Reserve und
ließe ihren Launen nicht die Zügel schießen."

„Wie scharf du bist, ich kenne dich nicht wieder,"
parodierte lächelnd die junge Witwe, „aber im Ernst,
Tante Betty, dein mildes Urteil geht dir bei Thesch
gänzlich verloren, und wenn du über mich zu bestimmen
hättest —"

„So hörte die Freundschaft mit der kleinen Excellenz
bald genug auf. Ja, Viola, da hast du ganz recht!
Sie ist und bleibt eine Egoistin und, mag es nun be=
wußt oder unbewußt sein, ein eitles, verzogenes und
eigensinniges Kind dazu. Ich mag nicht so klug sein
wie ihr jungen Leute, aber in dieser Beziehung hat mir
die Liebe zu dir die Augen geöffnet, und ich begreife
einfach nicht, was du an der kleinen koketten Närrin
hast!"

Frau von Weeren blickte ihre Tante vorwurfsvoll
an. „Sie war Wolfgangs Braut," sagte sie ernst und
fügte nach einer Pause hinzu: „Du weißt, wie er sich,
sterbend, um Theschs Zukunft sorgte und mir das Ver=
sprechen abnahm, in ihr stets eine Schwester zu sehen.
Wie sollte ich das jemals vergessen können?"

Tante Betty nickte. „Der arme Junge," sagte sie,

„so froh, so jung, so reich, so schön — und doch einem frühen Tode verfallen, aber vor einem hat ihn der Himmel in Gnaden bewahrt, — er hat die wahre Natur seines Ideals nie kennen gelernt. Ein Dichter und ein Schwärmer, der er war, sah er in seiner Braut ein vollkommenes Wesen, und selbst du, Viola, hattest unter der Ausschließlichkeit dieser Liebe zu leiden."

Frau von Weeren war ans Fenster getreten und blickte hinaus in die leuchtende Winterpracht, ohne von dem, was draußen vorging, das geringste zu sehen. Ihre Gedanken waren mit anderen Dingen beschäftigt. O wie recht hatte die Tante, wie schwer hatte sie gelitten da= mals, vor vielen Jahren, als Wolfgang ihr freudestrahlend seine Braut zuführte und sie gemeint hatte, ihr Herz müsse stillstehen vor Schmerz und dem Gefühl einer un= sagbaren schreckhaften Überraschung!

Er war ihr einziger Bruder, der Gespiele ihrer Kindheit, ihr ein und alles gewesen, und sie hing an ihm mit der ganzen leidenschaftlichen Zärtlichkeit ihres verwaisten Herzens, das sich neben dem mürrischen, greisenhaften Vater unendlich vereinsamt fühlte, und in der kühlen Zuneigung einer vortrefflichen älteren Er= zieherin nicht den genügenden Ersatz finden konnte. Wolf= gang war ihr Ritter, ihr Kamerad, ihr einziger Vertrauter gewesen, sie sah zu ihm auf wie zu einem höheren Wesen, und daß sie aus seinem Herzen je verdrängt werden könne, schien ihr absolut unmöglich.

Da kam in die sonst so stille Nachbarschaft ein junges Mädchen und schloß sich mit Lebhaftigkeit an Viola an.

Sie hatte ihre Mutter verloren, war eben erst siebzehn Jahr alt geworden und konnte bei dem Vater allein nicht bleiben. Darum nahmen die Großeltern die Kleine zu sich, versetzten sie aus dem lauten Treiben einer großen Stadt in die stille waldumrauschte Oberförsterei und glaubten, sie würde in ihrem frischen Schmerz an der Einsamkeit Gefallen finden.

In dieser Voraussetzung sahen sie sich aber gründlich getäuscht. Die Kleine erklärte, nicht atmen zu können in dieser Atmosphäre ruhigen Behagens und patriarcha= lischer Langweile, verlor ihre frischen Farben und den leichten, schwebenden Schritt, und schien erst wieder auf= zuleben, als Wolfgang Rosensteins schlanke Gestalt ihr zum erstenmal unter den grünen Buchen entgegentrat.

Wie sie sich dann so schnell gefunden? — Viola hätte es nicht zu sagen vermocht! Obgleich um Jahre älter als Thesch, war sie doch an Argwohn und Erfahrung ein Kind, und wenn ihr edler, warmherziger Bruder bemüht schien, die arme junge Waise zu trösten, die in ihrer Trauerkleidung so rührend schön und hilflos aus= sah, so schien ihr dies ebenso gut und natürlich, als daß Thesch ihre Bewunderung für ihn ganz offen zur Schau trug.

Ja, sie hatte alles gesehen und nichts verstanden, darum war der Schlag, der sie traf, auch gar so hart gewesen und hatte ihr Wesen erschüttert bis in seine tiefsten Tiefen. Nur diesen einen Bruder besaß sie, und man wollte ihn ihr nehmen, ihn und seine Liebe, die ihr bis dahin allein gehört hatte. O, welchen schweren

Kampf hatte sie kämpfen müssen mit sich und ihrem rebellischen Herzen, und wie froh war sie später gewesen, daß sie es über sich vermocht, Wolfgang das Glück dieser Stunde durch kein bitteres Wort zu verkürzen. Er, durch den Egoismus des Glücks vor jeder schmerzlichen Erkenntnis bewahrt, ahnte nicht, wie weh er der geliebten Schwester gethan, und glaubte, sie müsse wie er sich der neuen Errungenschaft freuen. Für sie aber war die Welt plötzlich eine andere geworden, und was sie früher gewünscht und gehofft, erschien ihr nun kaum eines Gedankens wert. Eine ungeheure Gleichgültigkeit hatte sich ihrer bemächtigt, und als Herr von Weeren, ein Verwandter ihres Vaters, sie zum drittenmal zu seiner Gattin begehrte, sagte sie zum erstenmale nicht nein.

Hätte sie ahnen können, welche Summe von Leid und Bitterkeit diese Ehe für sie einschließen würde, sie wäre im letzten Augenblick noch zurückgetreten. Da aber keine Mutter da war, um sie vor einer Übereilung zu bewahren, ging sie mit müdem Lächeln und einer gewissen Hast ihrem Schicksal entgegen. Lange bevor Wolfgang und Thesch anfingen, an ihre Hochzeit zu denken, war Viola schon Frau von Weeren geworden und führte jenes leere, fried- und freudlose Dasein, dessen Erinnerung sie jetzt noch erbeben machte.

Ehe das häusliche Elend aber noch seinen Höhepunkt erreicht hatte, wurde das Bewußtsein desselben schon wieder durch Schlimmeres verdrängt, und ihre leidenschaftliche Liebe zu Wolfgang, die seit seiner Verlobung gleichsam in tiefer Erstarrung gelegen, wieder geweckt, da es galt, den schwer erkrankten Bruder zu pflegen.

Das Unglück war ganz plötzlich gekommen. Heute frisch und gesund, schwebte er einige Tage später infolge einer Lungenentzündung am Rande des Grabes, und Thesch, die zu jener Zeit mit ihrer Großmutter im Bade weilte, sollte von Gefahr und Sorge durchaus nichts ahnen. Als er sie dann aber dennoch zu sehen verlangte, war es zu spät! Viola hörte ihn noch, den Ton heißer Sehnsucht und flehender Bitte, mit dem er Theschs Namen geflüstert, und erst als sie ihm feierlich gelobt, sie an seiner Statt zu hüten und zu pflegen, war er ruhiger und resignierter geworden. Sie dankte Gott, daß sie noch etwas für ihn thun konnte und sein Liebstes ihm, an ihrer Seite, gesichert erschien, aber auch seine brüderliche Liebe und Zärtlichkeit schien noch einmal hell aufzuflammen vor seinem Scheiden; in seinen Phantasien zog die gemeinsam verlebte Jugend mit goldigem Glanze an seiner fliehenden Seele vorüber, und als sie ihm endlich mit sanfter Hand die müden Augen schloß, war jede Spur von Eifersucht aus ihrem Herzen gewichen.

Thesch, obgleich durch Briefe und Telegramme schonend vorbereitet, konnte es nicht fassen, den Geliebten nur noch als Leiche wiederzusehen. Wie erstarrt stand sie vor der grausamen, unerbittlichen Majestät des Todes, unfähig, die ganze Tragweite ihres Verlustes zu begreifen, und Viola, an die sie sich Trost suchend anklammerte, nahm die halb Ohnmächtige von dem offenen Grabe hinweg, mit in ihr Haus.

Von jener Zeit datierte ihre besondere Freundschaft, und sei es nun, daß der Gedanke an den Verstorbenen so mächtig wirkte oder Theschs Halt= und Hilflosigkeit ihr Mitleiden erweckte, sie hegte seitdem für ihren Schütz= ling eine warme und aufrichtige Zuneigung, die mit der fürsorgenden Liebe einer Mutter eine gewisse Ähnlichkeit hatte und sie auch da noch Nachsicht und Langmut üben ließ, wo Theschs Fehler sie selbst in große Verlegenheit brachten.

Die Arme hatte durch Wolfgangs Tod ja so viel verloren! Nicht allein den edlen, schönen, ritterlichen Verlobten, in dessen Liebe ihr Glück und ihre Zukunft ruhten, sondern auch den goldenen Boden, auf dem diese Zukunft emporblühen sollte und der ihr nun gleichsam unter den Füßen hinweggezogen ward. Wolfgang hatte in dieser Beziehung nichts für sie thun können, und Viola begriff sehr wohl, daß seine Sorge für sie sich auch auf ihre pekuniäre Lage erstrecke. — Das junge Mädchen war außerordentlich verwöhnt und ganz mittel= los, ihr Vater im Begriff sich wieder zu verheiraten, und die Großeltern durch andere Kinder und Enkel so in Anspruch genommen, daß sie, abgesehen von einem Aufenthalt in ihrem Hause, nicht viel für sie thun konnten.

Was war da natürlicher, als daß Viola, welcher nunmehr das ganze Vermögen ungeteilt zufiel, auch in dieser Beziehung Theschs Vorsehung spielte und der Braut ihres Bruders eine Existenz und eine Heimat anbot. Herr von Weeren, welcher bald darauf durch jenen töd= lichen Sturz aus ihrem Leben schied, brauchte nicht mehr gefragt und gefürchtet zu werden, und sie selbst sehnte sich nach der Gesellschaft eines jungen Wesens, das den Schmerz um den geliebten Bruder verstehen und die bösen Eindrücke der letzten Jahre verscheuchen sollte.

Aber das geplante Zusammenleben gestaltete sich weniger harmonisch als Viola gedacht. Statt in der Stille um den verlorenen Geliebten zu weinen und seiner Schwester zarte Rücksicht dankbar zu erwidern, strebte Thesch, sobald die erste Erschütterung vorüber war, nach Leben und Bewegung, und da dies daheim der Trauer wegen nicht erreicht werden konnte, drängte sie Viola zu einer größeren Reise.

Man ging, von Tante Betty begleitet, nach der Riviera und dem südlichen Frankreich, verlebte einen ganzen Winter in Rom und kehrte erst wieder nach Hause zurück, als auch im Norden der Frühling seinen Einzug gehalten und die Laubwälder im grünen Blätter= schmuck prangten.

Viola hatte viel Schönes gesehen und gar viele Menschen kennen gelernt, bei alledem aber die nieder= schmetternde Erfahrung gemacht, daß ihr für Theschs Wesen das richtige Verständnis fehle und ihre Autorität nicht ausreiche, die wechselnden Launen der jungen Dame zu zügeln. Man konnte ihr niemals ernstlich zürnen, da sie eine Art und Weise hatte, der schwer zu wider= stehen war, aber sie war voller Thorheiten und Capricen, that die unglaublichsten Dinge, machte überall von sich reden und zeigte eine so ausgesprochene Neigung zu do= minieren, daß Viola, die es liebte, nach ihrem eigenen

Ermessen zu handeln und Thesch gegenüber zu zartfühlend
war, um sie ihre abhängige Stellung empfinden zu lassen,
in eine unbehagliche Lage und Stimmung geriet und
durchaus nichts dagegen hatte, als jene den Wunsch
aussprach, während der Wintermonate zu ihrem Vater
zu gehen. — Dort, in der kleinen Garnisonstadt, feierte
sie ihre schönsten Triumphe. Als sie aber zu Viola
zurückkehrte, war sie ausgelassener und übermütiger denn
je, und die junge Witwe mußte sich, bei aller Pietät
gegen den verstorbenen Bruder, sagen, daß um ihren
Verpflichtungen gerecht zu werden und größerem Ärgernis
vorzubeugen, sie Thesch sobald als möglich verheiraten
müsse. Als daher General Randowitz, ein Freund ihrer
Familie, nach Pittsburg kam, um Hirsche zu schießen,
und von Theschs neckischem Liebreiz bezwungen, vom
ersten Tage an ihr zu Füßen lag, schien ihr das eine
gnädige Fügung des Himmels, und sie that das Ihrige
dazu, um die Partie zu stande zu bringen. Seine
Excellenz hatte viel zu bieten; sein Alter, das bei einer
anderen schwer ins Gewicht gefallen wäre, schien ihr nur
eine Bürgschaft mehr für Theschs Glück, und wenn irgend
einer, so mußte dieser schöne, stattliche Kriegsmann es
verstehen, ihre unberechenbare kleine Freundin zu zügeln.

Aber sie sah sich im Laufe der Zeit auch hierin getäuscht. Zwar folgte Thesch dem stürmisch Werbenden
recht gern zum Altar und fand es ganz angenehm,
Excellenz Randowitz und die angebetete Frau eines reichen
Mannes zu werden; einen durchschlagenden Einfluß auf
ihren Charakter hatte aber auch er nicht gewonnen und

die Liebe nicht wenig dazu beigetragen, ihn lange Zeit hindurch über ihre Fehler und Schwächen zu täuschen. Durch äußere Umstände zu relativer Zurückgezogenheit gezwungen, waren die ersten beiden Jahre ihrer Ehe ganz glücklich verlaufen, als aber an den General die Notwendigkeit herantrat, seine junge Frau in Gesellschaft zu führen, war er in der Kenntnis ihres Charakters schon so weit vorgeschritten, daß er Frau von Weeren um ihren Beistand anrief und ihr wiederum die Rolle einer Warnerin und Beschützerin aufdrängte, mit der sie hoffte, Thesch gegenüber, für immer abgeschlossen zu haben.

Dennoch, so groß war ihr Pflichtgefühl, unterzog sie sich der gestellten Aufgabe ohne Murren. Ihr persönlicher Ehrgeiz war befriedigt, ihre Triumphe ließen sie kalt, aber sie hatte in letzter Zeit an Welt- und Menschenkenntnis gewonnen und war sich bewußt, Thesch wirklich nützen zu können. Um ihretwillen hatte sie dunkle Tage und schlaflose Nächte, und auch jetzt trat wieder die Erinnerung an den vergangenen Abend verwirrend und beunruhigend vor ihre Seele. Die Löwenclau hatte so freundlich gelächelt, der General war sichtlich erregt gewesen und Thesch gar trotzig und übermütig gestimmt. Ob er ihr wohl eine Scene gemacht hatte? Frau von Weeren mußte wissen, wie die Sache stand. Sie klingelte, bestellte den Wagen, zog sich an und fuhr eine Stunde später zur kleinen Excellenz.

Drittes Kapitel.

Frau Theich kam der Freundin lächelnd entgegen. „So spät?" sagte sie und umarmte sie zärtlich, „ich erwarte dich schon seit einer Stunde, Bi!"

„Aber weshalb, Liebste?" fragte Frau von Weeren. „Ich sagte doch nicht, daß ich kommen würde!"

„Nein, aber ich wußte es doch mit absoluter Be= stimmtheit," lachte die Generalin. „Deine gestrige Be= sorgnis, das finstere Gesicht meines Gatten, unser plötz= licher Aufbruch — ich wette, du hast wegen mir diese Nacht nicht geschlafen und kommst nun selbst, um nach dem Rechten zu sehen. Ist's nicht so, habe ich nicht recht?"

Frau von Weeren seufzte. „Ja, Theich, aber, gottlob, meine Angst war umsonst. Also: n'en parlons plus. Du siehst so frisch, so glücklich, so unternehmend aus heute —"

„Daß du meinst, es müsse mir etwas ganz besonderes passiert sein. Nun, ich habe auch meinen guten Grund! Aus einem Kampf als Sieger hervorzugehen, ist immer erhebend, und darum mag meine Stimmung auch wohl an Übermut grenzen. Der Herr Gemahl freilich mutet mir zu, in Sack und Asche Buße zu thun, aber dazu sehe ich vorläufig noch keine Veranlassung, und wenn er glaubt, seine tyrannischen Gelüste an mir auslassen zu können —"

Frau Viola horchte hoch auf. „So ist es also doch zu einer Auseinandersetzung gekommen?" fragte sie hastig.

Die andere zuckte gleichgültig die Achseln. „Seine Excellenz geruhten, mir eine Scene zu machen," sagte sie spöttisch, „und verpflichteten mich zu blindem Gehorsam. Ja, der Übermacht weichend, ließ ich mir sogar ein Versprechen abringen; daß ich aber dennoch meinen Willen durchsetzen werde, soll er allernächstens erfahren und heute schon einsehen, daß von einem Verbot mir gegenüber nicht die Rede sein kann."

Schmollend wie ein eigensinniges Kind warf sie den reizenden Kopf in den Nacken, schmiegte sich fester in die weiche Causeuse und sah Viola trotzig und herausfordernd an. Diese fand ihre schlimmsten Befürchtungen bestätigt und meinte angstvoll:

„Ich bitte dich, Thesch, was ist geschehen? Nimmt er Anstoß an deinem Benehmen, oder handelt es sich diesmal nur um den Grafen?"

„Natürlich handelt es sich um ihn," bestätigte Thesch, „er behauptet, man spräche darüber, und weil er eifersüchtig ist ohne Ursache, soll ich noch einmal unter Vormundschaft kommen. Ich bin mit einem Male wieder zum Kinde geworden, soll an den Aufführungen und lebenden Bildern nicht teilnehmen, jedes Zusammensein mit Euen vermeiden, und weder ihn noch andere Herren in Abwesenheit Seiner Excellenz empfangen."

„Was dir schwer genug werden wird," sagte Frau Viola. „Arme Thesch!"

„Arme Thesch!" wiederholte die Generalin, „aber, Liebste, du glaubst doch nicht, daß ich das wirklich thun werde? Das hieße ja meine ganze Position untergraben und ein Unrecht zugeben, das ich als solches nun einmal nicht anerkennen will. Nein, nun werde ich erst recht thun, was mir gut dünkt, und dem Tyrannen in eklatanter Weise bezeigen, daß ich mich zu wehren und zu rächen weiß!"

„Aber dein Versprechen, dein gegebenes Wort!" sagte die andere.

„Gilt nicht, da es durchaus kein freiwilliges war!"

Die Freundin sah ihr erschreckt ins Gesicht. „So willst du ihm also Trotz bieten, den Grafen, wenn er kommt, dennoch empfangen?"

„Wenn er kommt?" lachte sie spöttisch. „Nein, Vi, das wäre mir in diesem Falle nicht genug! Ich habe ihm heute eine offene Karte geschrieben und ihn um seinen Besuch dringend gebeten."

„Per Post?"

„Nein, per Rohrpost, der Kürze wegen."

Frau von Weeren sprang auf vor innerer Erregung. „Thesch," rief sie, „ich bitte dich, bist du von Sinnen?"

„Durchaus nicht!" sagte sie mit großer Ruhe. „Wir haben noch allerlei zu besprechen, über Proben, Kostüme und Verteilung der Rollen, und wenn man dabei nicht ganz ungestört ist —"

„Wann erwartest du den Grafen?"

„Um ein Uhr!"

„Und dein Mann?"

„Kehrt nie vor vier Uhr aus dem Dienst zurück."

„Thesch, um Gottes willen, wenn er es erführe!"

„Aber, liebste Viola," meinte sie, „ich begreife dich nicht, er soll es erfahren. Es ist dies die einzige Antwort, die ich noch für ihn habe."

Frau von Weeren war starr vor Entsetzen. „Kind, Kind," sagte sie, „so nimm doch Vernunft an, versuche es nicht, ihn so maßlos zu reizen. Was er von dir verlangt, ist viel, nachdem er dich verwöhnt hat, ich will es gern zugeben, aber er hat die Würde seines Namens, seiner Stellung zu wahren, und du bist ihm nicht bloß Dank, sondern auch Gehorsam schuldig."

Die kleine Excellenz lachte hell und melodisch. „Welches Rednertalent du hast," sagte sie spöttisch. „Der reine Predigtamtskandidat! Aber beruhige dich, Vi, mich wirst du doch nicht bekehren, und wenn Zeus auch noch so sehr donnert, ich fürchte mich nicht vor seinem Zorn."

„Weil du ihn nicht kennst und in allen seinen Folgen zu begreifen vermagst," rief Frau Viola, immer wärmer werdend, „und sinnlos und mutwillig dein ganzes Lebensglück zerstörst. Wie herrlich schien es, dich an der Seite dieses braven Mannes geborgen zu sehen, und nun treibst du es soweit, daß es zu einem Eclat, zu einer Scheidung kommen muß. Die Welt wird dich verurteilen, wird mit Fingern auf dich weisen, und ich —"

„Und du, gerade du hast mir am ersten gezeigt, wie sehr man leiden kann unter der Thrannei eines

Mannes, dem man nicht im rechten Augenblick zu trotzen gewagt," erwiderte Frau Thesch. „Nein, Vi, gib es auf, mich zu bessern; der gute General ist noch viel zu verliebt in mich, um schon an eine Scheidung zu denken, und wenn er erst sieht, daß ich weiß, was ich will, wird er nicht mehr versuchen, mich zu beschränken."

Frau von Weeren wandte mutlos das Haupt. Hier war jeder Kampf, jeder Rat umsonst. Trotz und Leicht= sinn wehrten ihren Worten den Eingang, und jedes Verständnis fehlte für den Ernst der Situation. Was sollte sie noch hier, wo Warnung und Bitte gleich un= gehört verhallt? Sie stand auf, nahm ihren Muff und rüstete sich zum Aufbruch. Aber da, gerade im letzten Augenblick, schlug es ein Uhr, und ihr kam wieder eine andere Erwägung. Wenn Euen frei war und dem Rufe folgte, konnte sie Thesch vielleicht doch noch verhindern, ihn zu empfangen oder, wenn das nicht, sie wenigstens durch ihre Gegenwart schützen. Einen Moment zögerte sie, dann ließ sie sich wieder auf ihren Sitz zurückfallen und ging daran, die Bänder ihres Hutes zu lösen.

Die kleine Excellenz hatte indessen ihre Absicht durch= schaut. „O," sagte sie, „wenn du etwas anderes vor= hast, laß dich nicht stören, liebe Viola. Ich habe noch einige Briefe zu schreiben, und was den Grafen anbe= langt, so ist es für meinen heutigen Zweck besser, ich sehe ihn allein."

Ein harter, entschlossener Zug legte sich plötzlich um Frau von Weerens Mund. Angst und Sorge waren aus ihrem Antlitz verschwunden, und ihre Augen blickten stolz und kalt, als sie ruhig sagte: „Nein, liebe Thesch, ob erwünscht oder nicht, ich bleibe! Kinder muß man als solche behandeln, und nachdem ich die Pflichten einer Schwester treulich erfüllt, gedenke ich auch die Rechte einer solchen in Anspruch zu nehmen."

Die kleine Excellenz hatte diese herbe Zurechtweisung verdient, aber es war mehr, als sie mit Anmut ertragen konnte. Die Achseln zuckend, sagte sie spöttisch:

„Also, wie immer im Bunde die dritte! Ich fürchte, Graf Euen wird von diesem Arrangement nicht gerade erbaut sein."

Frau von Weeren lächelte bitter. „Möglich," sagte sie, „daß ich ihm, wie so oft schon, unbequem scheine, aber beruhige dich, Kind, ich werde seinen Unwillen mit Ergebung tragen."

„O, das will ich gern glauben, nur begreife ich nicht, wie man sich so — so —"

„Aufdrängen kann, wolltest du sagen," ergänzte die andere. „Nun, liebe Thesch, das ist auch nicht nötig. Angenehm ist es nicht und amüsant auch nicht, — aber zweckdienlich in diesem speziellen Falle, und das beruhigt mein Zartgefühl diesmal vollkommen."

Eine Weile saßen sie sich schweigend gegenüber, dann erschien ein Diener unter der Portiere und meldete Ihrer Excellenz den Grafen Euen.

„Thesch!"

Ein letzter, warnender Blick traf die junge Frau — aber es war vergebens, sie sah ihn nicht oder wollte ihn nicht sehen. Ein halb triumphierender, halb trotziger

Ausdruck glitt über ihr Antlitz, sie machte gegen den Diener hin eine zustimmende Bewegung, und im nächsten Augenblick trat der Gefürchtete über die Schwelle.

Der Graf war auf seinem Wege aufgehalten worden, er kam einige Minuten zu spät, und gleichsam zu seiner Entschuldigung erwähnte er die Begegnung, die er gehabt. Dieselbe hatte ihn in ungewohnter Weise erregt.

Nicht weit von dem Randowitzschen Hause war Gräfin Löwenclau mit ihm zusammengetroffen, hatte ihn, sehr gegen seinen Willen, durch eine Unterhaltung fest-gehalten und schließlich, seine innere Unruhe bemerkend, erstaunt gefragt, wohin er denn so eilig strebe? Unbe-fangen und ahnungslos wie er war, ärgerte er sich zwar über die taktlose Frage, zögerte aber nicht, die Wahrheit zu sagen, und nannte ihr ohne weiteres sein Ziel. Aber da hatte sie ihn plötzlich so merkwürdig angeschaut, einen Moment geschwiegen und dann endlich gesagt:

„Mein lieber Graf, wissen Sie denn, daß der General um diese Zeit niemals zu Haus ist?"

„Gewiß," erwiderte er, „aber das thut nichts zur Sache, mein Besuch gilt nicht ihm, sondern Excellenz seiner Gattin."

„Die Sie heute nicht annehmen wird, ich versichere es Ihnen."

Worauf er seinerseits wiederum sehr verwundert fragte: „Ist Frau von Randowitz plötzlich leidend ge-worden, Gräfin?"

„O nein, das nicht, aber — — mein Himmel, ich möchte nicht gern indiskret sein — ich, eine alte Freundin des Hauses, indessen Sie brauchen wirklich nicht so zu eilen, man wird Sie, gerade Sie, heute am wenigsten empfangen."

„Aber ich werde erwartet, Gräfin!"

„Nicht möglich!"

„Ich denke doch!" Und gereizt durch ihre ungläubig überlegene Miene, zog er die offene Karte hervor, welche ihn legitimieren sollte. „Ich hoffe, Sie werden nun nicht mehr zweifeln," sagte er unwillig, „oder sollte dieser schriftliche Ausweis noch nicht genügen?"

Gräfin Löwenclau hatte die Karte schnell überflogen und ihm dann mit sarkastischem Lächeln zurückgestellt.

„O doch," sagte sie, „ich war sichtlich im Irrtum, und erkläre mich hiermit gern für geschlagen. Aber was wollen Sie? Selbst der General wird von dieser Einladung nicht wenig überrascht sein, und gleich mir über die Elasticität seiner Gattin staunen. Immerhin darf ich Sie nicht zurückhalten, Graf, Ihre Zeit ist kostbar," und mit einem Händedruck, einem liebenswürdigen Lächeln gab sie ihn frei.

Was war es nur, was ihn bei alledem beunruhigt hatte, was ihn fremd und peinlich berührte? Lag nicht etwas Lauerndes in den Blicken der Gräfin, klangen ihre Worte nicht wie Hohn und Spott? Er konnte sich eines dumpfen, unbehaglichen Gefühls nicht erwehren, und obgleich sonst sehr zurückhaltend, gab er bei seiner Ankunft unwillkürlich dem Staunen Ausdruck, mit dem die geheimnisvollen Andeutungen ihn erfüllt.

Daß seine Erzählung auf die beiden Damen aber

einen tiefen Eindruck machen würde, das hatte er denn
doch nicht erwartet. Frau von Weeren verbarg auf-
stöhnend ihr Gesicht in den Händen und blickte ihn dann
fast ratlos an, Frau Thesch saß da mit niedergeschlagenen
Augen und hochroten Wangen, stumm und trotzig wie
ein gescholtenes Kind, das sein Unrecht nicht einsehen
will, und beide schienen seine Anwesenheit momentan
ganz vergessen zu haben.

„Welch unglückliches Zusammentreffen," murmelte
Frau Viola, und „der Graf konnte doch unmöglich wissen,"
ergänzte die andere, aber dann, ihre Verlegenheit über-
windend, sagte sie hastig:

„Ich weiß eigentlich nicht, was da Schlimmes dabei
ist. Die Gräfin wird eine ihrer boshaften Bemerkungen
machen und der Herr Gemahl ein wenig toben und
schelten, aber im Grunde genommen ist es ja nur das,
was ich von vornherein wollte, und ganz geeignet, die
beiden über meine Intentionen aufzuklären."

Der Graf stand vor einem Rätsel, aber seine Diskretion erlaubte ihm nicht, weitere Fragen zu thun, und
Frau Thesch, welche inzwischen ihre Unbefangenheit
wiedergewonnen, ließ ihm dazu auch gar keine Zeit.
Mit einem Schlage die ihr lästige Stimmung abschüttelnd,
gab sie sich mit gewohnter Lebhaftigkeit wieder der
Unterhaltung hin, überraschte ihn mit einer Fülle von
Vorschlägen und eigenartigen Ideen, holte eine Menge
Kostümbilder herbei, lachte, kokettierte und konversierte,
ganz wie am vorhergehenden Abend, und nahm ihn
scheinbar durch den Zauber ihres Wesens wieder so voll-

ständig gefangen, daß er des kleinen Zwischenfalles bald
nicht mehr gedachte und selbst auch Frau von Weerens
Anwesenheit vergaß.

Inzwischen war Gräfin Löwenclau nicht müßig gewesen. Mit einem eigentümlich schadenfrohen Lächeln
dem Grafen nachblickend, war sie eine Weile unschlüssig
stehen geblieben, hatte dann plötzlich kehrt gemacht und
war die lange Straße hinabgeschritten, welche in einen
großen Platz mit Gartenanlagen mündet, und damit die
Grenze der inneren Stadt erreicht. Im Anfange hatte
innere Erregung sie zur Eile getrieben, als sie aber den
breiten Promenadenweg betrat, war das Tempo immer
langsamer geworden, und endlich wandelte sie, wie in
tiefes Sinnen verloren, zwischen den glitzernden Bäumen
auf und ab. Merkwürdig dabei war nur, daß ihre
Augen fortwährend umherschweiften und immer wieder
an einem stattlichen Gebäude hängen blieben, dessen
mächtige Front ihr zugewandt war und vor dessen breitem
Portal eine Schildwache stand. Dort hatte, wie sie
wußte, Excellenz Randowitz täglich einige Stunden zu
thun, Offiziere aller Waffengattungen gingen aus und
ein, und oft glitt es wie Enttäuschung über ihre Züge,
wenn wieder ein fremdes Antlitz unter dem blitzenden
Helm hervorsah. Endlich aber trat er selbst mit seinem
Adjutanten über die Schwelle, verabschiedete diesen und
kam ihr auf dem breiten Wege entgegen. Er begrüßte
sie und blieb einen Augenblick neben ihr stehen, war
aber augenscheinlich durch andere Gedanken so in Anspruch
genommen, daß er nur in kühler, zerstreuter Weise nach

ihrem Befinden fragte und durchaus nicht geneigt schien, die Unterhaltung weiter fortzusetzen. Ja, sein Wunsch, abzubrechen, war so sichtbar, daß jede andere sich dadurch bedrückt und verletzt gefühlt hätte, bei Gräfin Löwenclau aber waren dergleichen Sentimentalitäten nicht zu be= fürchten. Sie schien gepanzert und gestählt gegen jeden peinlichen Eindruck, plauderte lebhaft und unbefangen im Weiterschreiten und sagte endlich mit leisem Lachen:

„Ich sehe schon, Excellenz, daß Sie mich los sein wollen, ich habe heute nun einmal Unglück mit meinen Begegnungen. Graf Euen, den ich auch ganz zufällig traf, war gerade so wortkarg und unzugänglich wie Sie, und bedurfte aller Selbstbeherrschung, um vor lauter Eile nicht unhöflich zu werden. Er hatte aber auch einen triftigen Grund. Ein Billet=doux von zarter Hand, — allerdings in Gestalt einer häßlichen Rohrpostkarte, rief den Glücklichen in das Boudoir Ihrer Gattin, und daß meine Unterhaltung ihm da eitel Zeitverlust dünkte, das werden Sie, lieber Freund, ja am besten verstehen."

Der General zuckte wie unter einem Schlage zu= sammen. „Wie?" sagte er ungläubig, „von meiner Frau — und zwar in Form einer direkten Aufforderung? Das dürfte denn doch wohl ein Irrtum sein."

„Ein Irrtum — ja, so meinte ich auch, nach den heroischen Entschlüssen, welche Sie, Excellenz, gestern abend faßten. Aber siehe da, ich hatte mich getäuscht; schwarz auf weiß ward mir der Beweis geliefert. Warum auch nicht? Sie hatten allerdings vor, gegen diese häufigen Besuche zu protestieren, aber man muß sich bei dergleichen nicht übereilen, und im Gegensatz zu der tröstlichen Philosophie des Sprichwortes, heißt es denn auch bei Ihnen vielleicht: Aufgeschoben ist oft aufgehoben."

Dieser Zweifel war nur fingiert, ein neues Mittel, um ihn zu reizen, wie denn die Gräfin überhaupt es liebte, dann und wann auf den Busch zu klopfen. In Wahrheit wußte sie sehr genau, daß der General schon gesprochen und es sich hier nicht um ein zufälliges Zusammentreffen, sondern um eine direkte Umgehung seines Willens handle. Wenn nichts anderes: — sein Gesicht verriet es ihr. Seine Augen begannen zu funkeln, die Stirn zog sich drohend zusammen, und die Hand, welche nachlässig auf dem Degenknauf ruhte, faßte ihn jetzt mit eisernem Griff.

Er hätte die elegante, lächelnde Frau an seiner Seite zertreten, vernichten mögen wie ein giftiges Insekt, aber sein Argwohn, seine Eifersucht fanden in ihr eine wertvolle Bundesgenossin, und das Gefühl, das momentan jedes andere verdrängte, war der Wunsch, endlich einmal ganz klar zu sehen. Daß sie ihn durchschaute, ihm die schmerzliche Niederlage gönnte, ahnte er mehr, als daß er es wußte, aber die Erinnerung an alte Zeiten übte noch immer eine gewisse Macht über ihn aus, und dann, wenn sie recht hätte, wenn seine Frau es wirklich wagte, ihm in dieser eklatanten Weise zu trotzen, mußte er ihr nicht danken, daß sie ihm die Augen geöffnet? — So schritt er denn schnell und wortlos neben ihr weiter und sagte hastig, mit rauher Stimme:

„Wann war es, daß Sie den Grafen sahen?"

„O," erwiderte sie, „vor einer guten halben Stunde etwa, er konnte, wie gesagt, seine Ungeduld kaum bemeistern und schritt stolz und siegesgewiß von dannen."

„Hier, diese Straße hinab?"

„Ja, direkt auf Ihr Haus zu. Aber da sehe ich eben, daß wir ganz zufällig dieselbe Richtung einschlagen und uns bedenklich Ihrem Tuskulum nähern. Sie werden nun doch wohl umkehren müssen, nicht? Oder sollte es sich so glücklich treffen, daß Ihnen Ihr Dienst gerade heute eine frühere Heimkehr gestattet?"

Der General brummte etwas in den Bart, das wie eine Bejahung klingen sollte, eigentlich aber eine Verwünschung war, und Gräfin Löwenclau, die für dergleichen sehr feine Ohren hatte, sagte mit einem bezaubernden Lächeln:

„Ja, also wirklich, — welche herrliche Fügung! Dann erlauben Sie wohl, daß ich mich Ihnen anschließe, Excellenz! Ich wollte Ihrer Frau Gemahlin so wie so einen Besuch abstatten und wagte nur nicht, das sorgsam vorbereitete Tête-à-tête zu stören. In Ihrer Begleitung aber fühle ich mich vollkommen sicher und fürchte nicht mehr, indiskret zu sein."

Es kam keine Erwiderung, und sie schien auch keine erwartet zu haben. Schweigend, gegen einen heftigen Windstoß ankämpfend, gingen sie weiter, und schon glaubten sie ihrem Ziele nahe zu sein, als es einen unerwarteten Aufenthalt gab und eine ganze Reihe von

Lastwagen beim Straßenübergang den Weg versperrte. Man mußte warten, bis sie vorüber waren, und diesen Augenblick benutzte ein Vorübergehender, um sich ihnen mit lebhafter Begrüßung zu nahen.

Es war dies ein junger Mann mit blauen Augen, blondem Haar und ewig lächelndem, rosigen Antlitz, der in der Gesellschaft eine gewisse Rolle spielte und auch bei der Gräfin und Randowitz verkehrte. Er wußte alles, kannte alles, hörte alles, galt in mancher Beziehung für unentbehrlich, und hieß, mit Umgehung seines melodischen Namens Nachtigall, nur noch der Colportage= baron.

Sonst ein liebenswürdiger und gutmütiger Mensch, wurde er gefährlich, sobald die Konstellation der Ereig= nisse auf ein Geheimnis deutete, und hatte er eine Fährte erst aufgenommen, war er durch nichts davon abzubringen. Bei ihm war die Neugierde bereits zur Leidenschaft ge= diehen, und wie andere eine weittragende wissenschaftliche Entdeckung, begrüßte er jeden, auch den kleinsten Skandal, mit besonderer Freude. Das Randowitzsche Ehepaar mit seinen beiden weiblichen Trabanten, dem guten und dem bösen Engel, wie er sie scherzweise nannte, war für ihn schon lange ein Gegenstand lebhaftesten Interesses ge= wesen, und da er unter seinem harmlosen Äußeren einigen Scharfsinn und eine gewisse Kombinationsgabe verbarg, so war er der Wahrheit ziemlich nahe gekommen. Auch genügte die frühe Heimkehr des Generals in Begleitung der Gräfin, sowie seine schlecht verhehlte zornige Erre= gung, um die Aufmerksamkeit des Colportagebarons zu

erregen, und mit richtigem Instinkt suchte er in ihrer
Nähe zu bleiben.

Damit betraut, Teilnehmer für eine große Schlitten=
partie zu werben, wurde es ihm nicht schwer, für seinen
Besuch einen Vorwand zu finden, zumal die Gräfin,
mit der eine Art von Wahlverwandtschaft ihn verband,
ihm durch stumme Zeichen bedeutete zu bleiben, und so
tänzelte er denn neben den beiden Eiligen dahin, schien
das grimme, abweisende Wesen des Generals nicht zu
bemerken und plauderte mit der Gräfin über dies und
jenes, als hätte er sie schon seit Stunden begleitet. Er
war nun einmal nicht abzuschütteln, wenn er sich vor=
genommen hatte zu bleiben, und der General, der das
fühlte, mußte sich, wenn auch zähneknirschend, in seine
Gegenwart fügen.

Viertes Kapitel.

Frau von Weeren war, durch des Grafen Erzählung noch mehr beunruhigt, in den breiten, weit vorspringenden Erker geflüchtet, der sie und ihre Mienen vor den beiden anderen verbarg, hatte dort, in der Vorahnung eines kommenden Unheils, mit scharfen Augen die endlos scheinende Straße hinabgespäht, und sah nun die drei Gestalten auftauchen und sich langsam nähern. Sie wußte, was das für ihre sorglose kleine Freundin zu bedeuten hatte, und zitterte vor den Ereignissen der nächsten Viertelstunde.

Die vorzeitigen Enthüllungen eines tückischen Zufalls, die Schlangenklugheit der bösen Gräfin und die Skandal= sucht des bekannten Colportagebarons — alles hatte sich vereinigt, um eine Katastrophe herbeizuführen, und von dem eifersüchtigen Jähzorn des beleidigten Gatten war kaum zu erwarten, daß er in diesem Falle die gebotene Selbstbeherrschung üben und die Probe siegreich bestehen werde. — Eine Scene, ein Duell, erschien unvermeidlich, und in der unbeschreiblichen Aufregung, in der sie sich befand, sah Viola bereits Theschs Namen in den Staub gezogen, — Evens schlanke Gestalt von einer Kugel durchbohrt! Das schienen ihr die natürlichen Konsequenzen einer Kette von Thorheiten, welche Leichtsinn, Eitelkeit, Trotz und Schmeichelei ins Leben gerufen, und die sich nun zu einer tragischen Schuld zu gestalten drohten. Sie dachte an Wolfgang, an seine große Liebe zu Thesch, und sie sagte sich, daß sie seine Braut vor dem Äußersten schützen, den General vor seiner eigenen Leidenschaft be= wahren müsse, — selbst gegen seinen Willen, aber wie? — wie? — das war die Frage! — Ihre Gegenwart allein würde nicht genügen.

Sie blickte zum Fenster hinaus — jede Minute schien kostbar —! Sie zermarterte ihr Hirn, ihr wollte nichts einfallen! Was, um Gottes willen, sollte sie thun?

Gewaltsam die Erstarrung abschüttelnd, die sie beinahe zu lähmen drohte, rief sie gebieterisch Thesch zu sich in den Erker, deutete stumm auf die herannahende Gruppe, und wandte sich dann, einer plötzlichen Eingebung folgend, mit kalter Entschlossenheit an Euen.

Sie haßte ihn, haßte ihn vor allem seiner Anwesenheit wegen, obgleich sie sich sagen mußte, daß er gerade in diesem Augenblick ziemlich schuldlos sei, — aber er war ein er= fahrener Weltmann, ein gewandter Diplomat, gewöhnt, der Gefahr ruhig ins Auge zu sehen, und sie beschloß, ihn in ihrer Ratlosigkeit ins Vertrauen zu ziehen.

Zu langen Auseinandersetzungen und zarten Um= schreibungen war keine Zeit: — was geschehen sollte, mußte bald geschehen, und so verständigte sie ihn denn mit wenigen hastig geflüsterten Worten über die Lage der Dinge, und fügte zum Schluß, wie entschuldigend hinzu: „Thesch hat unglaublich thöricht gehandelt und beschwört durch ihren Eigensinn das Verhängnis herauf, aber sie that es, wenn auch indirekt, durch Ihre Huldigung, Ihr Benehmen veranlaßt, und an Ihnen ist es nun, die Frau, die um Ihretwillen solche Unvorsichtigkeit beging, vor den Folgen ihrer eigenen Thorheit zu schützen.

„Die Löwenclau darf nicht triumphieren, der Baron nicht das, was er hier sieht, als willkommenen Skandal von Haus zu Haus kolportieren. Wenn der Unwille des Generals zum Ausbruch kommt, ist alles verloren — er kennt sich nicht in seinem Zorn — sollte es Ihnen aber gelingen, sein Mißtrauen gleich im Anfang zu beseitigen, seine Aufmerksamkeit auf etwas anderes zu lenken, so ist die größte Gefahr vorüber, und ich nehme alles andere auf mich. Das Einfachste wäre freilich, Sie gingen! Aber dazu ist es bereits zu spät, und dann — ich darf es Ihnen nicht zumuten — es wäre gleichbedeutend mit Flucht!"

Graf Euen hatte ihr aufmerksam zugehört und sah sie nun recht nachdenklich an. — Für ihn war die Schwierigkeit der Situation nicht ohne Reiz, und er für seine Person ganz bereit, seine Beziehungen zu der Generalin nach jeder Richtung hin zu vertreten, aber er begriff vollkommen, was für sie auf dem Spiele stand, und schreckte gleich Viola, mit der Sensitivität einer echt vornehmen Natur, vor jedem Eclat, jeder gewaltsamen Äußerung zurück.

Der Diplomat in ihm gewann über den rauflustigen Kavalier die Oberhand, und sich tief vor Frau von Weeren verneigend, sagte er leise:

„Meine Gnädigste, ich stehe ganz zu Befehl! Wenn Sie mir gestatten nach eigenem Ermessen zu handeln, so hoffe ich, im gegebenen Augenblick den geeigneten Ausweg zu finden."

„Ich lege Ihnen keinerlei Beschränkung auf," sagte sie erregt, „thun Sie, was Sie wollen, nur schützen Sie, retten Sie meine Freundin!"

„Um jeden Preis? —"

„Um jeden Preis! — —"

Graf Euen richtete sich hoch auf. „Gut," sagte er, Sie sollen mit mir zufrieden sein!" Und wirklich schien er schon eine Idee zu haben. Ein helles Licht flammte plötzlich in seinen Augen auf, ein kühner Gedanke durch= kreuzte sein Hirn, und als er sich jetzt langsam, wie grübelnd, über den wohlgepflegten dunkelblonden Schnurr= bart strich, geschah es nur, um ein leises, fast schaden= frohes Lächeln zu verbergen.

Frau von Weeren aber war ganz beruhigt. Seine Sicherheit flößte ihr Vertrauen ein, sie fühlte sich von einer schweren Last befreit, und während Thesch, wie ein ungezogenes Kind, angesichts der Strafe am liebsten davongelaufen wäre, hatte sie ihre sanfte Würde wieder= gewonnen und ging dem Unvermeidlichen mit Fassung entgegen.

Es war aber auch die höchste Zeit gewesen, sich zum Kampfe zu rüsten, denn die kleine Gesellschaft hatte bereits das Haus betreten, und der General riß so heftig an dem Glockenzuge, daß der laute Ton der Klingel das ganze Haus durchgellte.

4*

Wenige Augenblicke später stand der beleidigte Mann im Salon, und Frau Theſch fühlte bei ſeinem Anblick allen Mut entſchwinden, zugleich mit ihm waren aber auch die beiden anderen ins Zimmer getreten, und während Seine Excellenz viel zu erregt war, um für ſeine Entrüſtung gleich den rechten Ausdruck zu finden, und der Baron ſich mit einer ſtummen Verbeugung begnügte, hatte die Gräfin ihre Unbefangenheit durchaus nicht verloren und begrüßte die Damen in liebenswürdigſter Weiſe. — Alle aber ſchienen durch Frau von Weerens Anweſenheit überraſcht.

Der General war ſo überzeugt geweſen, ſeine Frau mit dem Grafen in einem Tête-à-tête zu finden, hatte ſo gelitten unter den Vorſtellungen, welche dieſer Gedanke in ihm wachrief, daß er unwillkürlich erleichtert aufatmete, als ihm Violas bekannte Geſtalt lächelnd entgegenſchritt und er ihre Hand in der ſeinen fühlte. Ehe er ſich aber in dem Anſturm der Gefühle dieſer Freude noch recht bewußt werden konnte, wurde dieſelbe auch ſchon durch die Gräfin im Keime erſtickt.

Geärgert durch dieſen unerwarteten Zwiſchenfall, der ihre ſchönſten Kombinationen zu Schanden zu machen drohte, war ſie vor allen Dingen darauf bedacht, die Anklage nach anderer Richtung hin zu verſchärfen, und da ſie mit ziemlicher Beſtimmtheit vorausſetzen durfte, daß die Teilnahme an den lebenden Bildern in das Verbot des Generals mit eingeſchloſſen war, ſagte ſie in ihrer ſcharf pointierten, malitiöſen Weiſe:

„Sehen Sie, Excellenz, wie recht ich hatte? Da

finden wir die angehenden Künstler ja noch alle bei=
sammen — Tasso und die beiden schönen Leonoren —
ganz wie es für unsere Tableaux projektiert ist, — nur,
daß die Freundinnen die Rollen tauschten; — ich glaube,
unser Tasso schwärmt mehr für die heitere Muse" —
und zu Frau Thesch gewandt, fuhr sie, gleichsam er=
klärend fort: „Der General wollte mir nämlich nicht
glauben, daß Sie den Grafen heut zu sich beschieden.
Er meinte, Sie wären zu leidend, um Herrenbesuch
empfangen zu können, und spielte sich ein wenig als
den Haustyrannen auf, natürlich, um jetzt pater peccavi
zu sagen und einzusehen, daß das Befinden einer Frau
weniger von ihren Leiden als von ihren Launen ab=
hängt."

Höhnisch, gleichsam triumphierend, hatte sie die letzten
Worte hervorgestoßen und sah nun mit hoher Genug=
thuung, wie der General seine Frau mit einem ver=
nichtenden Blicke streifte, der Colportagebaron mit ge=
spanntester Aufmerksamkeit den Vorgängen folgte, und
Frau von Weeren Thesch ein Zeichen machte, keine
unvorsichtige Äußerung zu thun.

Aber in Graf Euen war ihr ein ebenbürtiger Gegner
erstanden, und ohne auch nur einen Moment zu zögern,
nahm er, den Fehdehandschuh für Frau Thesch auf.

„Sie verzeihen, meine gnädigste Gräfin," sagte er,
„wenn ich in aller Demut zu widersprechen wage! Man
schließt ja allerdings sehr leicht von sich auf andere,
aber von Launen dürfte hier, in diesem speziellen Falle,
wohl kaum die Rede sein. Vielmehr handelt es sich um

einen Akt hochherzigster Freundschaft und liebenswürdigster Selbstverleugnung, welcher die Frau Generalin selbst ihre Nerven und das Machtgebot eines besorgten Gatten vergessen ließ, anderseits aber auch in den Augen Seiner Excellenz als hinreichende Entschuldigung für jede sanitäre Übertretung gelten dürfte."

Der General war einen Schritt näher getreten, Gräfin Löwenclau horchte hoch auf. „Und das wäre?" fragte sie lauernd.

„Unser Geheimnis!"

Die Gräfin war doch verblüfft über soviel kühne Unerschrockenheit, Seine Excellenz machte eine hastige ungeduldige Bewegung, Frau von Weeren sah ihn fragend an, und Frau Thesch versteckte ihr errötendes Antlitz hinter der breiten Gestalt des Colportagebarons, der nun, von Neugierde gefoltert, etwas unsicher sagte:

„Ein Geheimnis, wirklich? — Das ist ja sehr interessant! Und das wollen Sie uns vorenthalten, Graf Euen?"

„Nein," erwiderte dieser, „wenngleich mir die Eröffnung noch etwas verfrüht erscheint und ich wirklich nicht weiß, ob die beiden Damen" — — er sah sich, Zustimmung heischend, nach Viola um.

„Nur heraus damit," polterte der General, „mir deucht, ich hätte ein Recht zu wissen, was in meinem Hause vorgeht."

Frau von Weeren war an Euens Seite getreten und blickte ihm lächelnd und ermutigend an. Dieser machte ein sehr ernstes Gesicht: „Ganz wie Sie befehlen,

Excellenz", — sagte er kühl, „nur verzeihen Sie, wenn
es nicht in der rechten Form geschieht. — Die sinnver=
wirrende Erregung der letzten Stunde wirkt noch nach,
wir müssen uns mit dem Gedanken erst nach und nach
vertraut machen, und unsere Gefühle sind noch so wenig
gewöhnt, das helle Tageslicht zu schauen, daß ein weniger
schroffer Übergang im allgemeinen Interesse wohl er=
wünscht gewesen wäre. Indessen, auf die Länge kann
die Sache ja doch nicht verborgen bleiben, die Wahrheit
bringt durch, und da Sie, Excellenz, beiden Damen in
gewisser Weise nahe stehen, so —" Er hielt einen
Augenblick inne, um sich an dem allgemeinen Erstaunen
zu weiden —

„So erlauben Sie mir wohl, Ihnen Ihre Frau
Gemahlin, unsere liebenswürdige Vermittlerin, als die
Vertraute meiner Freuden und Leiden, — und Frau
Viola von Weeren," hier zog er die Ahnungslose sanft
aber unwiderstehlich an sich, — „als meine teure und
geliebte Braut vorzustellen!"

Die Verwirrung, die nun folgte, war unbeschreiblich;
Gräfin Löwenclau schien, wie Lots Weib, in eine Salz=
säule verwandelt, der General war sprachlos vor Über=
raschung, und Frau Thesch hätte beinahe laut aufgelacht
vor lauter Vergnügen. Es war aber auch gar zu
spaßhaft, die verschiedenen Gesichter zu sehen und zu ge=
wahren, wie Euen ihrer Freundin zärtlich und beschwörend
in die Augen blickte und diese, die in ihrer mühsam be=
herrschten Verlegenheit und zornigem Staunen recht
gut für eine befangene, hold errötende Braut gelten

konnte, mit ihm vereint die ersten Gratulationen ent=
gegennahm. Sie durchschaute die Komödie, die zu
ihrer Rettung inscenirt worden war, und begriff, daß
es nun an ihr sei, selbstthätig in dieselbe einzugreifen.
Ihr Übermut, ihre Geistesgegenwart kehrten mit einem
Schlage zurück, und mit einer Gewandtheit, die eine große,
schauspielerische Begabung bekundete, fand sie sich ohne
Zögern in die ihr zugedachte Rolle.

Auf den General zueilend, der dem allen halb
grollend, halb reuevoll zugeschaut hatte und sich in seinen
eigenen Gefühlen nicht zurechtfinden konnte, hing sie sich
schüchtern an seinen Arm, schmiegte sich mit zaghafter
Zärtlichkeit an ihn und sagte in ihrer anmutig kind=
lichen Weise:

„Nicht wahr, Karl, nun vergibst du auch mir, daß
ich gestern abend nichts sagte und heute so eigenmächtig
zu Werke ging? Glaube nur, es ist mir schwer genug
geworden, aber als Vertrauensperson war ich doch ver=
pflichtet zu schweigen, und der arme Euen that mir doch
auch gar zu leid. Gestern hatte Viola ihm wieder
einen Korb gegeben — ich glaube, es war schon das
drittemal, — und der Einfall, sie heute hier zusammen=
zubringen, kam mir erst über Nacht, gleichsam als ein
letzter Versuch. In ihrem eigenen Heim hätte sie sich
doch wieder vor ihm verleugnen lassen."

„Aber weshalb das alles," fragte der General, „wenn
sie ihn nicht liebt, hättest du ihr auch nicht zureden
sollen."

Frau Thesch lachte. „Aber sie liebt ihn ja, liebt

ihn schwärmerisch; — sie konnte sich nur nicht entschließen, ihn zu heiraten, weil sie in ihrer ersten Ehe so schlimme Erfahrungen gemacht hat und hoffte, sich und ihn durch ihre Kälte kurieren zu können. — Nun, Gott sei Dank, jetzt sind sie endlich d'accord, und ich kann mein Amt als Beschützerin niederlegen."

„Ist es dir denn so schwer geworden?" fragte er versöhnt. „Mir scheint, du hast dich dabei ganz gut amüsiert."

„Pah," meinte sie, „das Ehestiften liegt uns Frauen nun einmal im Blute. Aber es ist gar nicht angenehm, immer nur den Elefanten zu spielen, Dinge zu hören, die einer anderen gelten, und die Kastanien aus dem Feuer zu holen. Ist man dabei selbst noch jung und hübsch, setzt man sich allerhand Mißdeutungen aus, und schließlich wird der eigene Mann noch eifersüchtig und macht einem ganz unnötig das Leben schwer."

Seine Excellenz kam sich wirklich ganz schuldbewußt vor. Wie reizend war doch seine Frau in ihrer entzückenden Unschuld und Güte und wie unrecht hatte er ihr gethan! Während sie nur daran dachte, Violas Glück zu begründen, hatte er sie in einem schlimmen Verdachte gehabt und sie einsperren wollen wie ein kleines Kind. Nein, er mußte sie wirklich um Verzeihung bitten, und da sich das besser unter vier Augen machte und in der allgemeinen Aufregung die kurze Abwesenheit gewiß nicht bemerkt werden würde, zog er sie auf einen Augenblick in das anstoßende Zimmer und machte leise, ganz leise die Thüre zu.

Wenn er aber dem etwaigen spöttischen Lächeln

seiner alten Freundin damit zu entfliehen wünschte, so war seine Besorgnis diesmal umsonst. Gräfin Löwenclau hatte jetzt anderes zu thun, als an ihn zu denken. Sie hatte eine Niederlage erlitten und war durch die uner= hörte Nachricht verwirrt! Wie klug und scharfsichtig sie sonst auch war, eine solche Lösung hatte sie nicht voraus= sehen können, und sie strich sich wiederholt über die Augen, als sei das alles ein böser Traum. Kaum aber hatte sie sich von ihrer Bestürzung erholt, so gewann sie auch sehr bald ihre Ruhe wieder und, obgleich ohne jeden Anhaltepunkt für ihren Verdacht, fühlte sie doch, daß man sie überlistet, ihr so oder so einen Streich gespielt habe. Diese plötzliche Verlobung wollte ihr nicht in den Sinn, sie betrachtete das Brautpaar mit kritischen Blicken und sagte, gleichsam tastend, mit heimlichem Miß= trauen:

„Nein, mein lieber Graf, welch eine Überraschung — wer mir das vor einer Stunde gesagt hätte! Und gerade Sie beide, die sich immer so feindlich gegenüber= standen —"

„Und doch immer beisammen waren —" ergänzte Graf Euen.

„Ja, aber sich nie um einander kümmerten," sagte sie scharf, „es ist kaum glaublich!"

Graf Euen lächelte fein. „Meine gnädigste Gräfin," sagte er, „Feindschaft, Groll und Kälte sind in vielen Fällen der Deckmantel für ganz entgegengesetzte Gefühle, die eine vorzeitige Enthüllung scheuen, — wie man denn von zwei Schwestern gewöhnlich derjenigen die Cour

macht, welche man nicht zu heiraten wünscht. Auch
bei meiner vielumworbenen Braut war einige Vorsicht
geboten. Das durfte aber Sie, Gräfin, als kluge Frau
und Menschenkennerin nicht täuschen. Oder sollten Sie
an meine Vorliebe für Frau von Randowitz wirklich
geglaubt haben? Dann hatten wir unsere Sache doch
besser gemacht, als wir eigentlich gedacht, wenn auch
Ihr ungläubiges Staunen für beide Teile nicht gerade
sehr schmeichelhaft ist."

Er blickte stolz, mit glücklichem Lächeln auf Viola,
die sich zu einer leisen Erwiderung zwang, und Gräfin
Löwenclau stand hastig auf, um sich zu verabschieden.

„O, bitte," sagte Sie, „glauben Sie nicht, daß ich
an Ihrem Glück nicht teilnehme; im Gegenteil, ich freue
mich darüber, freue mich ganz außerordentlich — aber
ich bin so verwirrt von den wechselnden Eindrücken der
letzten Stunden, — begreife so sehr Ihren Wunsch allein
zu sein, daß ich mich lieber zurückziehen möchte, und
wenn der Baron mich begleiten will — —"

Aber von dem Colportagebaron war nichts zu sehen!

Er hatte, gleich nachdem die Verlobung zu Tage getreten, eine hastige Beglückwünschung gestammelt und
war dann unbemerkt wieder von dannen geeilt, um, einem
Extrablatt gleich, in die verschiedenen Häuser zu flattern
und die erstaunliche Neuigkeit zu verbreiten.

Als er nach zwei Stunden endlich atemlos in seinem
Kasino ankam, wußte schon die halbe Stadt von Euens
Verlobung, und beim Mittagstisch trank man bereits
auf das Wohl des jungen Paares.

Fünftes Kapitel.

Gräfin Löwenclau war gegangen, das Brautpaar allein.

Eine Weile blieb alles still. Man hörte nur die gedämpfte Stimme des Generals aus dem Nebenzimmer und das Ticken der Uhr auf dem Kamin. Frau von Weeren, die am Fenster stand, sah die weichen, breiten Flocken sanft herniederschweben und legte die Hand, wie abwehrend, über die Augen. Sonst hatte dieser Anblick immer eine eigentümlich beruhigende Wirkung auf sie ausgeübt, heute vermochte nichts den Sturm widerstreitender Empfindungen in ihrem Innern zu beschwichtigen. Ihre stolze Seele zitterte vor gewaltiger Erregung, und wie ein zorniger Aufschrei klang es, als sie endlich sich umwendend sagte:

„Graf Euen, wie konnten Sie es wagen, mir das zu thun, mich zu kompromittieren in dieser unerhörten Weise? Ihre Kühnheit, Ihr Übermut übersteigt alle Grenzen und verdient in diesem Falle wohl schon einen anderen Namen!"

„Den Sie mir gütigst ersparen wollen," sagte er und blickte sie mit einem seltsamen Gemisch von Spott und Ehrerbietung an. „Die Sache kam etwas über-

raschend, ich will das gern zugeben, im übrigen bin ich
mir keiner Schuld bewußt, und that es eben, weil —
nun, offen gestanden, weil mir nichts Besseres einfiel!"

Sie ging mit hastigen Schritten im Zimmer auf
und nieder, während er, auf einen Fauteuil gestützt,
ruhig stehen blieb, und meinte verächtlich: „Ein netter
Ausweg, das muß ich sagen."

Er lächelte ein wenig. „Wie ich mir schon zu be=
merken erlaubte, ich wußte keinen anderen!"

„Dann hätten Sie auch diesen nicht betreten sollen!
Er hat den Konflikt nicht gelöst, sondern verschärft, wenn
auch nach anderer Richtung hin."

„Eine Ungeschicklichkeit also?"

„Nein, mehr! — Ein grober Mißbrauch meines
Vertrauens!"

Seine Augen blitzten sie zornig an. „Pardon,
gnädige Frau," sagte er, „das war es nicht! Sie selbst
hatten mich zu allem autorisiert, Sie selbst gesagt: —
um jeden Preis!"

Sie hob wie zur Abwehr die Hände auf und sagte
sehr bitter:

„Ich weiß es, aber wie konnte ich auch ahnen, daß
Sie einen solchen Theatercoup in Scene setzen, so unbe=
dingt und rücksichtslos über mich verfügen würden? —
Am Ende schulde ich Ihnen für diese Vergewaltigung
meines Willens noch Dank?"

„Wenn Sie gerecht sein wollen — ja! Ihre Sorge
mag übertrieben, Ihre Angst umsonst gewesen sein, — ich
wage das jetzt nicht zu entscheiden, sie waren vor einer

Stunde noch jedenfalls vorhanden, und ich habe Sie, wenn auch durch ein drastisches Mittel, davon befreit."

Frau von Weeren senkte verwirrt das Haupt. „Gut," sagte sie, „ich will Sie mit weiteren Vorwürfen verschonen, will annehmen, daß Sie nicht anders handeln konnten, daß es wirklich keine andere Rettung für Theich gab. — Aber was nun?"

„Was nun?" Graf Euen schien außerordentlich erstaunt zu sein. „Ja, meine Gnädigste," sagte er, „können Sie darüber auch nur einen Augenblick im Zweifel sein?"

Sie sah ihn unruhig an. „Sie meinen also, daß wir —"

„Daß wir uns um Ihrer Freundin willen in das Unvermeidliche finden müssen, — ja, das meine ich, gnädige Frau!"

„Aber das ist unmöglich, eine unausführbare Idee!"

Er neigte sich zu ihr: „Verzeihen Sie," sagte er, „unausführbar ist nur eins, — ein baldiger Widerruf. Wohin sollte es führen, wenn wir den Leuten jetzt schon sagen wollten, daß wir ihnen eine Komödie vorgespielt haben? Der Skandal wäre größer denn je, und nicht die Generalin allein, auch Sie, gnädige Frau, würden darunter zu leiden haben."

„Und so sollen wir denn," rief sie in leidenschaftlicher Erregung, „eines trotzigen, thörichten Kindes wegen uns wirklich als Verlobte betrachten, die große Lüge zur Wahrheit machen und der blinden Willkür des Augenblicks ein Recht auf unsere ganze Zukunft einräumen?

Nein, nein, und tausendmal nein! Es wäre Wahnsinn, wäre Entweihung aller höchsten Gefühle, und selbst meine Freundschaft für Theseh kann mich nicht bestimmen, mich dem unerträglichen Zwange einer solchen Verbindung zu fügen."

Graf Euen lächelte ironisch. „Meine Gnädigste," sagte er ruhig, „mir scheint, Ihre kühle Besonnenheit ist Ihnen heute abhanden gekommen, Sie würden sonst nicht das Nächstliegende und Einfachste übersehen. Wer in aller Welt sagt denn, daß wir uns heiraten sollen? Ich begreife Ihre Gefühle in dieser Beziehung vollkommen und gedenke ebensowenig wie Sie meine Freiheit so leichten Kaufs dahinzugeben. Im Gegenteil, ich wünsche durchaus nicht, mich jetzt schon zu binden, ganz abge= sehen davon, daß ich nur dann heiraten würde, wenn mein Herz es gebieterisch verlangt, und auch Sie, gnädige Frau, verdienen wahrlich etwas Besseres, als nur um einer äußeren Veranlassung willen gewählt zu werden."

Frau von Weeren richtete sich hoch auf, und ein stolzes Lächeln zuckte um ihren schönen Mund. „Sehr gütig," sagte sie herb, „ich sehe also, wir sind, was die Unmöglichkeit einer dauernden Verbindung anbelangt, völlig d'accord."

Er nickte. „Einer dauernden, ja. Da es sich aber hier nur um eine bedingte, periodisch bemessene handelt. —"

„Wie meinen Sie das, Graf?" Sie sah ihn miß= trauisch an.

Er wurde etwas verlegen. „Nun," meinte er, „ich dächte, die Sache wäre einfach genug. Wir gelten als

Brautpaar, gut, und müssen es vorderhand ja auch bleiben, aber nicht auf jedes Aufgebot folgt die Hochzeit, und schon manche Verlobung ist wieder aufgelöst worden."

„Ah," machte sie, „also eine scheinbare Verlobung, ein unwahres Verhältnis!"

„Wenn Sie es so nennen wollen, ja. Es bleibt uns schließlich ja doch nichts anderes übrig, und ich habe auch im entscheidenden Moment an keine andere Lösung gedacht."

Sie schien in tiefes Sinnen verloren. „Sie mögen recht haben," sagte sie dann, „ich sehe das ein, aber mein innerstes Empfinden sträubt sich gegen die gewonnene Erkenntnis. Solch gegenseitiges Abkommen, solch betrügerischer Brautstand ist meiner vollkommen unwürdig, eine unmögliche Situation!"

„Die wir uns aber," unterbrach er sie eifrig, „doch nicht selbst ausgesucht haben! Im Gegenteil, gnädige Frau, sie ist uns vom Schicksal, resp. von Ihrer Excellenz Frau von Randowitz, gewaltsam aufgedrängt worden, und wenn, nach Ihrer Ansicht, die Ursache zu dem allen auch zum großen Teil in meiner entsetzlichen Verderbtheit zu suchen ist, so sind Sie, meine Gnädigste, doch vollkommen schuldlos und durchaus berechtigt, sich über die Ungewöhnlichkeit des Mittels mit der Heiligkeit des Zweckes zu trösten."

„Ah," sagte sie, „eine Moral, die ich verachte."

„Der Sie aber, verzeihen Sie, gnädige Frau, vor einer Stunde noch gehuldigt. Sie hätten mir sonst nicht befohlen, den General auf eine falsche Fährte zu führen.

Überhaupt, Ihre Entrüstung ist nicht ganz logisch. Wenn unsere scheinbare Verlobung der erste Akt einer schnell improvisierten Komödie war, so ist ein scheinbarer Brautstand naturgemäß der zweite, und Sie müssen schon versuchen, sich an diesen Gedanken zu gewöhnen.“

Frau von Weeren war, wie ermüdet von der heftigen Debatte, in einen Sessel gesunken; jetzt blickte sie langsam zu dem Grafen auf und sagte unsicher: „In der Theorie mag das alles ganz schön sein, in der Praxis ist es beinahe unmöglich.“

„Aber weshalb, meine gnädige Frau?“ sagte er und sah so harmlos aus wie ein Kind. „Was fürchten Sie, was riskieren Sie? Ich bin, meine kleinen Tollheiten abgerechnet, ein ganz unbescholtener und angesehener Mann und“ (mit einem leisen Lächeln) „nicht gerade mißgestaltet. Als Diplomat und Träger eines alten Namens wäre es mir wohl verstattet, meine Augen bis zu Ihnen zu erheben, und da wir zufällig auch dieselbe Religion, dieselbe Stellung haben im sozialen Leben, so wird nicht der leiseste Mißton dazwischen klingen, wenn man unsere Namen in Verbindung nennt. Nach einer Weile nehmen Sie Ihr Wort zurück, beweisen der Welt, daß Sie wohl einer Übereilung, nicht aber einer dauernden Verblendung fähig waren, und ich werde dann schon dafür sorgen, daß man nur in mir den Missethäter sieht, und diese Verlobung für Sie nichts ist und bleibt, als eine interessante kleine Episode in Ihrem vielbewegten Leben.“

Sie hatte ihm aufmerksam zugehört, jetzt schüttelte

sie den Kopf und sagte spöttisch: „Interessant? — Mein
lieber Graf, das kommt doch auf die Auffassung an!"

Ihr hartnäckiger Widerstand irritierte ihn ein wenig.
„Bei Gott," sagte er ungeduldig, „ich hätte Sie für
vernünftiger gehalten, gnädige Frau. Warum denn alles
so tragisch nehmen? Sie haben eine kleine Abwechslung,
eine kleine Zerstreuung, die Freude, Ihre Bekannten in
Erstaunen zu setzen, die Genugthuung, die lästige Schar
der Freier — man sagt wenigstens, daß Sie Ihnen
lästig sei — für geraume Zeit zu verbannen. Durch
diese scheinbare Verlobung wird niemand geschädigt,
niemand gekränkt, es entstehen daraus keinerlei In=
konvenienzen."

„O doch," unterbrach sie ihn und errötete lebhaft,
„denken Sie nur an unsere gegenseitige Stellung und
die unvermeidlichen Konsequenzen, welche ein solches
Scheinverhältnis mit sich bringt."

„Ich habe daran gedacht," sagte er ernst, „aber ich
sehe auch hierin keinen Grund zur Besorgnis. Sie dürfen
meiner Diskretion vertrauen und trotz Ihrer heutigen
Erfahrungen überzeugt sein, daß ich von den Vorteilen
der Situation nicht den leisesten Mißbrauch machen werde.
Im Gegenteil, ich werde mich bemühen, der aufmerksamste,
liebenswürdigste Kavalier zu sein, und wenn man Sie,
gnädige Frau, für eine etwas kalte Braut halten sollte,
nun so schadet das ja nichts und paßt ganz zu dem
Bilde, das man sich ohnedem von Ihrem Charakter ent=
worfen."

Frau von Weeren seufzte tief auf. „Sie sind ein

guter Anwalt für eine schlimme Sache," sagte sie lang=
sam, „und Sie selbst, Graf Euen, bringen Sie gar kein
Opfer?"

„Doch," erwiderte er, „es lag nur nicht in meiner
Absicht, davon zu reden. Auch ich muß mir natürlich
gewisse Beschränkungen auferlegen, unserer Stellung ge=
wisse Konzessionen machen, ja, scheinbar sogar meinen
Prinzipien untreu werden, und das alles nur um unserer
gemeinsamen Freundin willen."

„Ihren Prinzipien untreu werden?" fragte sie er=
staunt, „wie soll ich denn das verstehen?"

Er lächelte und meinte: „Das ist leicht gesagt, wenn
Sie mir meine Offenheit vergeben wollen. Ich habe
nie zu den Göttern gebetet, welchen die Menge huldigt,
bin immer meine eigenen Wege gegangen und habe es
so oft betont, daß nur eine warmherzige, pikante und
leichtlebige Frauenschönheit mein Genre sei, daß meine
plötzliche Verlobung mit Ihnen, der blonden, vielum=
worbenen Prinzessin Turandot, befremden und den Nicht=
eingeweihten wie eine Inkonsequenz erscheinen muß. Aber
sei es drum; ich werde mich mit dem Bewußtsein meiner
unveränderten Gesinnung trösten, und für eine so reizende
kleine Frau, wie Excellenz Randowitz, wäre ich gern
bereit, eine noch viel härtere Buße auf mich zu nehmen."

Es entstand eine Pause, in welcher jeder seinen
eigenen Gedanken nachzuhängen schien. Frau von Weeren
saß leicht vornübergeneigt in einem Sessel, ballte ihr
zart duftendes Taschentuch zu einem Knäuel zusammen
und rollte es langsam immer wieder auf, Graf Euen,

5*

der ihr gegenüber am Kamin stand, spielte mit einem eleganten Papiermesser, welches wiederholt in Gefahr geriet zu zerbrechen, und jeder schien die Gegenwart des anderen vergessen zu haben. In Wahrheit aber beobachtete der junge Mann sein reizendes Gegenüber mit gespann= tester Aufmerksamkeit und schrak fast zusammen, als sie nun plötzlich den Kopf erhob und mit leisem nervösen Lachen sagte:

„Sie haben ganz recht, Graf Euen, man muß sich die Sache nicht unnötig schwer machen! Ce n'est que le premier pas qui coûte, und das Schlimmste ist ja nun schon überstanden."

Er sah sie ein wenig mißtrauisch an. Nach dem Vorangegangenen kam diese plötzliche Zustimmung ihm unerwartet, und ihre Stimme klang hart und fremd, daß es ihn fast peinlich berührte. So sagte er denn zögernd und noch immer zweifelnd: „Haben Sie sich mit dem Gedanken ausgesöhnt, gnädige Frau?"

Sie schien die Frage überhört zu haben, wenigstens beantwortete sie dieselbe nicht, sondern sagte ganz unver= mittelt, gleichsam aus ihren eigenen Gedanken heraus:

„Wir sind also vom heutigen Tage an verlobt, — sagen wir für zwei bis drei Monate, — ich mache dann eine größere Reise, und während ich fern bin, wird das Scheinverhältnis gelöst. Das ist einfach genug; ich habe nur Tante Betty zu berücksichtigen und schulde niemand Rechenschaft für diesen Schritt, aber wie ist es mit Ihren Verwandten, Graf Euen?"

Er lächelte. „Dieselben dürften uns kaum unbequem

werden! Ich stehe, wie Sie, ziemlich allein in der Welt. Meine Eltern sind tot, meine Schwestern fern von hier verheiratet, und mein Onkel Herbert, Majoratsherr und Haupt der Familie, hat sich nie sonderlich um mich ge= kümmert. Der einzige Mensch, mit dem jahrelanges Zusammenleben und lebhafte Sympathien mich innig ver= binden, ist Onkel Adam, ein Bruder meiner Mutter, der aber ein so großer Sonderling und Feind des Che= standes ist, daß die Nachricht von meiner Verlobung ihn mit Entrüstung erfüllen und für lange Zeit gegen mich einnehmen wird. Ehe er sich entschließt, von Eng= land herüberzukommen, wo er augenblicklich im Hause eines Freundes weilt, ist alles vorüber, und Sie werden kaum Gelegenheit finden, den wunderlichen Menschen kennen zu lernen."

Frau von Weeren nickte. „Das wäre also in Ord= nung," sagte sie. „Sind Sie nun zufrieden, Graf Euen?"

„Vollkommen, meine Gnädigste," erwiderte er ernst, „nur an eins möchte ich mir noch erlauben zu erinnern. Unser Geheimnis muß wohl gehütet werden, das tiefste Stillschweigen ist in unserer Lage Bedingung! Verstehen Sie mich wohl: — nicht das Wort ist es, was ich fürchte, dessen sind Sie Herrin, aber Ihr Benehmen, Ihre Blicke, Ihre ganze Art und Weise. Unser eigen= tümliches Verhältnis wird Momente herbeiführen, wo Sie stark in Versuchung geraten werden, die Wahrheit wenigstens ahnen zu lassen, und eine Bewegung, ein

Lächeln, der Tonfall Ihrer Stimme schon hinreichen würde, uns zu verderben."

Frau von Weeren lächelte verächtlich. „Seien Sie unbesorgt, Graf Euen," sagte sie kühl, „ich liebe es nicht, Komödie zu spielen, aber ich habe meine Rolle begriffen und werde sie nun auch durchzuführen wissen, es handelt sich ja um Theschs Glück."

Er verbeugte sich tief. „Dann," sagte er, „lege ich die Angelegenheit vertrauensvoll in Ihre Hand, und werde mir später erlauben, Ihnen meine Aufwartung zu machen. Jetzt möchte ich meine Gegenwart nicht länger aufdrängen."

Sie erhob sich. „Convenu," sagte sie sichtlich erleichtert, „ich erwarte Sie heute abend zum Thee. Wir können dann alles Nähere besprechen."

„Und Sie zürnen mir nicht?" fragte er und nahm seinen Hut.

Eine Wolke des Unmuts legte sich wie ein Schatten über ihr Antlitz, aber nur für einen Moment, dann brach, sonnengleich, ein leises, stolzes Lächeln hervor und dem Grafen die Hand reichend, sagte sie freimütig:

„Eigentlich doch, wenn ich wahr sein soll, aber — was kann es helfen? Wir müssen uns nun schon vertragen. Darum also: — soyons amis, Cinna!"

Er neigte sich über die schlanke Hand, führte sie bewegt an seine Lippen und blickte die schöne Frau wieder mit jenem Gemisch von Spott und Ehrerbietung an, welches seinem Wesen ein so eigentümliches Gepräge verlieh. „Dank, tausend Dank," flüsterte er nur, „meine schöne, stolze, reizende Braut!" Dann machte er eine zweite, tadellose Verbeugung, grüßte noch einmal mit den Augen und ging.

Als die Thür sich hinter ihm geschlossen hatte, atmete Frau von Weeren auf. Endlich war sie dem Zwange seiner Gegenwart enthoben, endlich konnte sie überdenken, was geschehen.

Sie warf sich in einen Sessel und starrte düster vor sich hin. Ihre sonstige Ruhe hatte sie gänzlich verlassen, sie kam sich vor wie verraten und verkauft. Sie — die Unnahbare, verlobt, verlobt mit diesem Grafen Euen, und nur zum Schein — das war das Tollste! Ob er wirklich keinen anderen Ausweg gefunden? Je mehr sie darüber nachdachte, um so mehr war sie vom Gegenteil überzeugt. Nicht Notwehr allein hatte ihn zu dem auffallenden Schritte gedrängt, noch der Wunsch, ihr zu helfen, — es war Tücke, Bosheit, Hinterlist! Sie hatten sich immer kühl und feindlich gegenübergestanden, nun benutzte er die rechte Gelegenheit, um sie zu demütigen, sich zu rächen! Wie klug hatte er alles im voraus berechnet, wie schlau die Gunst des Augenblicks zu erfassen gewußt! Sie selbst hatte sich in seine Macht gegeben, sie selbst sich jedes Widerstandes beraubt; ihre Freundschaft für Thesch, der sie schon so viele Opfer gebracht, war ihr nun zum Verhängnis geworden, und willenlos mußte sie büßen für fremde Schuld!

Wieder fiel ihr ein, was Tante Betty heute morgen gesagt. Nein, nicht alle beteten sie an! Wie gesagt,

Einen gab es, der, ungerührt von ihrer Schönheit, mit
verletzender Gleichgültigkeit an ihr vorüberging, und
dieser Eine nannte sie jetzt seine Braut! War das nicht
unglaublich, unfaßlich, unerhört! Klang es nicht wie
Hohn, als er ihr bekannte, daß nur leichtlebige, dunkel=
äugige Frauenschönheit sein Genre sei und er es ver=
schmähe, an ihrem Triumphwagen zu ziehen? Er hielt
sie für kalt und stolz, glaubte er darum, sie unbestraft
beleidigen zu können?

Ein heißes Gefühl stieg in ihr auf. Nein, sie wollte
nicht geduldig alles über sich ergehen lassen, auch sie
hatte ihre Waffen und sie würde sie zu brauchen wissen.
Sie trat vor den Spiegel und prüfte aufmerksam ihre
ganze Erscheinung. „Ja," sagte sie sich stolz, „ich bin
schön, sehr schön, ich will schön sein, um ihn zu quälen,
ihn zu verderben. Er unterschätzt mein Wollen, mein
Können und meine Macht! Was bin ich ihm heute?
Nichts weiter als eine Folie für Theschs Liebreiz, ein
Mittel zum Zweck, ein willkommener Spielball für seine
Launen. Nun, er soll einsehen lernen, daß seine stolze
Sicherheit ihn trügt, daß ich nicht ganz so harmlos
bin, als er zu glauben scheint. Er liebt mich nicht —
ha — er soll in Liebe zu mir vergehen! Ich will
seinen Charakter studieren, seine Gedanken erraten, die
falsche Stellung, die er uns aufgebürdet hat, sie soll
zur Geißel für ihn werden, und wenn ich ihn dort
haben werde, wo ich ihn haben will, wenn er keinen
höheren Wunsch kennen wird, als mich wirklich seine
Braut zu nennen, dann werde ich ihn auslachen, dann

werde ich ihm sagen: Mein lieber Graf, Sie konnten
mich nicht lieben, Sie wollten mich nicht heiraten, nur
eine kleine Komödie durfte ich mit Ihnen spielen! —
Nun, sie ist zu Ende, — passons là-dessus!"

Sechstes Kapitel.

Die Besitzerin und einzige Mitbewohnerin des Hauses, in welchem Frau von Weeren Quartier genommen, war eine Geheimrätin von Lilie, und diese würdige Dame gab einige Tage nach den geschilderten Ereignissen eine musikalische Soiree.

Es war dies ein Ereignis, das sich jeden Winter in gewissen Zwischenräumen wiederholte und von der Gesellschaft immer mit Freuden begrüßt wurde, denn man amüsierte sich vortrefflich unter dem Schutze der heiligen Cäcilie und war stets sicher, die eine oder andere Berühmtheit zu treffen. Auch war der Kunstgenuß nicht obligatorisch und ein halbes Stündchen andachtsvollen Zuhörens der einzige Tribut, den die liebenswürdige Hausfrau auch von ihren nichtmusikalischen Gästen forderte.

Im übrigen that man, was man wollte, lachte, tanzte, plauderte und spielte, wie Lust und Laune es gerade eingab, verteilte sich in den kleinen Gemächern oder lauschigen Winkeln, welche in dem großen Salon durch praktische Aufstellung von Schirmen und Draperien geschaffen waren, und freute sich des exquisiten Soupers, das, gewöhnlich in Gestalt eines Büffetts, die Hungrigen speiste.

Auch heute hatten sich zahlreiche Gäste eingefunden, und die allgemeine Stimmung schien noch animierter und lebhafter als sonst. Besonders an dem zierlichen Kredenztisch, wo Fräulein Eva, die Tochter des Hauses, sorgsam und kunstgerecht den Thee bereitete, hatte sich der jüngere Teil der Gesellschaft in lauter Unterhaltung zusammengefunden, und der Diener, welcher auf silbernem Tablett die kleinen chinesischen Schalen zum Einschenken darbot, hatte Mühe, seinen Platz noch ungefährdet zu behaupten.

Das junge Mädchen war außerordentlich beliebt. Ohne eigentlich hübsch zu sein, wirkte sie durch die natürliche Anmut und Frische ihres Wesens, und ihre großen, fragenden Augen hatten einen Blick, welcher auf den Grund der Seele zu dringen schien. Obwohl sonst sehr blaß, überflog jetzt ein rosiger Schimmer ihre zarten Wangen, und die weißen prachtvollen Zähne blitzten schelmisch zwischen den lächelnden Lippen hervor. Ihre Toilette, eine Art Matrosenkostüm aus lichtblauem Stoffe, war überaus einfach, und das wie bei einem Knaben kurzgelockte, schiefgescheitelte blonde Haar gab ihr ein besonders keckes und fröhliches Aussehen.

Da der Diener gegangen war, um noch einmal wiederzukehren, und eine Bewegung im Nebenzimmer den Kreis, der sie umgab, plötzlich gelöst hatte, schraubte sie die Spiritusflamme unter dem blitzenden Wasserkessel etwas tiefer, rückte einen bequemen Stuhl vor den Kamin, ließ sich darauf nieder und sagte zu dem einzigen Herrn, der in ihrer Nähe geblieben war: „Wollen Sie noch eine Tasse Thee, Lieutenant Drontheim?"

Der Gefragte, ein junger Offizier, der schon als Kadett die Gastfreundschaft des Hauses genossen hatte und zu dem jungen Mädchen, das er hatte aufwachsen sehen, in einem kameradschaftlichen Verhältnis stand, schüttelte wehmutsvoll das Haupt, blickte in die dunkle Glut des Kaminfeuers und sagte resigniert:

„Nein, danke, Speis und Trank sind mir heute zuwider."

Sie lachte lustig. „Deshalb seufzen Sie wohl auch so herzbrechend!"

Er sah sie an. „Fräulein Eva," sagte er, „spotten Sie nicht, ich bin ein unglückseliger Mensch!"

„Schon wieder?" meinte sie. „Merkwürdig, Sie sehen gar nicht so aus."

„Alles Schein, Täuschung, Selbstbeherrschung. Fräulein Eva, haben Sie schon einmal geliebt?"

„Ich?" fragte sie erstaunt. „Nein, aber ich kann mir ungefähr schon denken wie es ist."

„Sie haben es nicht selbst erlebt?" meinte er niedergeschlagen. „Dann können Sie auch nicht ahnen, wie ich leide."

„Nein," erwiderte sie, „das kann ich allerdings nicht, besonders wenn Sie mir nicht sagen, was Ihnen fehlt."

Er deutete durch die offene Portiere auf das Nebenzimmer, wo soeben das Brautpaar erschien, und sagte vorwurfsvoll: „Wie, Sie sehen dieses Bild und können noch fragen? — Da geht sie dahin, das Ideal meiner

Träume, schön und reizvoll wie je, und ich muß es ruhig mit ansehen, wie ein anderer sie sein eigen nennt."

Fräulein Eva wandte sich lächelnd um. „Sie meinen Frau von Weeren?" fragte sie lebhaft.

Er sah ganz beleidigt aus. „Ich bitte Sie, gnädiges Fräulein, wen denn sonst?" meinte er tragisch. „Sie haben ja den Grad meiner Anbetung gekannt."

Sie lächelte. „Ja, Lieutenant Dronthelm, aber der Gegenstand hat mitunter gewechselt," und nach einer kleinen Pause fuhr sie fort: „Diese unerwartete Ver= lobung bildet also noch immer das Tagesgespräch?"

„Natürlich," sagte er, „wie sollte es auch nicht, mit mir trauern heute hundert andere."

„Wirklich?" meinte sie bestürzt. „Du lieber Gott, alle konnten sie doch schon nicht heiraten!"

„Nein," erwiderte er, „aber so lange sie keinen er= hörte, durfte jeder noch hoffen. Ich habe meine schönsten Träume zu Grabe getragen."

Betrübt, geknickt ließ er sein Haupt auf die Brust herabsinken, in demselben Augenblick aber fühlte er einen leichten Fächerschlag auf seiner Schulter, und eine weib= liche Stimme sagte spöttisch: „Mein lieber Dronthelm, ich glaube, das ist Ihnen schon öfter passiert."

Wie elektrisiert sprang der junge Offizier empor, wandte sich um und stand Gräfin Löwenclau gegenüber, die mit amüsiertem Lächeln auf ihn herabsah und Evchen begrüßte; während er aber mit instinktiver Höflichkeit einen Sessel für sie heranrollte, schwand der schmachtende

Ausdruck aus seinem Antlitz, und er sagte, nicht ohne
Schärfe:

„Vielleicht, meine gnädigste Gräfin, aber ich stehe
in dieser Hinsicht nicht vereinzelt da. Ich habe nur den
Mut oder, wenn Sie wollen, die Unvorsichtigkeit, von
meinen Niederlagen zu sprechen, während es dem schönen
Geschlecht vorbehalten bleibt, in solchen Fällen schweigend
zu dulden und schweigend zu grollen."

Inzwischen waren wieder andere Gäste herangetreten,
Lieutenant Drontheim überließ seinen Platz einem Ka-
meraden, und Gräfin Löwenclau sagte zu dem jungen
Mädchen:

„Haben Sie bei dem Brautpaar Ihre Gratulation
schon angebracht?"

„O gewiß," erwiderte diese. „Wir wohnen hier ja
in demselben Hause, und ich habe sie die letzten Tage
wiederholt gesehen; sie sind wirklich für einander geschaffen, — ein schönes Paar!"

Gräfin Löwenclau nippte an ihrem Thee. „Finden
Sie?" fragte sie kühl.

„Ja, und Frau von Weeren strahlt vor Glück! Sie
haben sich gewiß auch sehr gefreut?"

Und ein anderer fügte hinzu:

„Eine kolossale Überraschung allerdings!"

Die Gräfin lächelte überlegen. „Für alle doch wohl
nicht," sagte sie bedeutsam. „Oder glauben Sie wirklich,
meine Herrschaften, daß der Schleier des Geheimnisses
so undurchdringlich war? Ich zum Beispiel könnte so
manches verraten, was ich seit Wochen gehört und ge-

sehen, aber den Eingeweihten ist es ja am wenigsten
gestattet zu reden, und was es heißt diskret zu sein,
das lernt man bei Hofe."

Befriedigt lehnte sie sich in ihren Sessel zurück, einer
der Umstehenden aber nahm das Thema wieder auf und
meinte nachdenklich: „Der Graf muß mit einer geheim=
nisvollen Macht im Bunde stehen, daß es ihm gelungen
ist, dies spröde Herz zu bezwingen."

Und ein dritter fügte sarkastisch hinzu:

„Nachdem er nicht ihr, sondern der kleinen Excellenz
wie unsinnig den Hof gemacht hat. Da lerne einer die
Weiber verstehen."

In dem anstoßenden Salon aber stand das Braut=
paar, das sich heute zum erstenmal in Gesellschaft zeigte,
in einem Kreis teilnehmender und neugieriger Bekannter,
ließ sich heimlich beobachten, bewundern und beneiden,
nahm einige verspätete Glückwünsche entgegen und hielt
tapfer aus, so lange die Hochflut der allgemeinen Er=
regung dauerte. Als die Wogen sich aber zu glätten
begannen und der Eintritt eines berühmten Violin=
virtuosen die allgemeine Aufmerksamkeit nach anderer
Richtung lenkte, benutzte Graf Euen den Augenblick, um
seine Braut zu einem reizend behaglichen, versteckten
Plätzchen zu führen, das ihm eine relative Abgeschlossen=
heit gewährte, und nachdem er ihr eine Tasse Thee be=
sorgt, ließ er sich beruhigt neben ihr nieder.

Die kleine Lilie hatte recht: — es war ein schönes,
stattliches Paar. Er so dunkel, sie so licht, beide hohe,
schlanke Gestalten, beider Schönheit durch den feingeistigen

Ausdruck ihrer Züge gehoben, jede ihrer Bewegungen voll vornehmer Anmut und lässiger Eleganz. Frau von Weeren besonders sah entzückend aus. Sie trug, abweichend von ihrer sonstigen Gewohnheit, kein weißes Gewand, sondern eine kurze Toilette von lichtbraunem, golbig schimmerndem Seidenplüsch, der merkwürdig mit der seltenen Farbe ihres hochfrisierten Haares harmonierte und die leuchtende Klarheit ihres Teints noch mehr hervortreten ließ. Graf Euen gestand sich, daß er sie noch nie so reizvoll gesehen, aber es war nicht die Toilette allein, die sie so verändert erscheinen ließ, ein fremdes Element war in ihr Wesen gekommen, ein Anflug von Koketterie, die sie früher nicht kannte, und in ihren Augen lag ein neuer, rätselhafter Schein. Wo war mit einem Male ihre spröde Kälte, ihre fast pedantische Strenge geblieben? Wie ein Martyrium hatte sie diese scheinbare Verlobung auf sich genommen, und nun schien sie dieselbe wie eine lustige Farce, wie einen Karnevalsscherz zu behandeln. Sogar Frau Thesch wunderte sich über die heitere Sicherheit, mit der sie die Situation beherrschte, und kein Mensch konnte ahnen, daß die freudige Stimmung, welche die glückliche Braut zur Schau trug, das Resultat einer klugen Berechnung und eine künstlerisch vollendete Studie war.

Aber auch der Graf spielte seine Rolle mit Geschick und Humor, und wer sie jetzt von fern beobachtete, hätte darauf schwören mögen, daß er ein wirkliches Brautpaar vor sich habe.

Mit einem Seufzer der Erleichterung ließ Frau von

Weeren sich auf die mit einer türkischen Decke verhüllte Chaiselongue nieder, nahm ihren Thee, lehnte sich graziös zurück und sagte aufatmend:

„Endlich, lieber Graf, nous voilà sauvés. Dies ist ein charmanter Zufluchtsort."

Er lächelte, legte Hut und Handschuh auf das tuch=überzogene, niedere Tischchen an seiner Seite, schob einen Sessel heran und nahm ihr gegenüber Platz.

„Sie freuen sich, daß es uns vergönnt ist, einen Augenblick ungestört zu sein?" fragte er befriedigt. „Ganz wie ich!"

Sie lächelte. „Nun, das wohl eigentlich nicht; ich finde nur, daß eine Gratulationscour eine sehr anstren=gende Sache ist."

Er zuckte die Achseln. „Man wandelt nicht unge=straft unter Palmen," meinte er, „selbst wenn es, wie in unserem Falle, auch nur Stechpalmen sind."

„Was wollen Sie damit sagen?"

„Daß wir das Glück haben, beneidet zu werden."

Sie zog die Augenbrauen erstaunt in die Höhe. „Wie, auch ich?" sagte sie zweifelnd.

„Ja, auch Sie, gnädige Frau; erscheint Ihnen das so wunderbar?"

„O," machte sie schelmisch, „ich hätte geglaubt, eher Mitleid zu verdienen."

Er nickte. „Wenn man Ihr scheinbares Glück nach meinem Wert oder Unwert bemessen wollte, vielleicht! Sie verstehen es aber so meisterhaft, die stolze und

glückliche Braut zu spielen, daß selbst ich mitunter ver=
sucht bin, an die Wahrheit der Situation zu glauben."

Frau von Weeren schlürfte langsam und mit Behagen
ihren Thee. „Doch hoffentlich nicht für lange," meinte
sie spöttisch und fixierte ihn einen Augenblick mit großer
Ruhe.

„Nein," erwiderte er, „sobald wir allein sind, lassen
Sie meist die anmutige Maske fallen, und der Tempe=
raturwechsel ist dann ein so jäher, daß ein minder ab=
gehärteter Mensch wie ich in Gefahr kommen könnte,
sich zu erkälten."

Sie lachte. „Wie gut, daß Sie gegen dergleichen
Eindrücke gefeit sind!"

„Gewiß," erwiderte er, „in Ihrem eigenen Interesse
aber dürfte es liegen, die Übergänge etwas weniger schroff
zu gestalten. Wir werden auch aus der Ferne beobachtet,
und in diesem Moment zum Beispiel sehen Sie für eine
liebende Braut viel zu kalt und spöttisch aus."

„Finden Sie?" fragte sie ruhig. „Dann werde ich
bemüht sein, mich zu bessern."

„Außerdem," fuhr er fort, „steht Ihnen ein leichter
Anflug anmutiger Befangenheit ganz ausgezeichnet. Er
ist so angemessen, so echt weiblich und läßt Ihre
Schönheit in einem ganz neuen, bezaubernden Lichte er=
scheinen."

Sie setzte ihre Tasse hin und schien nicht wenig
überrascht. „Ach, bemühen Sie sich nicht," sagte sie
abwehrend, „es gehört nicht zu Ihren Verpflichtungen,
mir hinter den Coulissen Schmeicheleien zu sagen."

„Aber es ist mein Vorrecht, Sie bewundern zu dürfen."

„Vor anderen ja, — wenn wir allein sind, nicht."

„Weshalb?"

„Es hat dann keinen Zweck!"

„O doch," meinte er, „ich genüge damit einem inneren Bedürfnis."

„Graf Euen!" Dies war ein wenig unwillig gesagt.

„Graf Dietrich, wenn ich bitten darf!"

Sie warf ungeduldig den Kopf zurück. „Sie haben darüber nicht zu bestimmen," sagte sie kurz.

„Pardon, meine Gnädigste," erwiderte er, „die von Ihnen gewählte Anrede ist für fremde Ohren doch etwas zu steif, einer meiner Bekannten machte schon gestern die Bemerkung, daß wir, wie er sich auszudrücken beliebte, höllisch ceremoniell mit einander wären. Daraus kann mit der Zeit ein Verdacht entstehen, und in unserer Lage kann man gar nicht vorsichtig genug sein. Im übrigen gehe ich Ihnen ja mit gutem Beispiel voran, und habe schon einige Übung darin, Sie vor anderen nur ‚liebe Viola‘ zu nennen. Es ist aber auch ein so reizender Name."

Sie machte eine verächtliche Gebärde. „Ein Name, der trotz seines Wohllautes nicht im geringsten für mich paßt," sagte sie ruhig. „Ich bin weder dem stillen Veilchen gleich, noch denke ich es mir besonders amüsant, im Verborgenen zu blühen."

„Oder, wie es in dem berühmten Mozartschen Veilchen= lied heißt, von dem gewiß nicht aristokratischen Fuß einer ländlichen Schönen, der respektiven Schäferin, zertreten zu werden," vollendete Euen. „Ja, wenn es wenigstens ein Schäfer wäre!"

Sie lächelte kühl. „Das würde an der Sache selbst nichts ändern. Ich habe für dergleichen Sentimentalitäten kein Verständnis."

Graf Euen war sichtlich etwas echauffiert. „Da geht es Ihnen ganz wie mir," sagte er und nahm seinen chapeau claque, um sich damit Kühlung zuzuwehen, „es ist überhaupt merkwürdig, wieviel Gemeinsames wir haben."

„So, meinen Sie?" fragte sie kühl. „Ich habe davon noch nichts bemerkt. Jedenfalls ist es eine Er-rungenschaft der letzten Tage. Aber ich glaube, das Konzert wird sogleich beginnen, wir dürfen hier nicht länger Versteckens spielen; wenn es Ihnen also recht ist —"

Sie erhob sich und nahm seinen Arm, und er sagte mit einem drollig schmachtenden Blick: „Ganz wie Sie befehlen, meine Gnädigste, ich bin ja nichts, als Ihr gehorsamer Sklave!"

Gleich darauf trat ihnen die Geheimrätin entgegen, drohte mit dem Finger und sagte lächelnd: „Meine liebe Frau von Weeren, ich habe wohl gesehen, wo Sie sich verborgen hatten, aber ich wollte nicht stören. Bin ich doch glücklich, daß Sie gerade in meinem Hause zum erstenmal vereint erscheinen und der Welt beweisen, daß sie mit ihren Voraussetzungen nicht immer recht behält."

Frau von Weeren errötete ein wenig, und der Graf murmelte einige verbindliche Worte, dann kam man auf den bevorstehenden Kunstgenuß zu sprechen, und die junge Witwe erkundigte sich sehr eifrig nach dem Programm.

„O," sagte die Geheimrätin, „es ist reichhaltig genug: Schumann, Rubinstein, Brahms und Wagner, aber die Hauptpartie übernimmt heute ein junger Mann, den ich eigentlich erst entdeckt habe, — ein musikalisches Genie, das aber gesellschaftlich seine ersten Studien macht und noch manche Ungeschicklichkeit begeht. Sie müssen also Nachsicht mit ihm haben." Und einen Jüngling herbei= winkend, der, lang und hager, mit blassem Gesicht und großen, erstaunten Augen in einer Ecke stand und sich in seinem Frack sehr unbehaglich fühlte, — sagte sie gütig: „Erlauben Sie, daß ich Ihnen Herrn Justus Deringer vorstelle — er will uns heute durch sein schönes Spiel erfreuen."

Der junge Künstler verbeugte sich linkisch, und Graf Euen fragte: „Welches Instrument spielen Sie denn, mein Herr?"

„O, verschiedene," erwiderte er verlegen, „heute wünschte die Frau Geheimrätin, daß ich mein 'Cello mitbrächte."

„Also ein Universalgenie? Und Fräulein Eva wird Sie begleiten?"

Herrn Deringers Gesicht strahlte plötzlich, er legte die Hand aufs Herz und sagte ganz unmotiviert: „Ja, Fräulein Eva ist ein Engel."

Das Brautpaar lächelte, und die Geheimrätin meinte im Weiterschreiten: „Sie hat sich des armen Menschen sehr freundlich angenommen, und, um ihm Mut zu machen, die Klavierbegleitung zugesagt, im übrigen wissen Sie ja, wie schwer sie zu einer derartigen Leistung zu bewegen ist. Beispiel und Erziehung haben da wenig über sie vermocht!"

Sie seufzte, und ein resigniertes Lächeln glitt über ihr Antlitz, und wirklich war es ihr ein schwerer Kummer, daß die Interessen ihres einzigen Kindes in so ganz anderer Richtung lagen als die ihren. Fräulein Eva hatte eine lebhafte Antipathie gegen Konzerte, Aufführungen und Kunstausstellungen und wehrte sich mit widerspruchs= voller Hartnäckigkeit gegen alles, was für ihre Mutter Reiz und Inhalt des Lebens ausmachte. Und doch war sie eine gute Tochter und ein liebes, verständiges Mädchen, das den Haushalt musterhaft führte und der Geheimrätin alles abnahm, was diese mit einem tiefen Seufzer die „Trivialitäten des Daseins" nannte. Immerhin war zwi= schen Mutter und Tochter eine gewisse Entfremdung ein= getreten, welche aus der Verschiedenheit ihrer Charaktere und Lebensanschauungen resultierte, und Eva mußte es in letzter Zeit mit ansehen, daß ihre Mutter Fremden ihr Vertrauen schenkte, welche ihr geschickt zu schmeicheln wußten und ein Verständnis für ihre Interessen heuchelten, das sie in Wahrheit gar nicht besaßen. Außerdem war die Geheimrätin durch ihre gemeinnützigen Vereine und künstlerischen Bestrebungen so in Anspruch genommen, daß Eva, die an dem allen nicht teilnahm, viel sich selbst überlassen blieb und sich oft recht vereinsamt fühlte. Da machte es sich denn ganz von selbst, daß sie sich lebhafter und wärmer, als es wohl sonst der

Fall gewesen wäre, an ihre liebenswürdigen Hausgenossen
anschloß, und kein Tag verging, an dem sie nicht bei
den beiden Damen erschienen wäre. Tante Betty be=
sonders hatte die kleine Weisheit sehr in ihr Herz ge=
schlossen, und da sie bei aller Tüchtigkeit frisch und
fröhlich war wie ein Frühlingstag und eine eigene Art
hatte, sich überall schnell heimisch zu machen, so war
ihr Besuch auch für Frau von Weeren stets eine will=
kommene Unterbrechung und das Verhältnis zu ihr ein
überaus freundschaftliches.

Auch jetzt nahm sie lebhaft Partei für das junge
Mädchen, erwähnte der Mutter gegenüber ihre vorzüg=
lichen Eigenschaften, und als Eva gleich darauf eilig
an ihr vorüber wollte, hielt sie dieselbe fest und sagte
scherzend:

„Sie haben mir noch gar nicht guten Abend gesagt,
Kleine! Verdiene ich diese schlechte Behandlung?"

Fräulein Eva lächelte schelmisch, aber statt der Ant=
wort bückte sie sich schnell, streifte den Handschuh ein
wenig zurück und drückte einen Kuß auf Violas schönen
Arm. „Da," sagte sie, „sind Sie nun zufrieden, Sonne?
Ich wäre schon eher gekommen, aber die vielen Menschen!
Ach, es ist doch zu langweilig, daß Sie verlobt sind,"
und mit einem nicht eben freundlichen Blick auf Euen
war sie verschwunden.

Dieser aber blickte ihr nach, strich gedankenvoll seinen
Schnurrbart und sagte lächelnd: „Sieh, welch guten
Geschmack die Kleine hat; dieses Beispiel verdient nach=
geahmt zu werden!"

Siebentes Kapitel.

Wenige Minuten später versammelte sich alles in dem großen Musikzimmer, und der Vortrag begann. Deringer machte seine Sache ausgezeichnet, und die Begleitung ließ nichts zu wünschen übrig, aber während er mit Lobeserhebungen überschüttet wurde, entzog sich Fräulein Eva der allgemeinen Aufmerksamkeit und verschwand durch eine Seitenthür. Ihre häuslichen Pflichten ließen es ihr wünschenswert erscheinen, noch einen Blick auf das Büffett zu thun, ehe die anderen zurückkehrten, und sie eilte, um keine Zeit zu versäumen. Immerhin gab es auch für sie einen unerwarteten Aufenthalt.

Als sie den Salon betrat, erhob sich aus einem Fauteuil, in dem er geruht, ein kleiner, etwas korpulenter Herr, mit schwarzen, fettglänzenden Haaren, gewichstem Schnurrbart und kleinen dunklen Augen, die unruhig hin und her irrten und jetzt einen verzückten Ausdruck annahmen.

„Mein gnädiges Fräulein," sagte er, auf sie zueilend, mit süßlicher Stimme, „welch glücklicher Zufall, der Sie zuerst in meinen Weg führt! Werden Sie mir verzeihen, daß ich so spät erscheine — ich war untröstlich, nicht eher abkommen zu können — und mir gestatten, Ihnen diese holden Kinder Floras zu Füßen zu legen? Sie sind und sollen nichts sein, als ein schwacher Ausdruck meiner unbegrenzten Verehrung für Sie und dieses gastliche Haus."

Er überreichte ihr bei diesen Worten einen übergroßen, prachtvollen Blumenstrauß, und Eva nahm ihn dankend hin, aber nur, um ihn im nächsten Augenblick auf einen Stuhl zu legen und nicht wenig spöttisch zu sagen:

"Sein Sie überzeugt, Herr von Lerchenfeld, daß ich Ihre Freundschaft für uns und unser Haus ihrem ganzen Werte nach zu schätzen weiß. Ich vermag nur dem Fluge Ihrer Gedanken so schnell nicht zu folgen wie meine gute Mama, und bei ihr werden Sie auch mehr Verständnis finden für alles das, was Sie mir soeben gesagt."

Herr von Lerchenfeld verzog sein Gesicht zu einem schmerzlichen Lächeln. "Aber die Blumen, mein gnädiges Fräulein, darf ich hoffen, daß Sie dieselben aus meiner Hand nicht verschmähen?"

Das junge Mädchen streifte sie mit einem flüchtigen Blick. "Ich? O, ich bin überzeugt, Mama wird sich sehr darüber freuen," sagte sie trocken, "aber Sie müssen mich nun entschuldigen, ich habe noch zu thun," und fort war sie.

Herr von Lerchenfeld trat vor den Spiegel, zerrte an seinem Schnurrbart, betrachtete sich mit prüfenden Blicken und fuhr dann erschrocken zurück. Aus dem Spiegel hatte ihm plötzlich ein zweites Augenpaar ent=

gegengeblickt, und ein lautes Lachen erscholl hinter seinem Rücken. — Es war der Colportagebaron.

„Na, mein lieber Lerchenfeld," sagte er, „das war ja ein ganz nettes Fiasko, was Sie da soeben erlebten. Statt der Tochter die Mutter! Der Tausch ist gar nicht so übel."

Der kleine Mann knirschte vor Wut. „Sie thäten besser, sich ein anderes Objekt für Ihre Heiterkeit zu suchen," sagte er ingrimmig, „ich habe ein gutes Gedächtnis für derartige Malicen und werde mich Ihrer zur rechten Zeit zu erinnern wissen. Wie kommen Sie übrigens zu so später Stunde hierher?"

Der Colportagebaron lachte. „Genau auf demselben Wege wie Sie, mein Verehrtester," erwiderte er ruhig, „der Unterschied ist nur der, daß ich eine Minute früher da war als Sie, und aus meinem dunklen Winkel heraus alles mit ansehen konnte. Ich bin neugierig, wie sich die Sache weiter entwickeln wird!"

„Ich möchte lieber wissen, ob wir noch in das Musikzimmer hinübergehen sollen oder nicht. Hier liegt ein Programm. Was gibt es denn alles? Puh, lauter klassische, unverdauliche Dinge. Da ist es besser, ich bleibe hier und präpariere mich auf eine Hummermayonnaise und eine Flasche Sekt!"

„Sie? Der Schützer der Musen, der Kunstmäcen?" fragte Nachtigal erstaunt. „Sind Sie denn mit einem Male fahnenflüchtig geworden?"

„Bewahre," erwiderte der andere, „ich schone nur meine Nerven für höhere Genüsse. — In der Theorie scheint mir die Musik edel und göttlich schön, in der Praxis ist mir ein gutes Souper doch lieber."

Der Colportagebaron lachte. „Wenn die Geheimrätin Sie hörte!"

„So würde sie glauben, ich verleumde mich selbst, und meine Vorzüge würden sich in ihren Augen durch die Tugend der Bescheidenheit noch steigern. Man muß mit den Damen nur umzugehen wissen."

Der Colportagebaron lächelte boshaft. „Richtig," sagte er, „deshalb gehören Ihre Klienten auch meist dem schönen Geschlecht an; Ihre Unkunde in Geschäftssachen mag mitunter recht — nun, sagen wir — recht ange= nehm und bequem sein!"

Ein stechender Blick aus den schwarzen Augen traf ihn. „Sie irren, mein lieber Baron," sagte Lerchenfeld scheinbar ganz sanftmütig, „Sie irren! Wenn ich auch das Vertrauen der Unmündigen genieße, so wird mein Rat doch auch häufig von anderer Seite in Anspruch genommen, und heute z. B. ist es Graf Euen, den ich dringend noch zu sprechen wünsche."

„In der That! Unser glücklicher Bräutigam hat also noch Zeit, an Geschäfte zu denken?"

Lerchenfeld lächelte fein. „Nein, er hat eben nicht Zeit, und darum beehrt er mich mit seinen Aufträgen."

Der Baron wollte etwas erwidern, aber man hörte nahende Tritte und Stimmengewirr — die Gesellschaft kehrte aus dem Musiksaal zurück, und die Geheimrätin begrüßte die beiden Herren in etwas überschwenglicher Weise. Dieselbe galt hauptsächlich Lerchenfeld und wurde noch gesteigert, als Evchen herbeikam und ihr in seinem Namen das Bouquet überreichte.

„Mein lieber Lerchenfeld," sagte Frau Lilie, „wie Sie mich verwöhnen! Ich fürchtete schon, Sie würden nicht kommen — aber nun sind Sie da, und wir können den schönen Abend gemeinsam beschließen."

„Der für mich seines höchsten Glanzes entbehrt," seufzte Lerchenfeld. „Ich habe zu meinem höchsten Bedauern die Musik versäumt."

Die Augen der Geheimrätin schimmerten feucht. „Wir holen das später einmal nach," sagte sie gerührt, ganz en petit comité — Eva muß Ihnen dann auch ein Liedchen singen — aber nun kommen Sie, ich will Sie mit Frau von Weeren bekannt machen."

Sie gingen nach der anderen Seite des Zimmers, und die Vorstellung fand statt. „Ein Bewunderer des Schönen und ein Kunstmäcen," fügte die Geheimrätin lächelnd hinzu, — aber Frau von Weeren schien wenig erbaut von der neuen Bekanntschaft.

„Sehr erfreut," sagte sie kühl, „unsere liebenswürdige Wirtin hat schon wiederholt von Ihnen gesprochen."

„Und gnädige Frau haben die Güte, sich dessen zu entsinnen?" Er machte seine tiefste Verbeugung.

„Gewiß, mein Gedächtnis ist ganz vortrefflich. So weiß ich zum Beispiel, daß Sie gestern gemeinsam das Museum besuchten."

„Ach ja," fiel die Geheimrätin hier ein, „wir waren bei den alten Skulpturen und haben uns immer von neuem berauscht an der Schönheit der Linien und der

Großartigkeit der Erfindung, unser Freund hat für der=
gleichen das tiefste Verständnis, während Eva, das arme
Kind" — sie brach schmerzbewegt ab.

„Sie sind Maler von Beruf, Herr von Lerchenfeld?"
frug Frau von Weeren.

„Nein, leider nicht, meine Gnädigste," erwiderte er,
„nur Dilettant."

„Aber Frau Lilie sagte mir doch —" sie blickte der
Abgehenden nach.

„Die Frau Geheimrätin ist zu nachsichtig in der
Beurteilung meiner kleinen Talente und Fähigkeiten,"
erwiderte Herr von Lerchenfeld mit outrierter Bescheiden=
heit. „Ich liebe die Kunst um ihrer selbst willen und
schütze und verbreite sie, wo immer ich kann; zur plan=
mäßigen Ausführung derselben aber fehlt mir die Zeit;
ich bin Geschäftsmann, gnädige Frau."

Sie zog erstaunt die Augenbrauen in die Höhe.
„Davon wußte ich allerdings noch nichts," sagte sie,
„vielleicht Banquier, Herr von Lerchenfeld."

„Nun, das wohl eigentlich nicht," meinte er lächelnd,
„indessen ich gehöre zu den Habitués der Börse und
unterstütze meine Freunde und Bekannte in ihren finan=
ziellen Arrangements, vermittle wohl auch den An= und
Verkauf von Gütern, wenn mit ihrer Erwerbung be=
sondere Schwierigkeiten verbunden sind. Durch jahre=
lange Übung und zweckmäßige Verbindungen habe ich
darin eine gewisse Routine erlangt, und das Vertrauen,
dessen ich mich zu erfreuen habe, gibt mir die tröstliche
Gewißheit, daß meine Mühe eine nicht verlorene ist.

Ich bin augenblicklich zwar mit Geschäften überhäuft, wenn indessen Sie, gnädige Frau, einmal meiner Hilfe bedürfen sollten? — ich stehe selbstverständlich ganz zu Befehl."

Frau von Weeren wurde noch um einige Grade steifer. „Ich danke Ihnen, Herr von Lerchenfeld," sagte sie kühl, „ich bin so glücklich, in der Person meines Güterdirektors einen treuen Freund und Berater zu besitzen, welcher jede andere Hilfe entbehrlich macht, und die Familiengüter, welche ich übernommen, wünsche ich weder zu veräußern noch zu vergrößern."

Mit einem stolzen Neigen des Kopfes entließ sie ihn, und er verbeugte sich nochmals, um seinen Ärger zu verbergen. „Ein Grund mehr, das Haus zu verkaufen," dachte er bei sich, „was ihn trifft, trifft ja die stolze Dame mit," und sich wieder aufrichtend, wandte er sich demütig, geschmeidig an den Grafen, der soeben gedankenvoll an ihm vorüberschreiten wollte.

„Sie verzeihen, wenn ich Sie störe, lieber Graf," sagte er entschuldigend, „es ist nur für einen Augenblick, man trifft Sie jetzt so selten in Ihrer Wohnung, und ich wollte mir doch noch einige Instruktionen erbitten."

Graf Euen folgte zögernd; er hatte eine stark ausgeprägte Abneigung gegen Geschäftsangelegenheiten und eine gewisse Indolenz, welche ihn das, was ihm selbst unangenehm und langweilig erschien, gern und willig auf die Schultern anderer ablegen ließ, überzeugt, daß sie es ebenso gut, wenn nicht besser machen würden als er selbst. Diese bequeme Vertrauensseligkeit hatte ihm schon allerhand Unannehmlichkeiten und Verluste gebracht. Das Gut Schönwiese, das er von seinem Vater geerbt und das seinen Namen mit Recht verdiente, repräsentierte bei seiner Übernahme ein recht stattliches Vermögen, da er sich aber nicht sonderlich darum kümmerte und für seine Vertretung nicht die geeigneten Kräfte fand, hatte es ihm in den letzten Jahren weniger Revenüen, aber desto mehr Ärger und Enttäuschungen gebracht, und er hegte den lebhaften Wunsch, es zu verkaufen, ein Ausweg, der verzeihlich erschien, da es kein alter Familienbesitz, sondern eine neuere Acquisition seines Vaters war, der in Grund und Boden die sicherste Kapitalanlage sah. Als daher Lerchenfeld, der für einen anderen um das Nachbargut Schönlanke gehandelt und die Verhältnisse kannte, Euen eines Tages die Mitteilung machte, er habe einen reellen und soliden Käufer für Schönwiese, zögerte der Graf nicht, ihm seine Ansprüche und Bedingungen genauer mitzuteilen und legte, als Lerchenfeld sich mit dem Preise einverstanden erklärte, die ganze Sache vertrauensvoll in seine Hand. Unbequem war es ihm nur, daß er ein großes Haus mit in Zahlung nehmen sollte, aber Lerchenfeld, der gewandte Geschäftsmann, beruhigte ihn vollkommen über diesen Punkt, und auch ein Rechtsanwalt, den er bat, die Sicherheit der Hypotheken zu prüfen, fand alles in vollkommenster Ordnung.

Schönwiese wurde also verkauft, die Sache verlief ganz glatt, und er war nunmehr im Besitz des betreffenden Hauses und eines mäßigen Barvermögens, das er auf

Lerchenfelds Rat in ausländischen Papieren angelegt hatte.

Aber noch einmal sah er sich genötigt, seine Hilfe in Anspruch zu nehmen. Das Haus erwies sich beinahe ebenso unbequem als das Gut. Es gab allerlei Ärger und Kosten, leerstehende Wohnungen und Reparaturen, und der Hausmeister, den er eingesetzt hatte, mußte entlassen werden. Zudem hörte er von verschiedenen Seiten, daß andere unter Lerchenfelds Anleitung sehr glückliche kleine Spekulationen an der Börse gemacht hatten, und er bat ihn darum, ihn von dem Hause zu befreien. Der allezeit gefällige Herr von Lerchenfeld wußte auch hierfür Rat, aber es gab noch einiges Geschäftliche zu erledigen, und um dies zu besprechen, hatte er ihn heute in der Gesellschaft aufgesucht.

Daß der Graf eilig und zerstreut erschien, war ihm durchaus nicht entgangen, aber es paßte dies in seine Berechnungen, und während sie sich in eine Fensternische zurückzogen, sagte er schmeichelnd:

„Es ist alles bereit; wir bedürfen nur noch Ihrer definitiven Einwilligung, und der Kauf ist perfekt."

Euen warf mit der schlanken weißen Hand das Haar aus der Stirn.

„Und Sie meinen, ich dürfe die bewußten Papiere als Anzahlung nehmen?" fragte er. „Halten Sie dieselben denn für sicher?"

„Absolut sicher," bestätigte Lerchenfeld, „Sie laufen nicht die geringste Gefahr."

„Und haben Sie sich sonst nach dem Manne erkundigt? Die Anzahlung scheint mir etwas gering."

Lerchenfeld betrachtete ihn einen Augenblick lauernd.
„Wenn Ihnen dieselbe nicht genügt, lieber Graf," sagte
er ruhig, „muß der Verkauf eben unterbleiben. Wir
finden mit der Zeit vielleicht eine bessere Gelegenheit."

Aber davon wollte Euen nichts wissen. „Nein, nein,"
sagte er, „thun Sie, was Sie wollen, ich bin kein Geschäftsmann und verlasse mich in diesen Dingen ganz
auf Sie."

„Das können Sie auch getrost," meinte Lerchenfeld
mit treuherziger Miene, „ich wache und sorge ja für Sie."

Als die beiden zur Gesellschaft zurückkehrten, rüstete
man sich schon zum Souper. Diener eilten geschäftig
hin und her, kleine gedeckte Tische mit Weingläsern und
gefüllten Karaffen wurden aufgestellt, und die Herren
waren eifrig bemüht, für sich und ihre Damen einen
hübschen Platz zu finden. Für das Brautpaar aber
sorgte die liebenswürdige Wirtin selbst. Auf ein mit
üppigen Topfgewächsen umstelltes Etablissement deutend,
das eine tiefe Nische ausfüllte und von einer roten
Ampel ein mattes, magisches Licht empfing, sagte sie zu
Euen: „Darf ich Ihnen raten, sich jetzt schon jenen Tisch
zu sichern? Es ist ein hübsches, lauschiges Plätzchen,
ganz wie geschaffen für ein liebendes Paar, und wenn
Sie noch lange zögern — —"

„Entzückend," rief Frau von Weeren, welche die
letzten Worte mit angehört hatte, „wir können hier ganz

ungestört plaudern — mitten in der Gesellschaft, und doch auch allein."

Euen küßte ihr dankbar die Hand, und, ihr zärtlich in die Augen blickend, sagte er bedeutsam: „Meine teure Viola!"

Die Geheimrätin aber, die spät geheiratet hatte, und deren Jugend noch in die letzte Blütezeit der Paalzowschen Romane fiel, nickte befriedigt mit dem Haupte und sagte gerührt: „Es geht doch nichts über das Leben der Liebe, — zwei Seelen und ein Gedanke, zwei Herzen und ein Schlag — das höchste Glück, das diese arme Erde bietet!"

Inzwischen schlüpfte Frau von Weeren auf den ihr angewiesenen Platz, streifte die Handschuhe ab und sagte spöttisch:

„Die gute Geheimrätin! Sie glaubt wirklich, uns einen Gefallen zu thun und betreibt das Isoliersystem mit vielem Geschick."

„Nicht mehr, als für unsere Lage angemessen erscheint," erwiderte Euen. „Brautpaare erfreuen sich immer einer gewissen Berücksichtigung."

„Eine Unsitte, lieber Graf, welche die unangenehmsten Folgen haben kann. Ich dächte, die Betreffenden müßten schon vor der Hochzeit des gezwungenen Beisammenseins müde werden und nach derselben sich tödlich langweilen."

„Sie vergessen einen mächtigen Faktor, meine Gnädigste, — die Liebe; — sie ist unersättlich, und sie ist exclusiv."

„Aber sie flieht, wenn das Interesse erkaltet. Ein

allzu genaues Sichkennenlernen ist gar nicht opportun — es muß immer noch etwas zu erraten übrig bleiben."

Euen lachte. „Eine große Wahrheit, die leider von dem schönen Geschlecht nicht genug beherzigt wird. Die hingebende Natur des Weibes steht dem entgegen."

„Meinen Sie? — Nun, jedenfalls scheint mir der Brautstand eine unmotivierte Beschränkung der persön= lichen Freiheit mit der angenehmen Aussicht auf ein dauerndes Sklaventum."

„Das wir aber nicht zu fürchten haben, da wir ja nicht wirklich verlobt sind," meinte er lächelnd.

Frau von Weeren seufzte erleichtert. „Ja, dem Himmel sei Dank, wir tragen die Fesseln nur zum Schein. Darf ich fragen, wie Ihnen das Konzert ge= fallen hat?"

„Ausgezeichnet!"

„Wirklich?"

„Es gab mir reichlich Gelegenheit, Ihr Profil zu studieren."

„Weiter nichts?"

„Ist das nicht genug? Mein musikalisches Ver= ständnis ist gleich Null. Um aber vernünftig zu reden: Ihre Tante ist heute zurückgeblieben?"

„Ja," erwiderte Viola, „sie fühlte sich in letzter Zeit nicht ganz wohl und ist für ihre Gesundheit außer= ordentlich besorgt. Hier bei unserer guten Geheimrätin glaubte ich ihre Begleitung entbehren zu können."

Euen lächelte ironisch. „Um so mehr," sagte er, „als sie uns dieselbe im allgemeinen mit bewundernswerter

7*

Beharrlichkeit zuwendet. Sie läßt uns auch nicht einen Augenblick allein."

„Allerdings," und nun war es an Frau von Weeren zu lächeln, „allerdings, lieber Graf, — aber es stimmt dies mit meinen Wünschen durchaus überein. Wie Sie vorhin ganz richtig sagten: — man kann in unserer Lage gar nicht vorsichtig genug sein."

„Sie handelt also auf höheren Befehl?"

„Wenn Sie es so nennen wollen? — Ja!"

Beide schwiegen und blickten auf die hin und her wogenden Menschen. Da gewahrten sie denn, daß viele, einzeln oder paarweise, sich dem lauschigen Plätzchen nahten, um die noch leeren Plätze mit Beschlag zu belegen, immer aber erschreckt zurückfuhren, wenn sie das Brautpaar erkannten, und sich erst in diskreter Entfernung niederließen. Euen schien die Sache zu amüsieren, Frau Viola aber ward ärgerlich und sagte endlich unmutig: „Ich hoffe, es kommen noch andere an unseren Tisch, — ich würde Sie sonst bedauern, Graf Euen!"

„Dann," erwiderte er, „wäre Ihr Mitleid verschwendet, meine gnädigste Frau! Auch ist keine Aussicht, daß Ihr Wunsch sich erfüllt. Sie sehen, so leicht wagt sich hier niemand heran."

Frau von Weeren seufzte. „Ja, es ist wirklich zu dumm, wir sind wie verfemt. Aber, cher comte, Sie sind ein schlechter Kavalier! Sie spielen mit meinem Fächer, aber Sie sorgen nicht für unser Souper! Und — entsetzliches Bekenntnis für eine Braut — ich habe wirklich Hunger!"

Graf Euen sprang auf und lachte. „Pardon, mille pardons,“ sagte er, „Ihre Nähe hat mich bezaubert, — aber Sie haben recht! Was darf ich Ihnen bringen?“

„Was Sie wollen,“ meinte sie gleichgültig, „mir ist alles recht.“

Sie lehnte sich zurück und blickte ihm sinnend nach. „Ah,“ dachte sie, „das Alleinsein mit mir behagt ihm zu gut, um es ihm auf die Dauer zu gewähren, — für meine Zwecke ist es zu lang. Daß ich meinen Platz verlasse, geht auch nicht an, wenn ich nur wüßte —“ sie blickte sich suchend um und gewahrte Deringer, der mit einem gefüllten Teller unschlüssig und verlegen aus der Thür trat und schnell an ihr vorüber wollte. — Ein triumphierendes Lächeln glitt über ihr Antlitz. „Siehe da, das Genie par excellence,“ dachte sie, „die Geheimrätin bat mich, ihm freundlich zu begegnen, und er ist viel zu schüchtern, um nicht zu thun, was ich ihm sage,“ und sich verneigend, rief sie halblaut:

„Herr Deringer, auf ein Wort, ich bitte! Wohin gehen Sie denn so eilig?“

Der unglückliche junge Mann fuhr erschreckt zusammen. „Ach Gott, die Braut,“ stammelte er zögernd und fügte dann hastig hinzu: „Ich, ich wollte mir erlauben, etwas zu essen, gnädige Frau! Wenigstens meint Fräulein Eva —“

Frau von Weeren war die Liebenswürdigkeit selbst. „Haben Sie denn schon einen Platz?“ fragte sie leutselig.

„Nein, ach nein, — das ist aber auch gar nicht nötig.“

Sie lächelte. „Ich denke doch, und sehen Sie, hier an unserem Tische ist gerade noch ein Platz frei, — weshalb sollten Sie ihn nicht benutzen?"

Er trat furchtsam näher. „Sie sind sehr gütig," sagte er, „aber der Herr Graf?"

„Hat gewiß nichts dagegen."

Er gehorchte endlich, setzte sich ängstlich auf die äußerste Kante eines vergoldeten Rohrstuhls, balancierte seinen Teller auf den Knien und wagte nichts zu berühren. Die schöne Frau nickte ihm ermunternd zu:

„Rücken Sie nur etwas näher," sagte sie, „ich thue Ihnen nichts, und essen Sie tüchtig. Vorhin, während des Konzertes, waren Sie gar nicht so ängstlich, und wirklich, Sie haben sehr schön gespielt."

Er zerschnitt seinen Spargel in Atome, vor lauter Verlegenheit, und steckte ein Stück Schinken in den Mund, das viel zu groß war, aber sein Gesicht strahlte, und er sagte undeutlich: „Ach ja, gnädige Frau, Fräulein Eva war so gut, und wenn ich spiele, bin ich ein anderer Mensch."

In diesem Augenblick erschien Graf Euen, schön, lächelnd, siegesgewiß, mit zwei gefüllten Tellern und stellte sie vor Viola hin. „So, meine Gnädigste," sagte er, „ich hoffe, ich habe gut gewählt, etwas Blumenkohl und ein Stückchen Fasan! — Aber wen haben wir denn da? — Herrn Deringer, den Held des Abends?"

Viola lächelte: „Nun, wie ein Held sieht er nicht gerade aus," sagte sie belustigt, „dazu fehlt es ihm noch etwas an künstlerischem Selbstbewußtsein."

„Aber allem Anschein nach nicht an Gehorsam gegen Sie, meine Gnädigste." — Graf Euen sagte es etwas unmutig, und Deringer, einen Vorwurf herausfühlend, stand ängstlich auf. „Verzeihen Sie nur, Herr Graf," stotterte er, „ich wollte ja gar nicht, aber die gnädige Frau —"

Diese ließ ihren Schützling nicht im Stich.

„Sie dürfen nicht schelten," sagte sie heiter, „ich selbst habe ihn an meine Seite gerufen!"

„Um mir eine Freude zu bereiten, nicht wahr?"

„Natürlich, weshalb denn sonst?"

Graf Euen sah recht verdrießlich aus. „Das kann ich mir denken!" sagte er spöttisch. „Aber siehe da, welche Ungeschicklichkeit! In der Zerstreutheit habe ich mir Puterbraten genommen, und ich esse nun einmal kein zahmes Geflügel. Mein lieber Deringer, möchten Sie mir wohl etwas anderes holen? Etwas von einem chaud-froid, einem Salmi oder einem ragoût-fin?"

Der angehende Künstler war froh, fortzukommen.

„Ach ja," sagte er erfreut, „gern, recht gern, Herr Graf, ich werde mich auch recht beeilen."

Euen lachte. „Das liegt durchaus nicht in meinen Wünschen — im Gegenteil, nehmen Sie sich recht viel Zeit."

Deringer ging. Frau Viola schien in Gedanken versunken, und Graf Euen ließ sich seinen Puterbraten vortrefflich schmecken.

„Wie grausam Sie sind," sagte sie endlich, „der arme Mensch hat keine Ahnung von Salmis und chaudfroids und ist außerdem fabelhaft kurzsichtig — er wird nach all den schönen Dingen vergeblich suchen."

„Pardon," erwiderte er, „grausam waren Sie, meine Gnädigste, als Sie mir seine Gegenwart aufoctroyieren wollten!"

„Ah," machte sie. „Mir scheint, Sie wissen sich derselben recht gut zu entledigen."

„Gewiß," erwiderte er, „unsere Wünsche gehen in dieser Beziehung leider auseinander. Mir genügt Ihre Gesellschaft vollkommen, gnädige Frau, während Sie Ihre vielen Verehrer nun, da sie sich in diskreter Entfernung halten, doch recht schmerzlich zu vermissen scheinen."

Sie lächelte liebenswürdig. „Das kann schon sein, lieber Graf! Das Leitmotiv ihrer Unterhaltung war zwar immer dasselbe, aber die Verschiedenheit der Individualität brachte doch immerhin etwas Abwechslung hinein."

„Und Sie lieben die Abwechslung?"

„Außerordentlich!"

„Sie ließ ihr Taschentuch fallen, und Euen hob es diensteifrig auf. Aber statt es ihr zurückzugeben, behielt er es in der Hand, betrachtete es mit zärtlichen Blicken und drückte es bald an seine Lippen, bald an sein Herz. Sie wurde rot. „Wollen Sie mir mein Tuch nicht wiedergeben?" fragte sie ärgerlich.

Indessen er ließ sich nicht beirren. „Welch grausame Forderung!" rief er mit Pathos. „Gestatten Sie lieber, daß ich es behalte, auf meinem Herzen trage als teuren Talisman."

Sie mußte doch lächeln. „Thorheiten, Graf," sagte sie, „ich muß es wieder haben."

„Um jeden Preis?"

Das war ein böses Wort! — Es erinnerte sie an ihre Demütigung, ihre Niederlage, und plötzlich erblassend, lehnte sie sich stumm und kalt in die Kissen zurück.

Auch der Graf schien erschrocken; die Äußerung war ihm ohne seinen Willen entschlüpft, und sich ganz nahe zu ihr herüberneigend, sagte er bittend: „Gnädige Frau, ich bitte, zürnen Sie mir nicht. Bei Gott, ich wollte Sie nicht verletzen — ich war nur froh bis zum Übermut — und da" — er sah sie an mit einem merkwürdigen Blick, einem Blick, der voll war von ehrlichem, aufrichtigem Bedauern, und als er ihre Hand ergriff und ehrfurchtsvoll an seine Lippen führte, konnte sie sich der weichen, versöhnlichen Regung nicht entziehen.

Inzwischen wurde auch an anderen Tischen lebhaft geplaudert. Drontheim hatte Evchen zum Souper engagiert und der Colportagebaron sich ihnen zugesellt. Sie saßen in demselben Zimmer wie das Brautpaar, und zwar in einer Linie mit demselben, konnten es aber durch die Hilfe eines großen Trumeaus genau beobachten und machten von dieser Gelegenheit reichlich Gebrauch. Besonders der junge Kriegsmann starrte mit solcher Beharrlichkeit in den Spiegel, daß Fräulein Eva endlich ungeduldig wurde und spöttisch sagte:

„Nun, Ritter Toggenburg, haben Sie jetzt geschmachtet? Ich glaube, Sie könnten auch tagelang sitzen und warten, bis das Fenster klang, ohne daran zu denken, daß Sie auch noch andere Verpflichtungen haben. Wenn Sie mich so schlecht unterhalten, werde ich Sie nie mehr bitten, mich zu Tische zu führen."

Baron Nachtigall horchte hoch auf. „Sie haben Lieutenant Dronthelm selbst aufgefordert?" fragte er erstaunt. „Ich glaubte, er habe sich diesen Vorzug als besondere Gunst von Ihnen erbeten."

Evchen lachte. „Nein, diesmal war es anders als sonst. Wir sind zwei gute Kameraden, die sich gegenseitig nützen und helfen müssen, und als vorhin Herr von Lerchenfeld kam, um mich zu engagieren, sagte ich kurzweg, Lieutenant Dronthelm sei ihm bereits zuvorgekommen."

Der Colportagebaron lächelte verständnisinnig. „Ah, darum also," sagte er. „Wie nennt man doch gleich diese Art diplomatischer Wendung?"

„Mogeln, Baron Nachtigall," sagte Evchen heiter, „aber ich versichere Ihnen, ich fühle in diesem Falle keine Spur von Reue."

„Der Herr ist Ihnen nicht sympathisch?"

„Sympathisch?" fragte sie. „Du lieber Himmel, unausstehlich ist er mir! Nun, er weiß das auch und hat sich mit Mama getröstet. Sehen Sie nur, wie eifrig sie sich unterhalten."

So schien es wirklich, aber diesmal sprachen sie nicht von Malerei und Musik, die Kunst hatte nur als Einleitung gedient; Herr von Lerchenfeld erwähnte einiger glücklicher finanzieller Operationen und suchte die Geheimrätin über ihre eigenen Verhältnisse auszuhorchen,

aber arglos wie sie war, schützte sie ihr Widerwille, von
dergleichen Dingen zu reden, doch vor allzu großer
Offenheit, und der Colportagebaron sagte zu Evchen,
gleichsam als ahne er den Gegenstand ihrer Unterhaltung:

„Ihre Frau Mama sollte mit jenem Herrn recht
vorsichtig sein, gnädiges Fräulein. Man munkelt allerhand von einer Vergangenheit, welche ihn mehr oder
weniger zum Glücksritter stempelt, und ich sehe mit
Bedauern, daß auch Graf Euen diesem Menschen Vertrauen schenkt."

Lieutenant Dronthelm lachte. „Mein lieber Baron,"
sagte er, „Sie wittern wieder einmal ein Geheimnis, wo
keines ist, — an Ihnen ist ein Detektiv verloren gegangen. Herr von Lerchenfeld ist ein ganz braver, harm-
loser Mensch, der nur das Unglück hat, etwas jüdisch
auszusehen, und selbst wenn er so gefährlich wäre, wie
Sie meinen, Graf Euen bedarf Ihres Mitleides nicht.
Er ist klüger und routinierter als drei Lerchenfelds zu-
sammengenommen und wird sich seiner Haut zu wehren
wissen."

„Glauben Sie das nicht," meinte der Colportagebaron. „Er ist durch und durch Kavalier und etwas
genial in Geldangelegenheiten, zudem im Begriff, eine
Millionärin zu heiraten, — dergleichen zieht das Geschlecht der Raubvögel immer an, und man sollte ihn
durch Frau von Weeren warnen."

„Wirklich?" meinte Evchen. „Weshalb thun Sie es
denn nicht selbst?"

„Weil das immer eine peinliche Sache ist," erwiderte

Nachtigall, „zudem habe ich keine positiven Beweise, und der Graf könnte meine Einmischung übel vermerken."

———   ———   ———   ———   ———

Herr Deringer war ratlos an dem Büffett hin und her geirrt, bis endlich jemand sich seiner erbarmte und ihm den Teller nach Gutdünken füllte. Er eilte wieder zurück zu dem Brautpaar und sagte kleinlaut:

„Herr Graf, ob es wohl so recht sein wird? Die Ragouts und die Salmisen konnte ich nicht finden, da habe ich etwas anderes gebracht."

Graf Euen schien unangenehm überrascht. „Was, Fisch?" meinte er unmutig. „Mein lieber Deringer, den kann ich absolut nicht vertragen. Mein Magen bedarf der äußersten Schonung!"

Frau von Weeren lächelte spöttisch. „Merkwürdig," sagte sie, „ich sah Sie neulich doch mit bestem Humor eine große Portion Lachs vertilgen."

„Ja, meine Gnädigste," erwiderte er, „ich will das durchaus nicht bestreiten, das Leiden ist rein nervöser Natur."

Deringer war nicht zu entmutigen. „Soll ich viel= leicht noch einmal nachsehen?" fragte er gutmütig. „Es gibt da noch so verschiedenes, Herr Graf."

Euen lachte. „Ja, ja, gehen Sie," sagte er, „und bringen Sie mir etwas recht Schönes mit."

Aber hier legte Frau Viola ein Veto ein. „Nein, Herr Deringer," sagte sie, „wir haben Sie jetzt genug bemüht. Sie müssen auch einmal an sich selber denken,

sonst gehen Sie am Ende ganz leer aus, und da Sie
uns vorhin durch Ihr schönes Spiel einen so hohen
Genuß bereitet haben, möchte ich Sie noch nachträglich
ein wenig dekorieren."

Sie lächelte ihn freundlich an, und das Bouquet
weißer Veilchen hervorziehend, das sie im Gürtel trug,
befestigte sie dasselbe eigenhändig an seiner Brust.

Deringer sah sehr verlegen aus, machte eine linkische
Verbeugung und ging strahlend von dannen, seine Freude
war aber nur von kurzer Dauer. Kaum hatte er sich
im Nebenzimmer niedergelassen, um endlich allein und
ungestört sein Abendbrot zu verzehren, als er plötzlich
eine Hand auf seiner Schulter fühlte und Graf Euen
wieder vor ihm stand.

„Junger Mann," sagte er, „Sie wissen vielleicht
nicht, was es heißt, von einer verlobten Braut frische
Blumen zum Geschenk anzunehmen?"

„Nein," stammelte der Jüngling erschreckt und sprang
hastig auf.

„Er muß sich mit dem Bräutigam der Dame schießen!"
grollte der andere. „Verstehen Sie mich? Wenn Ihnen
also Ihr Leben lieb ist, beeilen Sie sich, mir die Blumen
zurückzugeben."

Herr Deringer beeilte sich. „Da," sagte er, am
ganzen Körper zitternd, „da, Herr Graf, — ich hoffe,
Sie werden mich doch nicht unglücklich machen!"

„Bewahre, mein Lieber," und die Stimme klang nun
wieder ganz leutselig, „nur rate ich Ihnen, meiner Braut

aus dem Wege zu gehen. Die Sache könnte sonst doch noch unangenehme Folgen für Sie haben."

Der arme geplagte Jüngling atmete erleichtert auf, Enen arrangierte die Veilchen sorgsam in seinem Knopfloch und kehrte dann mit einem triumphierenden Lächeln zu Frau von Weeren zurück. Sie sah sofort, was geschehen war.

"Was soll das, Graf?" sagte sie ungeduldig.

"Das Bild eines glücklichen Bräutigams vervollständigen."

"Es ist ein Knabenstreich!"

"Vielleicht, nur mit anderen Motiven."

"Bah!" sagte sie verächtlich, "welchen Wert kann eine Gabe haben, die man sich erzwungen hat?"

"Einen imaginären, ich gebe das zu," sagte er ruhig, "aber auch Sie haben einen faux pas gemacht, meine Gnädigste! Wir sind nicht verlobt, aber Sie heißen meine Braut, und ich kann es darum nicht dulden, daß jener Knabe Ihre Blumen trägt."

"Ein paar armselige Veilchen!"

"Die an Ihrem Herzen geruht!"

Sie lachte plötzlich laut auf. "O, das ist köstlich, Graf," sagte sie, "jetzt werden Sie auch noch sentimental. Sollte der Sekt diese anomale Stimmung erzeugen?"

Er antwortete nicht. Ein Diener brachte ihm soeben auf chinesischem Teller ein Telegramm.

"Sie gestatten?" fragte er, und gewöhnt, häufig Depeschen zu erhalten, öffnete er es mit größer Ruhe.

Kaum aber hatte er einen Blick hineingethan, so wurde er ernst, reichte es seiner Braut hinüber und sagte gepreßt:

„Na, das ist eine nette Überraschung! Onkel Adam wünscht Sie kennen zu lernen, er ist bereits auf dem Wege hierher!"

Achtes Kapitel.

Die kleine Excellenz saß vor ihrem Toilettenspiegel, betupfte ihr keckes Näschen mit gelblich gefärbtem poudre de riz, das ihrem dunklen Teint einen klaren, sammet= weichen Schimmer verlieh, fuhr mit einer schmalen, scharfen Bürste glättend über die schön gezeichneten, aber etwas zu starken Augenbrauen, toupierte das krause Stirnhaar, daß es feiner und voller erschien, benutzte (zum Schutz gegen die Kälte, wie ihre Jungfer sagte) geschickt etwas rote, rosenduftige Lippenpomade, und lehnte sich dann befriedigt zurück, um sich vollends frisieren und ankleiden zu lassen.

Sie verachtete Farbe, Schminke und Schönheitsmittel als Attribute der Demimonde, aber unschuldige kleine Retouchen, wie die oben erwähnten, durfte sie sich als elegante Frau schon gestatten, und als weitere Folge kluger Berechnung verstand sie es auch, durch ihren Anzug ihre äußeren Vorzüge zu heben. Schienen ihre Toiletten auch mitunter etwas auffallend in Schnitt und Farbe, so waren sie doch immer chic und effektvoll und ihrer ganzen Persönlichkeit so genau angepaßt, daß man sich gerade für sie nichts Hübscheres und Kleidsameres denken konnte.

Sie wußte, was ihr gut stand, und darum sah sie auch heute wieder sehr reizend aus in ihrem kurzen Kostüm von dunklem, moosgrünem Plüsch, dessen hellgrauer, duftiger Pelzbesatz ungemein kostbar war und sich, zur Vervollständigung des Ensemble, als zierlicher Muff und kokettes Mützchen sehr glücklich wiederholte.

Frau Thesch lächelte, als sie fertig war, ließ sich die eleganten Schlittschuhe reichen, nahm einen großen, warmen Mantel um, stieg in ihr Coupé und fuhr nach der Eisbahn. Es galt eine Verabredung mit Viola und Euen, von der sie sich einiges Vergnügen versprach. Sie hatte sich mit dem Brautpaar noch nicht öffentlich gezeigt, und man fing bereits an darüber zu reden, daß die Verlobung ihr schmerzlicher gewesen sei, als sie zugeben wolle. Wirklich hatte in den ersten Tagen ihre Stimmung gelitten. Nicht, daß ihr moralische Bedenken gekommen wären! Nein, nein, so weit gingen ihre Skrupel noch nicht, sie ärgerte sich nur; über sich selbst, über Viola und nicht zum mindesten über Euen. Konnte er denn nicht einen anderen Ausweg finden, mußte er sich selbst Fesseln anlegen, wenn auch nur zum Schein? Sie war doch recht unbequem diese fingierte Verlobung, und man konnte sich dabei gar so leicht verraten! — Zu langweilig, wirklich! Euen konnte die gute Viola natürlich nicht leiden, aber er mußte nun doch immer und immer mit ihr zusammen sein, und durfte sich ihr, seiner lustigen kleinen Freundin, fast gar nicht mehr widmen. Sie war nur noch die treue Beraterin, der geduldige Elefant, der nichts für sich

begehrte und sich nur freute, das gute Werk vollbracht
zu haben.

Sie mußte laut auflachen, als sie daran dachte. —
Nun, das sollte anders werden. Ihr Mann war ja
jetzt nicht mehr eifersüchtig, die Welt beruhigt, — sie
mußte den armen Menschen doch wieder einmal trösten
und sich selbst — ein wenig amüsieren! Ja, jetzt, da
ihr etwas entrückt war, erschien ihr der schöne, gewandte
Graf Euen noch interessanter, noch liebenswerter als
früher, und schließlich — jedes Ding hat zwei Seiten!
Als Freundin der Braut war sie auch dem Bräutigam
mit einem Male um vieles näher gerückt. Viola würde
nun nichts mehr dagegen haben — diese steife, kalte,
tugendhafte Vi — wenn sie stundenlang mit ihm kokettierte,
die Welt fand keinen Eintritt in das häusliche Paradies
der Neuverlobten, und Tante Betty? — O, die glaubte,
was man ihr sagte, und brauchte nicht immer dabei sein,
wenn man zu dreien sich unterhalten wollte.

Soweit war die kleine Excellenz in ihren Reflexionen
gelangt, als der Wagen hielt. Der Diener sprang vom
Bock, öffnete den Schlag, nahm ihr Mantel und Schlittschuhe ab und folgte in ehrerbietiger Entfernung.

Wie leichtfüßig sie dahinschritt, wie graziös sie nach
allen Seiten hin grüßte! Ihre Erscheinung paßte so
recht in das bunte Treiben in ihrer Nähe, und ein
hübsches Bild war es, das sich vor ihren Blicken ent-
rollte.

Zwischen den märchenhaft schönen, mit Rauhreif
bedeckten weißen Bäumen eine spiegelglatte, glitzernde

Eisfläche, auf deren vorderem Teile eine freudig bewegte, lachende und schwatzende Menge langsam auf und ab ging, lange Reihen mehr oder minder eleganter Stuhl= schlitten, Erfrischungsbuden mit glühenden Kohlenbecken, bunten Wimpeln und Fahnenschmuck, schüchterne An= fänger und frierende Eismütter; weiterhin, wo der See sich weitete, schlanke, jugendliche Gestalten, in langen Ketten geschmeidig dahinfliegend, oder einzeln kunstvolle Kreise beschreibend, rote Wangen, blitzende Augen, wehende Schleier und bunte Uniformen, und über dem allen die strahlende, lachende Wintersonne und die lustigen Weisen aus Gasperone, welche die Kapelle eines Garderegiments mit gewohnter Meisterschaft und großer Bravour schneidig und lockend erklingen ließ.

Frau Thesch erschien, und der erste, der ihr begegnete, war natürlich der Colportagebaron. Für ihn besaß der Eissport einen doppelten Reiz, denn er bot ihm nicht nur Gelegenheit, seine Gewandtheit zu zeigen, sondern auch ein reiches Feld für seine Beobachtungen und aller= hand interessante Vergleiche. Mit den Schlittschuhen an den Füßen gab es für ihn keine Schwierigkeiten mehr, er war gleichsam allgegenwärtig auf der weiten Fläche, und seinen scharfen Augen entging nichts.

So glitt er auch jetzt im eleganten Bogen an die Generalin heran, als sie die Stufen von der Promenade herabstieg, begrüßte sie mit lebhafter Freude, und zählte sogleich alle Bekannten auf, welche sich bereits vor ihr schon eingefunden hatten. Auch über das Brautpaar gab er Bescheid. Frau von Weeren und Tante Betty

8*

waren erschienen, letztere wurde von Drontheim in einem
Stuhlschlitten herumgefahren, und die junge Witwe hatte
sich einigen anderen Bekannten angeschlossen, ihn, Nach=
tigall, beauftragend, ihre Freundin an ihrer Statt zu
empfangen. Euen konnte erst später nachkommen. Aber
nein, da war er schon! — Suchend ging er durch die
Reihen, und die beiden gewahrend, blieb er grüßend
stehen.

„Ah, Excellenz," sagte er, „wie schön, daß ich Sie
finde! Baron, haben Sie meine Braut nicht gesehen?"

Thesch war doch ein wenig erstaunt, ihn von Viola
so unbefangen als von seiner Braut sprechen zu hören.
Der Colportagebaron aber fand das natürlich ganz in
der Ordnung und erwiderte eifrig: „Gewiß, lieber Graf,
Frau von Weeren wurde des Wartens müde und ließ
sich von einigen Jüngern des Mars entführen. Sehen
Sie nun zu, wie Sie die Flüchtige wiederbekommen.
Sie läuft brillant."

„Wie wäre es, wenn wir ihr entgegenliefen?" pro=
ponierte die kleine Excellenz, die inzwischen die Stahl=
schuhe angelegt hatte, „es ist so langweilig, hier herum
zu stehen," und Euen stimmte ihr freudig bei.

So flogen sie denn blitzschnell dahin auf dem Spiegel
des Sees, sich nur an einer Hand haltend, und doch
unzertrennlich in rhythmischer Bewegung, ein Paar, dem
mancher neidvoll bewundernde Blick folgte, atmeten mit
Entzücken die reine Luft und sprachen die ersten Minuten
kein Wort. Erst als sie weit draußen waren, wo nur
vereinzelte Gestalten die weite Bahn durchschnitten,

mäßigten sie, derselben Eingebung folgend, das Tempo, und Frau Thesch sagte: „Na, das laß ich mir gefallen, hier kann man doch wenigstens in Ruhe mit einander reden," dann fügte sie übermütig, mit schalkhaftem Lächeln hinzu: „Nun, mein Herr Graf, wie gefällt Ihnen die improvisierte Gefangenschaft? Sind Sie an der Seite meiner unnahbaren und höchst vortrefflichen Freundin noch nicht zu Eis erstarrt?"

Er blieb stehen und lächelte. „Ich habe mir die Sache schlimmer vorgestellt als sie ist," sagte er heiter, „und nur bedauert, daß Sie, Excellenz, in den letzten Tagen so ganz unsichtbar blieben. Was haben wir Ihnen denn gethan, daß Sie unsere Nähe so meiden? Sagen Sie jetzt vielleicht von uns, wie es in dem bekannten Rätsel heißt: — getrennt mir heilig — vereint abscheulich."

Sie lachte. „Wenn Sie wüßten, wie gern ich gekommen wäre," sagte sie, „aber mein Mann meinte, ich dürfe Viola in ihrem jungen Glück nicht stören, und ich fürchtete anderseits seinen Argwohn zu erregen, wenn ich gewagt hätte, an letzterem zu zweifeln. So verlebte ich denn meine Tage in Einsamkeit und Stille und that Buße für alle meine Missethaten. Aber nun ist es Zeit, daß ich mein Amt als vermittelndes Prinzip wieder antrete; die beiden feindlichen Mächte geraten sonst am Ende noch einmal zusammen, und ich habe dann die Verantwortung zu tragen. Meinen Sie nicht auch, Graf Euen?"

Er sah ernster aus, als ihr notwendig dünkte. „Frau

von Weeren hat sich wohl immer sehr nachteilig über
mich ausgesprochen?" fragte er nachdenklich.

„Natürlich," lachte sie befriedigt. „Sie konnte Sie
von Anfang an nicht leiden! Sonst war es ihr immer
ziemlich gleichgültig, wer mir die Cour machte, aber seit
Sie auf der Bildfläche erschienen, bewachte sie mich mit
Argusaugen, und es verging nicht ein Tag, wo sie mich
nicht vor Ihnen gewarnt hätte."

Er nickte. „Ein indirektes Lob."

„Wieso?"

„Sie muß mich doch für sehr gefährlich gehalten
haben —"

„Oder für sehr schlimm! Ich glaube das letztere."

„Welche Pein muß ihr dann ihre jetzige Lage bereiten!"

Frau Thesch neigte bestätigend das Haupt. „Ja,"
sagte sie, „das mag wohl sein, zudem haßt sie den
Schein, die Lüge über alles, aber Sie thun mir nicht
weniger leid, Sie armes Opferlamm, Sie! Du lieber
Himmel, welchen Zwang werden Sie sich anthun müssen,
um Ihre Abneigung nicht zu verraten, wie entsetzlich sich
langweilen in diesen gezwungenen Tête-à-tête's — und
dabei behaupten die dummen Menschen, Sie paßten zu
einander! — Es ist ein zu himmlischer Blödsinn!"

Er erwiderte diese Äußerung ihres Bedauerns mit
keinem Wort, er amüsierte sich nur über ihre Art und
Weise, und that dann eine neue Frage:

„Frau von Weeren war sehr unglücklich in ihrer
Ehe," sagte er, „so hörte ich wenigstens."

„Ja, sehr!" sagte Thesch, etwas ernster werdend. „Sie hat einige entsetzlich trübe Jahre verlebt, und es ist ihr wahrlich nicht zu verdenken, wenn sie von einer zweiten Heirat nichts wissen will!"

„Weshalb aber entschloß sie sich nur zu jener ersten?" meinte er nachdenklich. „War es eine Neigungspartie, welche ihr herbe Enttäuschungen brachte?"

„Bewahre," erwiderte Frau Thesch, „es schien im Gegenteil ein Akt der Verzweiflung, und die unschuldige Ursache von alledem war ich!"

„Sie, Excellenz?" fragte er erstaunt.

„Ja, ich, — lieber Graf! Die Sache war nämlich die: — ihr einziger Bruder verlobte sich mit mir, und da sie ihn über alles liebte und furchtbar eifersüchtig war —" sie hielt inne.

„Ah so," machte er, „ich verstehe, — und diese Frau sollte wirklich so kalt sein?"

„Wie Eis!" versicherte Frau Thesch. „Nur mit dem Unterschied, daß dieses schmilzt und meine vortreffliche, kluge Freundin — nicht."

Sie wandten sich und fuhren wieder zurück, belebteren Teilen zu. Vom Ufer aus hatten aber ein paar scharfe Augen ihr Zusammensein beobachtet, und Gräfin Löwenclau, die bei solchen Gelegenheiten sich immer eines vorzüglichen Krimstechers bediente, schob denselben mit befriedigtem Lächeln in ihren umfangreichen Muff. Wenn sie in diesem Augenblick etwas bedauerte, so war es die Unmöglichkeit, ein Telephon bei sich zu führen, aber der Colportagebaron vertrat ja ein solches in vielen Fällen,

und durch ihn, das wußte sie, ließen ihre Wahrnehmungen
sich leicht ergänzen.

Erst eine Viertelstunde später traf Viola mit Thesch
und Euen zusammen. Im Gegensatz zu ihrer pracht=
liebenden kleinen Freundin war sie heute ungemein einfach
gekleidet, aber ihre herrliche Figur kam dabei zur vollsten
Geltung, und ohne jede sichtbare Anstrengung, stolz und
majestätisch wie ein Schwan, glitt sie an Euens Seite
über die krystallene Fläche dahin. Daß sie zuerst wenig
sprach, nahm ihn durchaus nicht wunder, hatte sie doch
selbst in dem lautesten Treiben ihre schweigsamen Mo=
mente, und nach und nach wurde sie auch gesprächiger
und entwickelte eine fast übermütige Laune, die allerdings
eines starken Beisatzes von Spott nicht entbehrte. Es
war, als hätten sie die Rollen getauscht; Euen war jetzt
der nachdenklichere, befangenere, und Thesch lernte ihre
schöne, gelassene Freundin von einer ganz neuen Seite
kennen. Als aber die kleine Excellenz mit dem Ver=
sprechen, denselben Abend zum Thee zu kommen, sich
einer anderen Gruppe von Bekannten anschloß und sie
allein blieben, erstarrte ihr Wesen plötzlich zu einer
eisigen Kälte, und sie sprach sehr bald den Wunsch aus,
nach Hause zu gehen.

Man suchte nach Tante Betty und fand sie vor einer
der Erfrischungsbuden mit einem Glase heißen Thees in
der Hand, im eifrigen Gespräch mit Gräfin Löwenclau,
die sich in teilnehmendster Weise nach ihrem Befinden
erkundigt und ein liebevolles Verständnis für die ver=
schiedenen kleinen Leiden der alten Dame an den Tag

gelegt hatte. Ganz allmählich war man dann auch auf
Violas Verlobung zu sprechen gekommen, und Tante
Betty ergriff mit Freuden die Gelegenheit, um, wenn
auch in anderer Weise als die Geheimrätin Lilie, den
entsetzlichen Realismus der Jetztzeit zu beklagen und mit
Rührung der guten alten Zeit zu gedenken, wo doch
alles so viel, viel besser war.

„Du lieber Gott," sagte sie, „das soll nun ein
Brautpaar sein! Sie müssen sich doch lieben, weshalb
hätten sie sich denn sonst so Knall und Fall verlobt —
— aber glauben Sie etwa, daß man von dieser Liebe
etwas bemerkt? Nein, nicht das geringste. Sie sind
so steif miteinander wie ein Paar Drahtpuppen, und
wenn sie auch stundenlang zusammensitzen und ein fort=
währendes Wortgeplänkel unterhalten, wobei er sie
schmachtend ansieht und sie oft errötet, die rechte Art
und Weise ist das doch nicht, und von der Zukunft
sprechen sie schon gar nicht, wenigstens nicht in meiner
Gegenwart."

„Sie sind also nicht sehr zärtlich miteinander?"
fragte die Gräfin.

„Zärtlich? Ich bitte Sie! — Nicht einen einzigen
Kuß haben sie sich bis jetzt gegeben, und als ich meine
Nichte neulich ganz harmlos fragte, ob sie nur in meinem
Beisein dergleichen vermeide, war sie ganz empört und
wurde verlegen wie ein Schulmädchen. Auch nennen
sie sich nicht etwa ‚du‘, wie andere vernünftige Christen=
menschen, wenn sie verlobt sind, sondern ‚liebe Viola‘
und ‚lieber Graf‘ oder ‚Graf Dietrich‘, und mitunter

läuft wohl auch einmal ein ‚meine Gnädigste‘ mit unter. Die ganze Geschichte ist mir überhaupt ein Rätsel. Erst ärgert sie sich darüber, daß er dem koketten Geschöpf, der kleinen Excellenz, die Cour macht, und nun geht sie hin und heiratet ihn selber."

Gräfin Löwenclau lächelte ganz gutmütig. „Mein liebes Fräulein von Biddingsfeld," sagte sie, „daran finde ich nichts Wunderbares. Frau von Weeren war eben von vornherein eifersüchtig auf ihre reizende kleine Freundin und ist es wohl noch — vielleicht nicht ganz ohne Grund! Wenigstens scheint seine Dankbarkeit gegen Frau von Randowitz eine äußerst lebhafte zu sein, und ihre Gesellschaft übt noch immer einen Reiz auf ihn aus, welcher ihrem Mittlertalent nicht allein zuzuschreiben sein dürfte. Sie hatten vorhin wieder ein ganz allerliebstes Tête-à-tête dort auf dem Eise, und ob der Graf sich gerade sehr beeilt hat, seine Braut aufzusuchen, mag dahingestellt bleiben."

Tante Betty schüttelte den Kopf und wollte etwas erwidern, aber in diesem Augenblick sah sie plötzlich Violas Gestalt dicht hinter der Gräfin auftauchen, und diese selbst zog sich mit einer hastigen Entschuldigung zurück. Der Graf aber, der von der anderen Seite herantrat, deutete neckend auf das dampfende Glas in ihrer Hand und sagte heiter:

„Ei, ei, mein gnädiges Fräulein, schon wieder eine Stärkung? Ihr Magen scheint mild duftender, aromatischer Getränke besonders zu bedürfen, oder wollen Sie andere erfrorene Sterbliche nur durch Ihr Beispiel in Versuchung führen?"

Tante Betty stellte ihr Glas fort und sah lächelnd zu ihm auf. Er war doch wirklich ein liebenswürdiger und hübscher junger Mann, und man mußte ihm gut sein, ob man wollte oder nicht. Besonders sein Mund war ungewöhnlich schön, und wenn seine Augen so lustig blitzten wie eben jetzt, konnte sie es sich gar nicht schwer denken, ihm einen Kuß zu geben. Natürlich in ihrem Fall nur einen mütterlichen, — aber Viola war auch gar zu steif und spröde mit dem armen Menschen, nur manchmal schien es, als ob ein wärmeres Gefühl durch= brechen wolle. Ihre Stimmung schwankte überhaupt seit einiger Zeit bedenklich hin und her, und augenblicklich schien die Laune unter Null zu sein, denn sie hatte sich mit großer Hast ihrer Schlittschuhe entledigt und drängte nun gebieterisch zum Aufbruch. Thesch, die in ihrer Nähe stand und mit einem Attaché plauderte, der bereits mehrere Volten beschrieben hatte, um sich der reizenden Frau zu nähern, schien sie nicht zu sehen, und Euen, der sich bei der kleinen Excellenz endgültig verabschieden wollte, streifte sie mit einem flüchtigen: „Adieu, Graf, lassen Sie sich nicht stören!" Dann ging sie mit schnellen Schritten voraus, Tante Betty folgte seufzend, und Graf Euen sah ihr sprachlos und befremdet nach. Aber nur einen Augenblick, dann eilte er ihr lächelnd nach, holte sie ein, zog, trotz ihrem Widerstreben, ihren Arm durch den seinen und sagte ruhig:

„Jetzt ist es an mir, Ihnen Vorwürfe zu machen,

meine Gnädigste! Wollen Sie den Leuten ein Schauspiel geben? Behandeln Sie mich so schlecht Sie wollen,
aber nur wenn wir allein sind. Vor anderen sind Sie
mir eine gewisse Rücksicht schuldig."

Sie schwieg und preßte die Lippen zusammen, um
sich kein unvorsichtiges Wort entschlüpfen zu lassen; nach
einer Weile aber sagte sie doch, und ein Ton von Gereiztheit lag in ihrer Stimme: „Weshalb sind Sie nicht
bei Thesch geblieben? Sie hätten sich da viel besser
amüsiert."

„Möglich," erwiderte er trocken, „aber ich hielt es
nicht für opportun, noch zu bleiben. Erstens hörte ich,
ebenso gut wie Sie, wie Gräfin Löwenclau mein heutiges
Verhalten kommentierte, und dann sehe ich unsere gemeinsame Freundin ja heute abend in Ihrem Salon.
Da kann ich mich an ihrem lustigen Geplauder erfreuen
und mich ihr viel ungenierter widmen wie hier, wo auch
das harmloseste Wort falsch gedeutet werden kann."

Viola lachte bitter. „Wie pflichtgetreu Sie sind,
Graf," sagte sie, „Ihre Offenheit läßt nichts zu wünschen
übrig."

„Nun," erwiderte er, „Sie sehen daraus, welch ein
gelehriger Schüler ich bin und wie sehr ich mich bemühe,
auf Ihre Intentionen einzugehen. Ihre Freundin gehört
zu den großen Kindern, denen das Zuckerwerk der
Schmeichelei noch Bedürfnis ist, und um sie lächeln zu
sehen, spendet man gern die süße Gabe. Ein stolzer
Geist wie der Ihre aber verschmäht dergleichen nichtige
Dinge, und ich bin überzeugt, auch ich werde mich mit

der Zeit unendlich wohl fühlen in der Atmosphäre wunsch=
loser Freundschaft und philosophischer Ruhe, welche unser
eigentümliches Verhältnis so vorteilhaft auszeichnet und
Ihren persönlichen Wünschen so sehr entspricht!"

Während der letzten Worte hatte sich ein kleines
zerlumptes Mädchen an Euen herangedrängt, streckte ihm
bittend ein Körbchen mit kleinen, kümmerlichen Veilchen=
bouquets entgegen und wiederholte mit unglaublicher
Zungenfertigkeit immer denselben Satz: „Lieber Herr,
ach lieber Herr, nehmen Sie ein Sträußchen, kaufen Sie
mir die Blumen ab für die schöne Dame — ich lasse
sie billig, ganz billig, nur zwanzig Pfennig das Stück."

Euen blieb stehen, besah sich die Veilchen, kaufte den
ganzen Vorrat — band ihn sorgfältig zusammen, eilte
den Damen nach und überreichte ihn lächelnden, strahlen=
den Angesichts — Tante Betty!

Die Ärmste wurde ganz verlegen, meinte, daß der=
gleichen nur seiner Braut gebühre, und verbarg den
Strauß schamhaft vor den Augen der Vorübergehenden,
Viola aber sagte ungeduldig: „Ich bitte dich, Tante,
mach nicht so viel Aufhebens von einer so einfachen
Sache. Graf Dietrich weiß sehr wohl, daß er dir mit
dergleichen mehr Freude macht wie mir, denn die Blumen
thun es nicht allein, es kommt auch auf den Geber an!"

Die letzten Worte hatte glücklicherweise nur Euen
gehört, er quittierte dafür dankend mit einem vielsagenden
Lächeln und sagte dann leise: „Wie böse Sie sein können,
gnädige Frau, — und wie lieb mir das ist! Die Kluft
zwischen meiner Verderbtheit und Ihrer stolzen Unfehl=

barkeit wird dadurch auf das erfreulichste überbrückt, und ich komme mir nicht mehr ganz so verwerflich vor wie bisher.“

Schweigend gingen sie weiter, immer Arm in Arm, mit gleichem Schritt und Tritt, nur zu schnell, denn die arme Tante konnte nicht mit, und sie mußten immer wieder stehen bleiben und auf sie warten. Trotzdem war die alte Dame ganz atemlos, als man zu Hause ankam und sich trennte. Sie hauchte Euen ein „Auf Wieder= sehen, heute abend“ zu, und blieb auf jeder Treppenstufe stehen, während Viola, ihre ruhige, majestätische Viola, wortlos hinaufstürmte in ihr Schlafzimmer, und — endlich allein, in Thränen ausbrach! Dann nahm sie das Bild ihres verstorbenen Bruders, starrte es lange an, bedeckte es mit Küssen und sagte laut und heftig: „Verzeihe mir, Wolfgang, verzeih, aber ich kann nicht anders! Du hast sie geliebt, und ich hasse sie, hasse sie von ganzem Herzen!“

Neuntes Kapitel.

Jean, der Diener des Grafen, befand sich in großer
Verlegenheit. Während der Abwesenheit seines Herrn
war ein Fremder erschienen, der ihn ruhig beiseite schob
und die elegante Junggesellenwohnung betrat, ohne ihn
um Auskunft oder Erlaubnis zu bitten. Jetzt bewegte
er sich darin wie in seinem Eigentum, befahl im Kamin
ein Feuer anzumachen, zündete sich eine Cigarre an, legte
die Beine auf einen Stuhl und las eine Zeitung, die
er mitgebracht hatte, und die so groß war, daß er da-
hinter beinahe verschwand.

Jean studierte schon darüber, wie er seinen Herrn
auf diese sonderbare Überraschung vorbereiten und seine
eigene Machtlosigkeit dem Eindringling gegenüber entschuldigen sollte, als Graf Euen eintrat und allen
Reflexionen ein Ende machte. Kaum hatte er nämlich
die wunderbare, seltsam konstruierte Mütze gesehen, die
der Fremde als Kopfbedeckung im Vorzimmer deponiert,
als er auch mit einem „Ach, Onkel Adam schon angekommen,“ die Thür aufriß und auf den alten Herrn
zustürzte, der bei seinem Eintritt das Zeitungsblatt
langsam und bedächtig sinken ließ und sich erhob.

Ja, alt erschien er im ersten Augenblick mit seinem

kurzgeschorenen weißen Haar, dem scharfen, bräunlichen
Gesicht und der langen, ein wenig zusammengesunkenen
Gestalt, wenn man aber genauer hinsah, fand man
manches, was dem widersprach. Der kurze englische
Backenbart und der wohlgepflegte, langgedrehte Schnurr=
bart waren beide braun, fast schwarz, der feingeschnittene
Mund zeigte ein Paar Reihen prachtvoller, gesunder
Zähne, und die klugen, hellen Augen, welche unter den
dunklen Brauen hervorsahen, hatten einen Ausdruck, der
noch auf ungebrochene Kraft und jugendliches Feuer
schließen ließ. Als er sich jetzt erhob, schüttelte und
reckte er sich wie ein Riese, und wie ein solcher über=
ragte er auch seinen Neffen um Kopfeslänge, obgleich
dieser zu den großen Leuten gehörte und nicht gewohnt
war, an jemand hinaufzusehen.

„Nun, old boy," sagte er, dem Grafen beide Hände
auf die Schultern legend, „laß doch einmal sehen, wie
du als Bräutigam ausschaust! Bis jetzt scheint dir die
Sache noch nicht übel bekommen zu sein. Aber, Kerl,
eine solche Dummheit zu machen! Wahrhaftig, ich hätte
dich für gescheiter gehalten. Erzähle dir seit zehn Jahren,
wie es mir ergangen ist, um dich vor den Schrecknissen
einer solchen Erfahrung zu bewahren, und nun gehst du
hin und thust desgleichen. Ist das recht, ist das ver=
nünftig gehandelt?"

Euen ließ diese Vorwürfe ruhig über sich ergehen
und bat seinen Onkel, wieder Platz zu nehmen. „Wollen
wir frühstücken," sagte er, „oder ißt du mit mir in

meinem Klub? Dann haben wir nur noch eine Stunde
Zeit und dürfen uns nicht den Appetit verderben."

Onkel Adam sah auf seine Uhr. „Du hast recht,"
meinte er, „weise Mäßigkeit wird auch in diesem Falle
den Genuß erhöhen. Also fasten wir."

„Wo bist du abgestiegen?"

„Im englischen Hof, aber ich kann dort nichts ge=
nießen. Die Servietten riechen nach Seife."

„Und der Oberkellner hat einen Scheitel, der dir
nicht behagt: — wir kennen das, Onkel Adam. Wie
wäre es, wenn du hierher zu mir zögest."

Der andere machte ein nachdenkliches Gesicht. „Das
wird kaum angehen," sagte er, sich eine frische Cigarre
anzündend, „unvorsichtig ist es von dir, Menschenkind,
mir einen solchen Vorschlag zu machen. Du weißt
weder, zu welchem Zweck ich hier bin, noch wie lange
ich bleibe, und da ich es liebe, nach jeder Richtung hin
freie Hand zu haben —"

Graf Euen unterbrach ihn. „Welchen Zweck? Nun,
caro zio, soweit ich dich kenne, keinen anderen als den,
Frau Viola von Weeren kennen zu lernen und dir
mein Unglück in der Nähe zu besehen."

Onkel Adam nickte. „Richtig, mein Junge," sagte
er, „aber dazu brauche ich Zeit! Man kann eine Frau
nicht in wenigen Tagen kennen lernen. Eine der ge=
fährlichsten Eigenschaften des weiblichen Geschlechts be=
steht darin, daß sie Meister sind in der Kunst der Ver=
stellung und nichts lieber thun, als so einen einfältigen
armen Tropf von Mann an der Nase herumzuführen."

„Bei meiner Braut haſt du das nicht zu befürchten,“
lachte Euen, „ſie iſt die Offenheit und Wahrhaftigkeit
ſelbſt.“

„Hm, ja, das ſcheint dir ſo — armer, verblendeter
Thor, der du biſt — aber meine Jahre haben mich
vorſichtiger gemacht, und ich werde nicht ruhen, bis ich
nicht ein klares Bild ihres Charakters gewonnen. Dazu
gehört, daß ich viel, ſehr viel mit ihr zuſammen bin,
ſo zwar, daß ſie meine Gegenwart vergißt und ich euch
fortwährend beobachten und meine Schlüſſe ziehen kann.“

„Nun, und dann?“

„Ja, dann kann ich entweder befriedigt abreiſen und
über deine Zukunft beruhigt ſein, oder ich ſetze Himmel
und Erde in Bewegung, um eine Ehe zu verhindern,
die dich dein lebelang elend und unglücklich machen
würde.“

„Meine arme Viola,“ lachte Euen, „das iſt ja nichts
anderes als eine Art von hochnotpeinlichem Halsgericht.
Haſt du denn die Berechtigung zu einem ſo inquiſitoriſchen
Verfahren?“

„Ich denke doch,“ meinte Onkel Adam gelaſſen, „und
wenn auch nicht — ich habe nun einmal die Schwäche, dich
zu lieben, Sohn meiner Schweſter, und wo es ſich um
dein Wohl und Wehe handelt, muß jede andere Rückſicht
ſchweigen.“

„Das mag alles ganz ſchön ſein v o r einer Verlobung,
n a c h h e r kommen dergleichen Vorſichtsmaßregeln meiſtens
zu ſpät.“

„Meiſtens, aber nicht immer! Verlobt iſt noch nicht

verheiratet, und wenn deine Braut meinen Ansprüchen nicht genügt —"

„So habe ich, lieber Onkel, immer noch ein Wörtchen mitzureden," fiel Euen hier ein. „Oder meinst du, daß eine Frau so mit sich spielen läßt?"

Der junge Mann ging erregt im Zimmer auf und nieder, aber Onkel Adam stellte sich ihm in den Weg, hielt ihn an einem Knopf seines Rockes fest, nahm die Cigarre in die linke Hand und sagte ernsthaft: „Sage mal, alter Junge, wie kommst du eigentlich zu dieser intriganten Witwe? Weshalb willst du sie heiraten? Ist sie reich, schön, liebenswürdig?"

„Ja, ja, alles das!"

„Und liebt sie dich?"

Euen wurde verlegen. „Wie soll ich das wissen, Onkel Adam?" sagte er unmutig. „Liebe ist ein relativer Begriff, und Viola von Weeren ist eine stolze, verschlossene Natur! Immerhin kann man annehmen, da sie meine Braut geworden —"

„Gar nichts kann man annehmen," polterte Onkel Adam. „Lehre du mich die Weiber kennen! Das Unwahrscheinlichste ist bei ihnen immer das Richtigste, und wollte man ihre Handlungen nach logischen Schlüssen beurteilen, würde man ihre Motive niemals erraten. Wann soll denn die Hochzeit sein?"

„O," wehrte er, „davon ist noch nicht die Rede gewesen. Ehe ich nicht weiß, welcher Gesandtschaft ich zuerteilt werde, können wir keine Pläne machen. Kommt Zeit, kommt Rat!"

9*

„Ja, da haſt du recht, und vielleicht hat der Himmel
ein Einſehen und nimmt dich nicht gleich beim Wort,
du fröhlichſter, ſeligſter, leichtſinnigſter aller jungen Jung=
geſellen!“ — — —

Die beiden Herren ſpeiſten zuſammen und trennten
ſich dann für einige Stunden. Euen hatte noch geſchäft=
lich zu thun, und ſein Onkel ging ins Hotel, um ſich
umzuziehen und einige Briefe zu ſchreiben. Abends
wollte man ſich bei Frau von Weeren treffen, und Euen
verſprach rechtzeitig da ſein zu wollen, um Onkel Adam
den Damen vorzuſtellen. Aber es kam anders, als man
gedacht.

Tante Betty war wirklich leidend. Trotz des heißen
Thees hatte ſie ſich auf dem Eiſe eine Erkältung zuge=
zogen und lag nun mit hochroten Wangen und fiebernden
Pulſen in ihrem Himmelbett, das beinahe die ganze
ſchmale Seite des Zimmers einnahm und mit ſeinen
vielen Falten und Fältchen wie eine Fortſetzung ihrer
weißen, ſpitzenumtollten Nachthaube erſchien. Auf dem
Nachttiſch ſtand ein ganzes Arſenal von Medikamenten
in Büchſen und Fläſchchen, neben einem Stoß von An=
dachtsbüchern brannte die Lampe, ſorglich durch einen
grünen Schirm geſchützt, und die Luft war ganz erfüllt
von dem Duft einheimiſcher Thees und getrockneter
Roſenblätter, welche ſie in ihren Schubfächern aufzube=
wahren pflegte.

Viola, ihrer getreuen Duenna beraubt, und nicht
gewillt, mit Theſch und Euen allein zu ſein, hatte ihre
Hausgenoſſen gebeten, herunterzukommen, aber nur Evchen

war erschienen und saß nun ganz allein im Salon, da
Viola abgerufen worden, um den herbeigeholten Arzt
ans Krankenbett zu geleiten.

Das junge Mädchen, gewöhnt sich überall nützlich
zu machen und auch hier in die kleinen Geheimnisse des
Haushaltes eingeweiht, ging hinüber in das Speise-
zimmer, um noch einmal nach dem Rechten zu sehen,
und war gerade damit beschäftigt, die kalten Schüsseln
auf dem Theetisch zierlicher zu ordnen, als sich die Thüre
aufthat und Onkel Adams große Gestalt vor ihren erstaunten Augen erschien. Er hatte erst nach Frau von
Weeren, dann nach dem Grafen Euen gefragt, und war,
als er hörte, daß der letztere noch nicht anwesend sei,
dem Diener in den Salon gefolgt, von da in Gedanken
weitergeschritten und endlich bis in das Eßzimmer gelangt, wo er er nun der Frau vom Hause gegenüber
zu stehen meinte.

„Ich bitte tausendmal um Verzeihung, meine Gnädigste," sagte er laut und wunderte sich dabei im stillen
nicht wenig über das jugendliche Aussehen der gefähr-
lichen Witwe, „ich bitte tausendmal um Verzeihung, daß
ich an den Opferherd des Hauses vorzudringen wage,
aber meine unselige Zerstreutheit hat mir wieder einmal
einen Streich gespielt, und da mein Schlingel von Neffe
noch nicht hier ist, um mich vorzustellen, so müssen Sie
mir schon erlauben, mich selbst bei Ihnen einzuführen.
Mein Name ist Hans Adam von Tschalrey!"

Evchen lächelte, und dem alten Herrn die Hand hin-
streckend, sagte sie freundlich:

„Ah, Sie sind Onkel Adam — ich hätte mir das gleich denken können — und als solcher herzlich willkommen. Der Graf hat uns schon viel von Ihnen erzählt."

„Hoffentlich nichts Schlimmes, wenn ich fragen darf?"

„O doch!" erwiderte Evchen und machte ein ganz strenges Gesicht, „wenigstens gilt es als solches in unseren Augen. Er behauptete nämlich, Sie könnten uns arme Frauen nicht leiden, wären ein geschworener Feind der Ehe, schrieben fulminante Artikel gegen alle Emanzipationsversuche und würden ihn wegen seiner Verlobung enterben. Ist dem so, oder hat er übertrieben?"

Herr von Tschalrey nickte. „Das erste stimmt," sagte er, „das zweite nicht. Der beklagenswerte Schritt, den er gethan, erfüllt mich zwar mit schmerzlichem Bedauern, aber seine materiellen Interessen zu schädigen, liegt leider nicht in meiner Macht. Ich habe einfach nichts zu vererben! Da ich den Leuten das angenehme Vertrauen einflößte, als ginge es mit mir bald zu Ende, habe ich mein kleines Vermögen, von dem allein ich doch nicht leben konnte, in eine ansehnliche Leibrente umgewandelt, und wenn dieselbe nicht ausreicht, um meine Passionen zu befriedigen — ich reise viel und habe eine Schwäche für kulinarische Genüsse — so überwinde ich meine angeborene Trägheit zum Wohle der Menschheit und schreibe eine harmlose Novelle oder einen beißenden Artikel, je nachdem Laune oder Stimmung dies gerade gestatten. Für meine eigene Person ist also gesorgt, wenn mein teurer Neffe aber mich als Erbonkel ins Treffen geführt hat, um Ihre Gunst zu erringen, so hat er mich einfach verleumdet, und ich bitte Sie dringend, sich in dieser Beziehung keine Illusionen zu machen."

Evchen lachte hell auf. „Ich kann mir gar nicht denken, daß Sie so böse sind," sagte sie heiter, „und dem schwachen Geschlecht wirklich so bittere Fehde geschworen haben. Es wäre das auch gar nicht ritterlich und schön, denn gerade die Schwachen soll der rechte Mann schützen und verteidigen, und wenn Sie selbst auch nicht geheiratet haben, sollten Sie Ihren Neffen doch darum nicht verdammen."

„Ich verdamme ihn nicht, meine Gnädigste," sagte Onkel Adam, „ich warne und beklage ihn nur, denn ich halte nun einmal jede Verlobung für eine grobe Verirrung, wenn ich sie auch in diesem Fall, nachdem ich Sie, meine Gnädigste gesehen, bis zu einem gewissen Grade begreiflich finde."

„Mich?" fragte Evchen und blickte ihn mit ehrlichem Erstaunen an. „Aber, Herr von Tschalrey, mich will er ja doch nicht heiraten! Das würde für ihn ein schlechter Tausch sein. Ich bin ja nur ein thörichtes, junges Ding, die Tochter von —"

Er ließ sie nicht ausreden. „Die Tochter!" sagte er entsetzt. „Die Tochter! Du lieber Himmel — sie hat auch noch eine Tochter! Das übersteigt ja meine schlimmsten Befürchtungen," — und zu Eva gewendet, „sagen Sie einmal, wie alt ist denn Ihre verehrte Frau Mutter?"

Fräulein Eva saß der Schalk im Nacken. Sie sah recht gut, in welchen neuen Irrtum er sich hineinredete, aber sie dachte: Strafe muß sein, und entgegnete ganz ernsthaft: „Wie alt? Nun, ich denke, so fünf= sechs= undvierzig Jahr."

Er strich sich mit der Hand über das kurze Haar. „Und er ist noch nicht dreißig — es ist zum Verzweifeln!"

„Mama hat sich sehr gut konserviert," fuhr Evchen fort, „alle Welt sagt das, und ihr reger Geist erhält sie jung. Sie malt, sie modelliert, sie macht Gedichte, und vor allen Dingen — sie singt wunderschön! Ich habe leider von alledem nichts geerbt."

„Auch das noch!" rief er. „Sie singt! Von allen Höllenkünsten, womit ein Weib einen Mann zu bethören vermag, ist der Gesang das Gefährlichste. Ich habe es an mir selbst erfahren."

Evchen lächelte. „Ihre Erfahrungen müssen jeden= falls sehr traurige sein," sagte sie heiter, „da Sie sich über die Talente einer fremden Frau so ereifern können. Aber wollen wir nicht in den Salon gehen? Ihr Neffe ist inzwischen vielleicht schon gekommen!"

Wirklich trat ihnen im nächsten Augenblick Guen entgegen, entschuldigte sich wegen seiner Verspätung und zeigte sich etwas erstaunt, seinen Onkel in Evchens Ge= sellschaft zu finden. Diese aber sagte lustig:

„Ihr armer Onkel, er hat in den wenigen Minuten die Qualen des Fegefeuers durchkosten müssen. Erst hielt er mich für Frau von Weeren selbst, dann für deren Tochter — denken Sie einmal, wie nett, wenn Sie mein

Stiefvater geworden wären — und jetzt machen Sie seinem Kummer schnell ein Ende und sagen Sie ihm, wer ich wirklich bin."

Euenl achte. „Gestatte, lieber Onkel," sagte er, „daß ich dir hiermit Fräulein Eva von Lilie vorstelle, Tochter unserer liebenswürdigen Hausgenossin, der Frau Geheimrätin von Lilie, und nebenbei: guter Geist und Kobold dieses Hauses in einer Person! Ich warne dich vor ihren Eulenspiegeleien."

Herr von Tschalrey sah erst seinen Neffen, dann das junge Mädchen an, das ihm jetzt mit schelmischem Lächeln einen tiefen Knix machte, streckte ihr die Hand entgegen, und ihre zierlichen Finger in seine großen Fäuste pressend, sagte er mit gutem Humor:

„Na, nichts für ungut, kleine Lilie! Ich denke, wir werden dennoch gute Freunde werden, und eine kleine Lektion hatte ich bei meiner unseligen Offenheit vielleicht verdient."

Einige Minuten später trat Frau von Weeren über die Schwelle und sah so strahlend schön aus in ihrer Hausfrauenwürde, war so bezaubernd liebenswürdig gegen den Oheim ihres teuren Verlobten, daß Herr von Tschalrey, dem nicht leicht etwas imponierte, wie geblendet vor ihrer Erscheinung stand und Frau Thesch trotz ihrer Toilettenkünste und kleinen Manöver dagegen gar nicht aufkommen konnte. Und diese Stimmung hielt vor. Mochte sie nun mit dem älteren Herrn plaudern oder die Unterhaltung eine allgemeine sein, immer war sie der Mittelpunkt, der alles beherrschte und anregend auf die anderen

wirkte. Unübertrefflich spielte sie aber diesen Abend ihre
Rolle als Braut. Herr von Tschalrey glaubte, noch
nie ein so entzückendes Gemisch von stolzer, scheuer Zu-
rückhaltung und sanfter Hingabe gesehen zu haben, und
ihre Augen sprachen eine so zärtliche Sprache, jeder Blick,
der den Grafen traf, war so darauf berechnet, ihn aus-
zuzeichnen, daß ihm selber ganz wunderlich zu Mute
ward, und er durchaus nicht erstaunte, als Onkel Adam,
statt seine Klagelieder fortzusetzen, auf dem Heimweg in
einen wahren Hymnus der Begeisterung ausbrach und
erklärte: Viola von Weeren sei die herrlichste Frau, die
er je gesehen.

Wenn er, der arme Graf, aber nunmehr geglaubt
hatte, ihn danach beruhigt abreisen zu sehen und den
lästigen Zuschauer los zu werden, so hatte er sich wiederum
geirrt. Herr von Tschalrey war der Ansicht: — guter
Rat kommt über Nacht! Am anderen Morgen stand
sein Mißtrauen gegen das weibliche Geschlecht wieder in
Blüte, und mit kummervoller Miene trat er bei seinem
Neffen ein.

„Mein lieber Dietrich," sagte er, „ich könnte dich
um dein Glück beneiden, wenn ich von der Echtheit desselben schon ganz überzeugt wäre, aber gerade der sinn-
verwirrende Eindruck, den die Schönheit und Güte deiner
Braut auf mich gemacht, warnt mich vor einer Übereilung! Wo ist die klare Überlegung, wo das ruhige
Urteil, welche die gute Meinung begründen sollen?
Nirgends, sage ich dir! Es ist alles nur Philosophie
des Unbewußten, Überraschung, Instinkt — und der In-

stinkt, leitet uns Männer fast immer falsch. Wenn ich also vorher schon von der Notwendigkeit einer langen und sorgfältigen Beobachtung sprach, so scheint mir eine solche in diesem Falle noch besonders geboten, und in den stillen Stunden der Nacht ist mir schon manches aufgefallen, was ich gestern in der Erregtheit des Augenblicks übersehen. Auch hat mir deine Braut in liebenswürdigster Weise ihr Haus zur Verfügung gestellt und mich eingeladen, recht oft bei ihr zu erscheinen. Ich sehe also nicht ein, weshalb ich mich in den Maßnahmen für dein Wohl beschränken und nicht einige Wochen hier bleiben sollte."

Graf Euen stand am Fenster und seufzte. Nächst Frühaufstehen haßte er nichts so sehr als Erörterungen und unliebsame Emotionen während der Morgenstunden, und es lag ein Anflug von Ungeduld in seiner Stimme, als er endlich sagte:

„Du bist schwer zu befriedigen, Onkel Adam, und beleidigst beinahe mich und meine Braut durch deine hartnäckigen Zweifel. Viola ist nicht allein ein entzückendes Geschöpf, sondern auch die beste und begehrteste Partie, die wir haben, und daß sie mich liebt, davon wirst du dich gestern wohl schon überzeugt haben."

Herr von Tschalrey legte die Hände auf den Rücken und blickte nachdenklich vor sich hin. „Nein," sagte er, „das ist ja gerade das Eigentümliche an der Sache, daß ich das nicht weiß! In ihrem Wesen liegt ein Widerspruch, den ich empfinde, ohne ihn definieren zu können, und wenn ich nicht wüßte, daß ihr schon verlobt seid, würde ich glauben, sie gehe auf deine Eroberung aus."

„Da siehst du, Onkel, zu welchen widersinnigen Schlüssen und gewagten Hypothesen deine unnützen Grübeleien dich führen," sagte Euen. „Wie kann sie auf meine Eroberung ausgehen, nachdem ihr dieselbe bereits vollständig gelungen, und wenn sie es thäte, so wäre dies doch nur ein Beweis mehr, daß sie mich liebt!"

Onkel Adam schüttelte weise das Haupt. „Möglich," meinte er, „daß meine Erfahrungen mit dem schönen Geschlecht mich allzu vorsichtig gemacht haben, aber trotz ihrer süßen Blicke und eurem guten Einvernehmen ist etwas an der Sache, was mir nicht gefallen will, und das ich ergründen werde, verlaß dich darauf!" — —

Die Folge von dieser Unterredung war, daß Euen einige Stunden später zu Frau von Weeren eilte und sie inständig bat, doch ja recht vorsichtig zu sein. „Der gute Onkel Adam," sagte er, „Sie haben keine Ahnung, welche Hartnäckigkeit in Verfolgung eines Zieles er besitzt. Früher oder später wird er unser Geheimnis ergründen, und es bleibt uns also nichts anderes übrig, als ihn ins Vertrauen zu ziehen oder ihn durch List und Gewalt zu entfernen."

Frau von Weeren dachte einen Augenblick nach. „Nein," sagte sie dann, „Klugheit und Rücksicht verbieten beides, aber es gibt ein anderes Mittel, um ihn unschädlich zu machen. Wir müssen seine Aufmerksamkeit

auf einen anderen Punkt lenken; über seine eigenen An=
gelegenheiten wird er die unseren vergessen, und wenn"
— sie zögerte einen Augenblick — „unser Spiel sein
natürliches Ende erreicht, soll niemand erstaunter sein,
als Hans Adam von Tschalrey."

„Und wie wollen Sie das anfangen, Vi, — gnädige
Frau?"

Sie lächelte. „Das ist mein Geheimniß. Und nun
gehen Sie, Graf. Tante Betty wünscht, daß ich ihr
vorlese, sie ist wieder besser, Gott sei Dank, und heute
abend gehe ich nicht aus. Aber ich empfange auch nie=
mand, — es ist der Todestag meiner Mutter — und Sie
können sich einmal nach Herzenslust amüsieren. Wollen
Sie, — ja?"

Er zögerte. „Es ist heute Ball beim portugiesischen
Gesandten," sagte er, „vielleicht gehe ich hin."

„Und tanzen mit Thesch, das ist recht, aber nicht
mehr, als klug ist, — und nun adieu, wir sehen uns
morgen."

Sie nickte ihm verschwindend noch zu, und er blickte
ihr fast betroffen nach. Das war wieder eine neue
Phase ihres Wesens, dieser ruhige, freundschaftliche Ton,
dieses gelassen=zutrauliche Benehmen, in dem weder eine
Spur von Gereiztheit noch von Berechnung oder Be=
fangenheit lag, und der Tag erschien ihm merkwürdig
leer ohne die Aussicht, sie wiederzusehen. Statt nach
dem eleganten Restaurant, wo er mit einigen Freunden
hatte frühstücken wollen, schritt er weiter nach dem Süd=

westen der Stadt und ließ sich eine Stunde später bei Lerchenfeld melden.

Frau Viola aber machte der Frau Geheimrätin einen Besuch, fand diese, wie gewöhnlich, nicht zu Hause, und hatte mit Evchen eine lange, vertrauliche Unterhaltung, die damit endigte, daß sie lächelnd sagte:

„Und nun denken Sie sich, Kleine, der alte Isegrimm — übrigens sonst gar kein übler Mensch — hegt ein solches Mißtrauen gegen uns arme Frauen und ist so entsetzt über Euens Verlobung, daß er an unser Glück und unsere Liebe nicht recht glaubt und, wie ich fürchte, nichts Geringeres plant, als uns wieder auseinander zu bringen! Zu diesem Zweck will er uns unausgesetzt beobachten und belauschen, und Sie können sich denken, wie unerträglich ein solches Spioniersystem für uns ist. Er muß also von diesem Wahn kuriert werden, und Sie, liebes Evchen, sollen uns dabei helfen. Wenn Herr von Tschalrey da ist, kommen Sie, wenn irgend möglich, auch herunter, plaudern ihm etwas vor und suchen seine Aufmerksamkeit von uns abzulenken. Gilt es doch, das ganze verleumdete Geschlecht zu rächen, und wenn Sie ihn bekehren, thun Sie noch ein gutes Werk. Also, nicht wahr, ich darf auf Sie zählen?"

Evchen lächelte. „Wenn er jung wäre, ginge es freilich nicht," sagte sie schelmisch, „aber da er schon so sehr, sehr alt ist, wage ich's schon, ihm ein bißchen die Cour zu machen. Er könnte ja beinahe mein Großvater sein, ich denke, da hat es keine Gefahr."

„Nein, gewiß nicht," meinte Frau Viola mit heuchlerischem Ernst und gab ihr einen Kuß. Im stillen aber dachte sie: O, Onkel Adam, wenn du wüßtest, wenn du wüßtest! Doch — Rache ist süß — lassen wir den Ereignissen ihren Lauf!

Zehntes Kapitel.

Graf Euen hatte Lerchenfeld nicht zu Hause gefunden, an demselben Tage aber noch seinen Besuch empfangen und wiederum einige wertvolle Winke von ihm erhalten.

Das Haus war verkauft, alles andere erledigt, bei alledem aber sein Kapital etwas zusammengeschmolzen, und in der letzten Zeit allerhand zusammengekommen, was ihn zu größeren Ausgaben veranlaßte. Er hatte sein Budget überschritten und hegte nun den lebhaften Wunsch, die Sache auszugleichen, eventuell sich für die Zukunft eine größere Revenue zu sichern.

Ein großartiges Aktienunternehmen im Osten der Stadt, an dem auch Lerchenfeld sich mit einer großen Summe beteiligt, schien dazu die beste Gelegenheit zu bieten, und war ihm von dem routinierten Geschäfts= mann neuerdings dringend empfohlen worden, aber erst heute hatte er sich entschlossen, den betreffenden Schritt zu thun, wollte Lerchenfelds Rat noch einmal einholen und begleitete denselben zu dem Banquier, wo die Aktien gezeichnet wurden.

Als Lerchenfeld am selbigen Abend noch die Geheim= rätin Lilie besuchte, war er so heiter und liebenswürdig, so anregend und so voll von Verständnis, daß die kunst=

sinnige Dame wieder ganz entzückt von ihm war und durchaus nicht zürnte, als er sein Interesse für Eochen immer mehr und mehr an den Tag treten ließ. Betonte er doch zu gleicher Zeit, daß er, nur für das Ideale lebend, auf eine große Mitgift keine Ansprüche mache und ganz in der Lage sei, auch die verwöhnteste Frau standesgemäß erhalten zu können. Dem jungen Mädchen gegenüber aber war er minder deutlich; nur seine Blicke enthüllten ihr die Leidenschaft, die sie ahnungslos entzündet, und diese Blicke verfolgten sie so unablässig und mit einem so unangenehmen Ausdruck, daß sie die Zeichen kühler Abwehr noch verstärkte, und unfähig, die Gegenwart des kunstsinnigen Epikuräers noch länger zu ertragen, endlich aus dem Zimmer entfloh.

Das trug ihr nun nachträglich wieder eine energische Strafpredigt ihrer Mutter ein, die ihre Antipathie gegen die Persönlichkeit Herrn von Lerchenfelds nicht begriff und ihr auffallend ungezogenes Benehmen, wie sie Eochens Zurückziehen nannte, auf den Umstand zurückführte, daß Herr von Lerchenfeld, wie sie, höheren Interessen huldige und eine Richtung verfolge, die ihrem hausbackenen Verstand unbequem und unbegreiflich sei! Zugleich betonte sie, daß Herr von Lerchenfeld auch als gute Partie sehr wünschenswert erscheine und, nur von edlen Beweggründen erfüllt, selbst auf ihr Vermögen nicht reflektiere.

Eochen ließ alles über sich ergehen und eilte am anderen Morgen zu Tante Betty, um dort ihr Herz auszuschütten, aber sie fand auch dort nicht den rechten

Trost, sondern die beiden Damen unter dem verstimmenden Eindruck eines Briefes, den Frau von Weeren von ihrem Güterdirektor erhalten. Derselbe meldete allerhand, was Schwierigkeiten und Unannehmlichkeiten zur Folge gehabt, zugleich aber auch, daß dieselben bereits überwunden seien und alles in gewünschter Weise seinen Fortgang nehme. Um so empfindlicher berührte daher der Schluß des Briefes, welcher die Bitte um seine Entlassung enthielt. Als einzige und genügende Motivierung derselben erwähnte er Frau von Weerens Verlobung, welche naturgemäß eine durchschlagende Änderung der Verhältnisse herbeiführen müsse, und erklärte, unter einem neuen Herrn nicht weiter arbeiten zu können. Es wäre anzunehmen, daß derselbe sich die Generaldisposition vorbehalten oder seine jungen Kräfte selbst werde erproben wollen, und da sich zu Ostern ein anderer, durchaus selbständiger Wirkungskreis für ihn, den Schreiber, eröffne, bitte er Frau von Weeren, ihn zu diesem Termin seiner Verpflichtungen zu entbinden.

Die junge Witwe saß, den Kopf in die Hand gestützt, in ihrem Boudoir und blickte immer wieder auf den verhängnisvollen Brief. Niemand wußte besser wie sie, welch ein Schatz dieser Mann für sie und ihre Besitzungen war und wieviel sein Verlust für sie zu bedeuten hatte. Sie mußte ihm Vorstellungen machen, mußte versuchen, ihn umzustimmen, aber würde es gelingen? Und wenn er wirklich ging, — ging unter dem Eindruck ihrer bevorstehenden Verheiratung mit Euen, die in Wirklichkeit nie stattfinden würde, war es nicht wieder eine Folge dieser unseligen Verlobung, wieder ein Opfer, das jene beiden durch ihren Leichtsinn, ihren Übermut ihr aufgenötigt hatten?

Sie stand auf und ging erregt im Zimmer auf und nieder. Sie wollte Euen nicht sehen, ihr Groll, ihre Bitterkeit war jetzt zu groß, sie würde ihre Rolle nicht spielen können, weder die einer liebenden Braut, noch jene andere, ungleich schwerere, welche beleidigter Stolz und verletzte Eitelkeit ihr vorgezeichnet.

Aber dann fiel ihr ein, daß ihr heute keine Wahl blieb. Excellenz Randowitz hatte sie und Euen zu einem kleinen Familiendiner geladen, und nachdem sie zugesagt, konnte sie jetzt, im letzten Augenblick, nicht zurückbleiben. Nein, heute am wenigsten, denn Thesch würde über ihr Fernsein triumphieren, in der Freude, mit Euen wieder einmal kokettieren zu können, vielleicht eine neue Unvor= sichtigkeit begehen, und Euen mehr oder weniger dem alten Zauber unterliegen. Es war so schwer, sein Wesen und seine Absichten zu erkennen. Manchmal jubelte sie innerlich, weil sie zu sehen meinte, wie ihr Einfluß wuchs, und sein Interesse, wenn nicht sein Herz, sich ihr mehr und mehr zuwandte, aber dann gewann der alte Sarkasmus, die kühle Berechnung bei ihm scheinbar wieder die Oberhand, und sie wußte nicht, ob sie einen Schritt vorwärts gethan habe oder nicht. Freilich, was er sagte und wie er es sagte, bestärkte sie in der Hoff= nung, ihm nicht gleichgültig zu sein, aber das gehörte mehr oder weniger zu seiner Rolle, — und wer konnte sagen, wo die Kunst aufhörte und die Wahrheit anfing?

10*

Sie ging immer schneller auf und nieder und dachte nach. Was lag eigentlich an seiner Liebe? — Nichts! — Er sollte nur seine Strafe haben und sie ihren Triumph, dann — was dann kam, war ihr ja ganz gleichgültig. Sie dachte über die nächsten Wochen gar nicht hinaus, und ihr Herz? Das hatte mit der ganzen Sache überhaupt nichts zu thun. Es war ein unpraktisches, gefühlvolles Ding, das mitunter von Glück und Liebe träumte und sich allerlei ernsthafte Skrupel machte, während sie doch nichts sein wollte und durfte, als die kalte, stolze Prinzessin Turandot, die berechnete, und die elegante Frau, die Euen für so ungefährlich gehalten, und die sich nun grausam an ihm rächen wollte.

Als sie indessen einige Stunden später Toilette machte, hatte sie alles vergessen, außer ihrem Groll und dem brennenden Wunsch, ihm zu gefallen, und ihre Jungfer fand zum erstenmal an ihr eine ungeduldige, launenhafte Herrin. Als sie aber fertig war, lächelte sie befriedigt, und keine Spur von Verstimmung lag mehr auf ihrem Antlitz, als sie von dem Diner in Theschs Salon erschien und jedermann wie einen guten Freund begrüßte. Euen, der sie zwei Tage lang nicht gesehen, ging ihr freudig bewegt entgegen, küßte ihre Hand mit einer Verve, welche an Natürlichkeit nichts zu wünschen übrig ließ, und als er sie freigab, erklärte der General, diesmal gegen den Bräutigam nicht zurückstehen zu wollen, und führte sie zu Tisch.

Es war eine sehr animierte Tafelrunde, mehrere Randowitzsche Vettern und Neffen, der Adjutant Seiner

Excellenz und last but not least — Gräfin Löwen=
clau.

Diese kluge und liebenswürdige Dame hatte wieder
einmal ein Meisterstück vollbracht. Trotz allem, was
vorangegangen, war es ihr gelungen, sich mehr und mehr
an Frau Thesch anzuschließen, und diese, obgleich durch
Viola gewarnt, war auf dem besten Wege, sich auf das
innigste mit ihr zu befreunden. Viola selbst war in
gewisser Weise hieran schuld. Seit ihrer scheinbaren
Verlobung wollte eine unbefangene Herzlichkeit zwischen
ihr und Thesch nicht mehr recht aufkommen. Ja, Viola
vermied es beinahe, mit ihr öfter und dauernd zusammen
zu sein, und die kleine Excellenz ahnte instinktiv, daß
Violas selbstloser Opfermut ihr gegenüber sein Ende
gefunden und sie von ihrer Nachsicht nichts mehr zu
hoffen habe. Auch ärgerte es sie, zu sehen, daß die
junge Witwe, die trotz ihrer Schönheit in gewisser Be=
ziehung ihr immer nur zur Folie gedient hatte, nun
selbst eine gewisse Rücksicht beanspruchte und von Euen
in auffallender Weise bevorzugt wurde.

Sie machte sich zwar dies alles nicht klar, aber sie
wandte sich instinktiv der Gräfin Löwenclau zu, als diese
mit bekannter Katzenfreundlichkeit sich ihr nahte, und fand
es viel amüsanter, mit dieser boshafte Bemerkungen über
andere Leute auszutauschen, als Violas gutgemeinten
Vorwürfen und Ermahnungen zu lauschen. So hatte
man denn die Gräfin auch heute geladen; sie war auch
außerordentlich wohlwollend und milde gestimmt und
schien nur Sinn und Interesse für das Menu zu haben,

daß sie in der Theorie wie in der Praxis sehr gründlich
studierte. Daß sie das Brautpaar nicht einen Augenblick
außer Augen ließ und jede ihrer Mienen beobachtete,
versteht sich von selbst, aber wieviel Mühe sie sich auch
geben mochte, sie konnte nichts Ungewöhnliches in ihrem
Verhalten entdecken und sah mit Staunen, wie gut das
Einvernehmen zwischen den Verlobten war. Bei Tisch
vermied sie es, Viola anzureden, als aber später die
Herren in dem Rauchzimmer verschwanden und die
Damen für kurze Zeit im Salon allein zurückblieben,
setzte die Gräfin sich auf ein niederes Dos-à-dos neben
die schöne und glückstrahlende Braut und suchte ihr die
Stimmung recht gründlich zu verderben. Trotz ver-
schiedener kleiner Malicen wollte dieses aber heute nicht
gelingen; Viola parierte mit großer Geschicklichkeit Schlag
auf Schlag, und Gräfin Löwenclau sah sich endlich genötigt, zu einer ernsteren Attacke vorzugehen.

„Graf Euen scheint ja jetzt sehr beschäftigt zu sein,"
meinte sie lächelnd, „da er, wie er selbst sagt, Sie
gestern nicht gesehen. Für einen zärtlichen Bräutigam
eine lange Zeit."

Viola machte eine zustimmende Gebärde. „Ja,"
sagte sie, „ich glaube, er hatte mit Herrn von Lerchenfeld zu thun, und abends war er von seinem früheren
Regiment zu einem Liebesmahl geladen."

„Ah, also Geschäfte, und wirklich mit Lerchenfeld?"
lächelte die Gräfin. „So scheint das, was ich gehört,
doch nicht ganz der Begründung zu entbehren?"

„Und was haben Sie gehört, Gräfin?" fragte Viola scharf.

„Nun, Sie sind ja kein junges Mädchen mehr, — man erzählt sich so mancherlei. Der Graf war ja immer ein flotter Kavalier, der dem schönen Geschlecht auch in anderen Kreisen gehuldigt, die diplomatische Carriere kostet viel Geld, ein wenig gespielt mag er auch wohl haben — kurz, wenn man viel braucht, ist man nicht eben ängstlich in der Wahl seiner Mittel, und sein Zusammenarbeiten mit Lerchenfeld scheint dies zu be- stätigen."

Frau von Weeren hob stolz das Haupt. „Mit Herrn von Lerchenfeld?" meinte sie. „Ich begreife nicht, was Sie damit sagen wollen!"

„O, nichts weiter, meine Liebe, als daß er neuer- dings an den Spekulationen dieses Biedermannes teil- nimmt und dem modernen Gründertum nicht ganz abhold zu sein scheint. Da kommt es leicht vor, daß der eine auf Kosten des anderen reich wird, und wenn ich dies auch von unserem lieben Grafen nicht behaupten will —"

„So sind Sie doch jedenfalls falsch berichtet," unter- brach sie Viola. Ich habe ihn selbst gebeten, sich vor Lerchenfeld zu hüten, aber nicht aus Besorgnis für seinen Ruf als Ehrenmann, sondern weil mir die Persönlichkeit jenes Börsengenies ein gewisses Mißtrauen einflößt und es leicht geschehen könnte, daß der Graf in diesem Fall der Betrogene ist. Im übrigen entziehen sich seine ge- schäftlichen Manipulationen meiner Beurteilung wie meiner Kenntnis. Eines aber weiß ich: Graf Euen wird es immerdar verschmähen, sich auf Kosten anderer zu bereichern, und ich kann es nicht dulden, daß Sie über meinen Verlobten Nachteiliges sagen. Was er im jugendlichen Übermut auch gefehlt haben mag, er ist ein durch und durch ehrenhafter, loyal und vornehm denkender Mensch und vollkommen unfähig, eine auch nur zweifelhafte Handlung zu begehen."

Sie hatte schnell und lebhaft gesprochen, stand jetzt auf und trat ans Fenster, Gräfin Löwenclau aber blickte ihr mit einem hämischen Lächeln nach, und ihren Fächer geräuschvoll auf- und zuklappend, sagte sie ruhig:

„Meine liebe Frau von Weeren, ich sehe, Sie schwärmen und haben noch Illusionen, ein Phänomen bei Ihren Erfahrungen und dem sonstigen Mißtrauen reicher Erbinnen! Ich wollte Sie ja auch nur warnen und fand, offen eingestanden, die Spekulationsgelüste des guten Grafen doppelt unbegreiflich, da er durch die Wahl seiner Braut allen pekuniären Eventualitäten bereits vorgebeugt hat. Aber ich sehe, ich habe mich umsonst bemüht. Sie ziehen es vor, gegen dergleichen blind zu sein, und Undank ist nun einmal der Welt Lohn, so heißt ja wohl das alte Sprichwort."

„Jawohl, meine gnädigste Gräfin, so lautet es," sagte plötzlich eine sarkastische Stimme, und Graf Cuen, der unter der Portiere stehend den letzten Teil der Unterhaltung mit angehört hatte, trat in das Zimmer, „nur dürfte es gerade hier keine Anwendung finden. Ich wenigstens bin ganz bereit, Ihnen die vollste An-

erkennung zu zollen und gedenke, Ihnen meinen innigsten
und aufrichtigsten Dank durchaus nicht vorzuenthalten."

Gräfin Löwenclau erschrak und blickte, etwas ver=
wirrt durch seinen Ausdruck, zu ihm empor. „Ihren
Dank, Graf?" fragte sie unsicher. „Ich wüßte wirklich
nicht wofür!"

„Dafür, meine verehrte Gönnerin," sagte er strahlend,
„daß Sie mir Gelegenheit geben, das schöne und schranken=
lose Vertrauen meiner Braut kennen zu lernen. Ich
weiß nicht, was Sie gegen mich vorgebracht haben, um
einer solchen Verteidigung willen lohnt es sich aber schon,
ein wenig verleumdet zu werden, und ich stehe auch
später gern zu Diensten. Nicht wahr, meine teure
Viola?"

Er war an seine Braut herangetreten, hatte den
linken Arm leicht um ihre Taille gelegt und führte ihre
Hand wiederholt an die Lippen, in seinen Augen aber
lag ein so stolzer, zärtlicher Ausdruck, daß sie vor seinem
Glanz die ihren niederschlagen mußte und ein heißes
Erröten ihr bis zur Stirn emporstieg. Gräfin Löwen=
clau sah, daß der vergiftete Pfeil sein Ziel verfehlt
hatte, aber es entmutigte sie dies nicht. Sie hatte deren
noch mehrere in ihrem Vorrat, und das Bild echten
Glückes und stolzer Liebesseligkeit, welches das Braut=
paar in diesem Augenblick darbot, sowie die feine, über=
legene Ironie des Grafen reizte sie zu einem neuen,
noch schärferen Angriff. So lehnte sie sich denn, scheinbar
resigniert, wieder zurück in ihren Fauteuil, nahm von
einem dicht neben ihr stehenden, mit Büchern und Alma=

nachen bedeckten Tischchen einen Grafenkalender, blätterte darin, und sich zu den vor ihr Stehenden wendend, sagte sie boshaft:

„Mein lieber Graf, Sie scheinen Ihrer Sache ja sehr gewiß zu sein, und doch — ich glaube, dieses schrankenlose Vertrauen wäre sehr leicht zu erschüttern.“

„Wirklich?“ fragte er. „Ich bezweifle das, Gräfin!“

„Nun,“ meinte sie, „es käme auf eine Probe an!“ und Viola mit einem scharfen Blick fixierend, sagte sie boshaft: „Darf man fragen, wann die Hochzeit ist?“

Da errötete Frau von Weeren binnen wenigen Minuten zum zweitenmale, und erst auf einen mahnenden Blick des Grafen hin erwiderte sie befangen: „O, darüber haben wir noch gar nicht geredet.“

Gräfin Löwenclau lächelte befriedigt. „Auch Sie nicht, Graf Euen, — und hatten es doch so eilig mit der Verlobung!“

„Ja,“ sagte er lächelnd, „ein schneller Sieg ist stets der beste.“

„Ah,“ machte sie bedeutsam, „ich glaubte, Sie hätten noch andere Gründe!“ blätterte dabei mit Ostentation in dem Grafenkalender und veranlaßte Euen, der ihre Schwächen kannte, mit leisem Spott zu sagen:

„Schöpfen Sie vielleicht auch diesen Glauben aus der bekannten und bewährten Quelle? Denn daß Sie, meine gnädigste Gräfin, für den Gothaischen und seine geringeren Brüder ein ganz besonderes Interesse haben, werden Sie doch nicht leugnen wollen.“

„Im Gegenteil,“ erwiderte sie, „ich rühme mich dessen,

denn diese, meine Lieblingslektüre, ist lohnender als manche andere, und hat mir schon die interessantesten Aufschlüsse gebracht."

„Auch über mich?" lächelte er ironisch.

Sie nickte. „Gewiß, auch über Sie, und vor allem über das freudige Ereignis Ihrer Verlobung! Die scheinbar so unmotivierte Hast, mit welcher dieselbe in Scene gesetzt wurde, hat alle Welt mit Verwunderung erfüllt und manchem Wißbegierigen zu denken gegeben. Nun sehe ich plötzlich aus diesem, mir so werten und interessanten Büchlein, daß Graf Dietrich Euen, Sohn des Grafen Vollrad Euen und seiner Gemahlin, geborene von Tschalrey, in wenigen Wochen sein dreißigstes Lebens=jahr zurückgelegt hat, und mit einem Schlage ist mir alles klar!"

Viola hatte mit wechselndem Unmut und Erstaunen ihrer Auseinandersetzung gelauscht und ahnte, daß sie Böses im Schilde führe, Euen aber lehnte mit unterge=schlagenen Armen in der Fensternische und frug gereizt:

„Wollen Sie vielleicht die Gnade haben, mir zu sagen, was mein allerdings nahe bevorstehender Geburts=tag mit meiner Verlobung zu thun hat?"

Sie lächelte boshaft. „Sollten Sie das wirklich nicht wissen, Graf Euen," sagte sie ungläubig, „oder in diesem Augenblick vergessen haben? Nun, ich besitze für dergleichen ein besseres Gedächtnis, und da ich mich für die Geschichte alter Adelsgeschlechter besonders interessiere — ich treibe sogar ein wenig Heraldik, wie Sie wissen, so entsinne ich mich sehr genau eines alten Euenschen

Familienstatutes, nach welchem jeder Agnat, der bis zum
vollendeten dreißigsten Lebensjahre nicht standesgemäß
verheiratet ist, die Anwartschaft auf das sehr bedeutende
Euensche Majorat verliert."

Viola wandte sich schnell zu Euen. „Wäre es mög=
lich, daß die Gräfin recht hätte?" sagte sie zweifelnd.

„Ah, er hat es Ihnen also wirklich verschwiegen?"
triumphierte die Löwenclau. Euen aber hob beschwich=
tigend die Hand.

„Meine geliebte Viola," sagte er, „lassen Sie sich
nicht umsonst beunruhigen. Allerdings existiert ein solches
Hausgesetz in Bezug auf das Euensche Majorat, aber es
steht zu meiner unerwarteten oder verfrühten Werbung,
wie die Gräfin unsere Verlobung bezeichnet, in keiner
Beziehung, und Sie werden das selbst sogleich sehen.
Mein Onkel Herbert, der jetzige Besitzer des Majorats,
ist ein Mann in den besten Jahren und hat einen er=
wachsenen Sohn, der sich der besten Gesundheit erfreut,
ja, der sogar schon verlobt ist; und außerdem existiert
in Mellenburg in Süddeutschland ein Vetter von mir,
Karl Theodor Euen, der, wie Sie ebenfalls aus dem
Grafenkalender ersehen können, dem Majorat sehr viel
näher steht als ich. Meine Aussicht, jemals Erbherr
auf Burg Euen zu werden, ist also gleich Null, und
Thorheit wäre es von mir, wollte ich auf eine so ent=
fernte Möglichkeit hin meine Privatinteressen durch das
Familienstatut beeinflussen lassen."

„Was Sie aber nicht verhindern wird, Ihre Ver=
mählung innerhalb der gegebenen Frist zu feiern," er=

gänzte die Gräfin und erhob sich geräuschvoll. „Behalten Sie immerhin Ihre Illusionen, meine liebe Frau von Weeren, wer von uns beiden recht hat, wird die Zukunft ja lehren" — und mit einem spöttischen Blick, einem maliziösen Lächeln verließ sie das Zimmer. Die Zurückbleibenden aber atmeten erleichtert auf, und Viola sagte:

„O, wenn sie ahnte, wie hinfällig ihr Verdacht ist, auf welchem Irrtum, welcher falschen Voraussetzung er beruht," und Euen fügte hinzu:

„Danken wir Gott, daß sie es nicht weiß, daß bei allem Mißtrauen gegen meine Intentionen die schlimmste aller Lästerzungen doch die Wahrheit nicht ahnt!"

„Es wäre entsetzlich," flüsterte Viola, „sie ist eine intrigante, gefährliche Person!"

„Und Sie sind die beste, klügste, reizendste Frau von der Welt!"

Er sagte es mit einem Feuer, einer impulsiven Lebhaftigkeit, welche Viola heimlich mit Entzücken erfüllte, aber äußerlich ließ sich davon nichts bemerken, und ihre Stimme klang mit einem Mal viel kühler, als sie ruhig sagte:

„Weil ich Sie den boshaften Angriffen dieser Schlange nicht preisgeben wollte? Mein lieber Graf, Sie vergessen — es war dies nur ein Teil meiner Rolle!"

„Den Sie aber mit seltener Bravour durchgeführt haben," neckte Graf Euen. „Bei der objektiven Klarheit Ihres Urteils über meine Mängel und der geringen Wertschätzung meiner geringen Persönlichkeit haben Sie heute wirklich Unglaubliches geleistet, und ich kann Ihnen gar nicht genug dafür danken."

Viola fand es nun doch an der Zeit, dem Tête-à-tête ein Ende zu machen, und man gesellte sich den anderen zu, Euen schien aber an diesem Abend nur für seine schöne Braut noch Augen zu haben, Frau Thesch ließ sich aus Verzweiflung von einem Vetter die Cour machen, und Seine Excellenz Herr von Randowitz war sehr guter Laune. Er beobachtete das Brautpaar mit besonderem Vergnügen, und als er sich endlich an seinem Whisttisch niederließ, dachte er schmunzelnd: „Donnerwetter, der Kerl, der Euen, ist nicht wenig verliebt in die schöne Viola, seine stolze Braut, und sich sagen zu müssen, daß ich noch vor vier Wochen wirklich und wahrhaftig eifersüchtig auf ihn war! Es ist rein zum Lachen!"

Elftes Kapitel.

Evchen Lilie kniete auf dem Teppich vor dem Kamin, hielt an einer meterlangen eisernen Gabel ein Semmel- scheibchen nach dem anderen über die Glut, die Herr von Tschalrey vermittelst eines Blasebalges immer von neuem anzufachen strebte, und wandte ihm dabei lachend und plaudernd ihr rosig bestrahltes Gesichtchen zu, immer gewissenhaft fragend: „Ist's so gut?" ehe sie die fertig geröstete Semmel auf den bereitstehenden Teller schob.

Die Freundschaft der beiden hatte die erfreulichsten Fortschritte gemacht, Evchen den Bären schon halb ge- zähmt, und wenn er Viola gegenüber auch oft noch das enfant terrible spielte, das wunderbare Fragen that und offenherzige Bemerkungen machte, so galt doch seine Hauptaufmerksamkeit der kleinen Lilie, und für einen Weiberfeind war er ihr gegenüber merkwürdig tolerant. Auch bildeten die Finessen der Kochkunst ein unerschöpf- liches Thema für ihre Unterhaltung, und Evchen glühte vor Eifer, wenn sie eigenhändig einen kleinen Leckerbissen für ihn bereiten durfte, oder mit ihm die Zusammen- stellung einer neuen Sauce beriet. Auch die Toaste mußte sie stets eigenhändig für ihn bereiten, wenn sie bei Viola zum Thee waren, und daß sie ihm bei Tisch

allerlei kleine Dienste leistete, erschien nach und nach
ganz selbstverständlich. Wenn er in Violas Salon trat,
sah er sich unruhig um, bis Evchen erschien, und merkwürdig war nur, daß er sie nie mit ihrem Vornamen,
sondern immer nur „kleine Lilie" oder „little one"
nannte.

Heute blieben sie ganz ungestört. Euen war noch
nicht erschienen, Viola saß in ihrem Boudoir am Schreibtisch, und Tante Betty war mit der Geheimrätin in einen
wohlthätigen Verein gegangen. Sie wurden erst in einer
Stunde zurückerwartet. Aber das Wasser summte schon
in dem Samowar, und Viola rief von ihrem Schreibtisch
aus: „Eva, geben Sie Onkel Adam doch eine Tasse
Thee, er wird sonst am Ende ungeduldig," und Eva
ließ sich das nicht zweimal sagen. Die Toaste, auf die
er einen so großen Wert legte, wären ohnehin zähe geworden, hätten sie noch lange gestanden, und eine Viertelstunde später war Herr von Tschalrey im Vollbesitz der
erwähnten Genüsse. Evchen saß bei ihm, mit einer
Handarbeit beschäftigt, und als sie merkte, daß er heute
ungewöhnlich gut gelaunt war, bat sie schmeichelnd und
lächelnd: „Nun schnell, Onkel Adam, etwas erzählen,
nachher sind wir nicht mehr allein, und Sie versprachen
doch, mir zu sagen, weshalb Sie die armen Frauen so
hassen."

„So," sagte er, „habe ich das wirklich versprochen?
Nun, eigentlich rede ich nicht gern von vergangenen
Dingen, aber wer könnte Ihnen etwas abschlagen, kleine
Lilie? So hören Sie denn die Geschichte meiner Jugend.

„Meine Mutter, eine schöne und liebenswürdige Frau, hatte jung geheiratet, ich war ihr jüngster Sohn, und als ich zwei Jahre zählte, verließ sie Mann und Kinder, um einem Fremden zu folgen, dem es gelungen war, ihr Herz zu bethören. Mein Vater verfiel in Trübsinn, und unsere Kindheit war eine unendlich bittere und freud- lose. Dies tragische Ereignis in der Familie, die Treu- losigkeit der eigenen Mutter, warf einen dunklen Schatten auf mein ganzes Leben und legte den ersten Grund zu meinem Groll gegen das schwache Geschlecht, der durch spätere Ereignisse noch bestärkt werden sollte.

„Ich war ein fleißiger Schüler, machte mein Examen und bezog die Universität. Dort paukte und kneipte ich zwar lustig mit den anderen, wollte aber von Liebe und Liebesglück nichts wissen und galt schon damals für einen Weiberfeind.

„Das war auch später so: — ich ging den Frauen fein säuberlich aus dem Wege, und da ich ein häßlicher, unliebenswürdiger Geselle war, gab sich keine die Mühe, mich zu gewinnen. Nur meine älteste Schwester, die Gräfin Euen, ließ nicht nach in ihrer Liebe und Für- sorge für mich, und in ihr sah ich jene wohlthuende Ausnahme, welche, wie man sagt, die Regel bestätigt.

„Mein Vater war inzwischen gestorben; ich lebte als Regierungsbeamter in einer mittleren Provinzialstadt, begann mich zu langweilen und machte meine ersten schriftstellerischen Versuche. Da kam im Jahre siebzig der Krieg mit Frankreich, ich wurde eingezogen, bei Metz verwundet, und sobald ich transportfähig war, nach der Heimat zurückgeschickt.

„Hier fand ich Aufnahme in einem Schloß am Rhein, dem Privatlazarett der Gräfin Lodem, einer geborenen Amerikanerin, und blieb dort bis zu meiner völligen Genesung, die mehrere Wochen in Anspruch nahm.

„Jene Zeit war in mancher Beziehung die schönste meines Lebens. Außer mir lagen etwa noch zwanzig andere Verwundete in dem geräumigen Schloß, und alle genossen die sorgsamste Pflege; ich aber, als der einzige Offizier, wurde ganz besonders verwöhnt und nahm im wahren Sinne des Wortes eine Ausnahmestellung ein, die mich zu tiefem Dank verpflichtete und auch im übrigen nicht ohne Einfluß auf mein Wesen blieb.

„Außer der liebenswürdigen Hausfrau — der Graf war auf dem Kriegsschauplatz thätig, und ein alter Onkel machte mit großer Gewandtheit die Honneurs — lebte noch eine junge Dame auf dem Schloß, eine Freundin der Gräfin, die sich sehr eifrig an unserer Pflege beteiligte und durch ihre herrliche Erscheinung alle Welt in Entzücken versetzte. Sie war groß, schlank, brünett und von unbeschreiblicher Anmut, aber als das schönste an ihr erschien mir ihre süße, bezaubernde Stimme, und mit dieser Stimme sang sie sich in meine Seele, in mein Herz hinein. Ich war damals ein großer Musikfreund, und wenn sie am Flügel saß, konnte ich ihr stundenlang zuhören. Das war mein Verhängnis!

„Mein Mißtrauen gegen das weibliche Geschlecht hatte mich bis dahin vor Illusionen und Konflikten be-

wahrt, ich war von jeder tiefen Neigung unberührt geblieben und hätte auch diesmal meine Gefühle wie eine
Versuchung besiegt, wenn — ja, lachen Sie nur, kleine
Lilie, aber es war wirklich so, — das schöne Mädchen
mir nicht in so auffallender und gar nicht mißzuver-
stehender Weise entgegengekommen wäre.

„Mein hilfloser Zustand, meine Pflege boten den
gewünschten Vorwand dar, auch für alle jene unge-
wöhnliche Schritte, welche sie unternahm, um mich zu
fesseln und zu gewinnen, und nachdem ich vergeblich
gegen meine eigenen Gefühle angekämpft hatte, gab ich
mich mit Entzücken dem ungekannten Glück einer Liebe
hin, welche von der Erwählten meines Herzens im vollsten
Maße erwidert zu werden schien. Es herrschte ein stilles
Einverständnis zwischen uns, das nur in ihren Liedern
zum Ausdruck kam, eine heimliche Seligkeit, welche mich
berauschte und beglückte, und wenn ich der nächsten Zukunft gedachte, sah ich mich nur noch mit ihr vereint.

„Langweilt Sie diese Liebesgeschichte, kleine Lilie?
Nun, warten Sie, ich bin gleich zu Ende und will Sie
mit der Beschreibung aller dieser Spazierfahrten und
Mondscheinpromenaden, dieser stummen Schachpartien
und musikalischen Dämmerstunden verschonen! Genug,
ich lebte in einem seligen Traum, dachte mit Wehmut
an den nahenden Abschied und wollte auf keinen Fall
das Schloß verlassen, ehe ich nicht mit ihr gesprochen
und mir nicht das Glück meines Lebens gesichert.

„Durch die Gräfin Lodem wußte ich, daß ihre Freundin
eine Waise war, über ein nur geringes Vermögen verfügte

11*

und meist bei einer verwitweten Tante lebte, welche die
Stellung einer Oberhofmeisterin an einem süddeutschen
Hofe inne hatte. Von dieser Tante sprach sie auch
öfter, und als sie eines Tages einen langen Brief von
ihr bekam, den sie in meiner Gegenwart hastig aufriß
und las, sah ich, wie sie abwechselnd rot und blaß wurde,
und wie ein stolzes Leuchten über ihr Antlitz ging.

„Trotzdem ahnte ich nichts Böses, und als sie an
demselben Abend noch mit ihrer süßen, tiefen, wunder=
vollen Stimme meine Lieblingslieder sang, eins nach
dem anderen, und jedes Wort derselben nur an mich
gerichtet schien, da — wir waren allein auf der blumen=
duftenden Terrasse — kleidete sich meine überströmende
Empfindung in kühne, leidenschaftliche Worte, und mich
auf ihre Liebe berufend, bat ich das geliebte Mädchen
um seine Hand!

„Sie sagte nichts, sie schien überrascht, aber sie
duldete meine Küsse, sie schmiegte sich zitternd an mich,
und als ich auf eine Entscheidung drängte, flüsterte sie
verheißungsvoll: ‚Morgen, morgen‘ und — entfloh.

„Als aber der Morgen kam, war sie schon fort,
verschwunden wie ein Irrlicht, das einen armen Wanderer
verführt und verlockt, und die Gräfin, die sie ins Ver=
trauen gezogen, übergab mir einen Brief, der mich über
ihre Abreise aufklären sollte. Bei seinem Anblick kam
mir eine Ahnung der Wahrheit, aber die ganze Trag=
weite meines Unglücks konnte ich erst ermessen, als ich
gelesen hatte, und wie ein Todesurteil starrten die wenigen
Zeilen mich an.

„Sie schrieb, sie müsse mich fliehen, weil meine
stürmische Werbung ein Fortbestehen unserer freundlichen
Beziehungen unmöglich gemacht habe und sie mich wohl
lieben, aber nicht heiraten könne. Sie sei nicht mehr
frei! Der Fürst Linden, der sie bei ihrer Tante, der
Oberhofmeisterin, kennen gelernt, habe schon vor Wochen
um sie geworben und ihr Jawort erhalten, die Ver=
öffentlichung der Verlobung aber noch hinausgeschoben,
weil seine Mutter ihre Einwilligung anfangs verweigert.
Nun sei es ihrer Tante gelungen, auch diese zu erringen,
und sie kehre nun zu ersterer und ihren Pflichten zurück,
die Erinnerung an die letzten Wochen mit hinwegnehmend
als einen schönen, verlockenden Traum, der aber doch
niemals hätte in Erfüllung gehen können, da unser ver=
eintes Los immer nur ein sehr bescheidenes hätte sein
können, und ihr Ehrgeiz sie dränge, auf den Höhen des
Lebens zu stehen.

„Die Gräfin, eine liebenswürdige Frau, aber Welt=
dame durch und durch, welche in letzter Stunde noch in
das Geheimnis eingeweiht worden und die Wirkung
jenes herzlosen Briefes sah, suchte mich in ihrer Art zu
trösten und ermahnte mich, nicht alles so furchtbar schwer
und ernst zu nehmen. ‚Weshalb‘, meinte sie, ‚aus den
schimmernden, zerflatternden Sommerfäden einer flüchtigen
Neigung ein dauerhaftes Gespinst weben wollen, weshalb
die Sache nicht nehmen als das, was sie ist: — eine
genußreiche kleine Episode, die des poetischen Zaubers
gewiß nicht entbehrte, mit Ihrer Genesung aber ihren
natürlichen Abschluß fand. Der gesteigerte Wärmegrad

Ihrer Empfindungen hat nur dazu beigetragen, Sie
liebenswürdiger und empfänglicher für alles Schöne zu
machen, und Sie brauchen somit der Liebe nicht zu grollen,
welche mit ihrem Zauberstabe Ihre Umgebung berührte
und Ihnen hier alles in einem schöneren, magischen Lichte
erscheinen ließ!' — —

„Sie hatte gut reden, mir ging jedes Verständnis
für ihre bequeme Sophistik ab, ich empfand nur den
Verrat, die erbarmungslose Grausamkeit der doppelt
Treulosen, als die Vernichtung aller Hoffnung, alles
Vertrauens; ich wußte, daß jener Fürst ein notorischer
Wüstling, ein geistig und körperlich ruinierter Mann
war, und ich sagte mir, daß nur kalte Berechnung ein
Mädchen veranlassen konnte, ihn zu wählen. Meine
durch das lange Siechtum erschütterten Nerven vermochten
dem furchtbaren Schlage nicht zu widerstehen, ich verfiel
in ein hitziges Fieber, und als ich mich zum zweitenmale vom Krankenlager erhob, war ich der alte Mann,
als den Sie mich jetzt sehen.

„Zweierlei war die Folge jener bitteren Erfahrung:
ich schwur, nie mehr um die Liebe einer Frau zu
werben, nie mehr ein Weib zur Gattin zu begehren, —
und ich zog mich aus dem Staatsdienst für immer zurück.
Mein schriftstellerisches Talent, das ich früher wie eine
Schwäche verborgen, erwies sich als treuer Freund und
bester Trost in meinen Leiden und gewährte mir zugleich
die Möglichkeit, zu reisen und die Welt zu sehen. So
bin ich denn weit herumgekommen, habe manches Interessante erlebt und vor allem die Frauen zu meinem

Studium erwählt; als meinen besonderen Beruf aber erachte ich es, andere vor den Sirenenstimmen zu warnen, welche mich selbst ins Verderben lockten, und wo es sich um eine Heirat, eine voreilige Werbung handelt, da bin ich der getreue Eckart, der noch im letzten Augenblicke bittet und warnt."

„Das alles ist sehr, sehr traurig, Onkel Adam," sagte Evchen bewegt und blickte ihn mit ihren klaren, unschuldsvollen Augen teilnehmend an, „aber Sie sind doch wohl zu bitter und ungerecht in Ihrem Groll, und was eine gethan, sollen nun alle büßen. Wollten Sie mit den Herren der Schöpfung eben so streng ins Gericht gehen, wer weiß, wie dann Ihr Urteil ausfallen würde, und anderseits gibt es doch auch viele glückliche Ehen, viel edle, wahrhaftige Frauen, welche die Treue über alles stellen, und die gar nicht im stande wären, jemand zu täuschen oder ihm wehe zu thun."

Er sah sie nachdenklich an. „Ich glaube beinahe, kleine Lilie, Sie wären so eine," sagte er lächelnd, „Sie müssen immer jemand haben, für den Sie sorgen, den Sie verziehen können, und die Kunst der Verstellung ist Ihnen fremd, aber weshalb heißen Sie denn Eva? Der Name gibt mir immer einen Stich ins Herz, wenn ich ihn höre, und ich sehe mich schon nach dem Apfel um, den Sie dem armen Adam präsentieren werden."

Sie lachte fröhlich. „Richtig," sagte sie, „Adam und Eva, das paßt zusammen, nun fehlt uns nur noch das Paradies auf Erden!"

„Das ist schwer zu finden," meinte er kopfschüttelnd, „viele suchen es — aber die meisten vergeblich."

„Ach," sagte sie, „ich glaube das gar nicht, die Welt ist ja so schön, so weit," und nach einer Weile fuhr sie zutraulich fort: „Die Araber meinen, es läge auf dem Rücken der Pferde, und jeder hat wohl eine andere Vorstellung davon, aber ich, Onkel Adam, ich würde es auf dem Deck eines Dampfers suchen! Denken Sie nur, wie herrlich, mit jemand, den man lieb hat, der mit uns genießt, so auf dem Wasser dahinzufahren, immer neue Bilder an sich vorüberziehen zu lassen, wie die beneidenswerte Mrs. Brassey, ich könnte mir gar nichts Schöneres denken!"

„Also so wanderlustig ist meine kleine Lilie?" fragte er, erfreut über ihren Eifer, „das habe ich ja noch gar nicht gewußt. Und wohin möchten Sie am liebsten?"

„O," erwiderte sie, „überall hin, wo es etwas zu sehen und zu lernen gibt und so ein kleines Frauenzimmer wie ich hingelangen kann."

Onkel Adam lachte. „Was sagt denn Ihre Mama, die Frau Geheimrätin, zu diesen Reisegelüsten?"

„Mama?" meinte sie. „O, die will davon nichts wissen. Sie liebt nur die Kunst, nicht die Natur, und wenn wir einmal reisen, so geht es nur von einer Stadt in die andere, von einem Museum ins andere, und ich danke Gott, wenn wir endlich wieder zurück sind."

„Sie lieben also die Konzerte und Kunstausstellungen nicht?" fragte er belustigt.

„Nein, im Gegenteil," erwiderte sie eifrig, „sie sind

mir schon frühe verleidet worden! Denken Sie sich ein
lebhaftes Kind, das am liebsten im Freien herumge=
sprungen wäre, um mit den Vögeln und Schmetterlingen
Zwiesprache zu halten, und statt dessen, auch außer der
Schulzeit, mit Musik und Zeichenunterricht geplagt
wurde. Mama wollte durchaus ein Genie aus mir
machen, und ich hatte so gar keine Anlage dazu. Da
bekam ich denn einen wahren Widerwillen gegen alle
diese Konzerte, Vorträge und künstlerischen Bestrebungen,
und Mama kann es noch immer nicht verschmerzen, daß
gerade ich, ihre einzige Tochter, kein anderes Talent
habe als das, immer zufrieden und glücklich zu sein."

„Well, little one," sagte Onkel Adam, „das ist
genug; auch besitzen Sie noch ein anderes, das mir schon
manchen Genuß bereitet hat, Sie machen vorzügliche
Pasteten. Gilt das für nichts?"

Sie lächelte schalkhaft. „O ja," sagte sie, „aber
nur in Ihren Augen, und darum, nur darum sind Sie
mir auch noch ein bißchen gut, nicht wahr, Onkel Adam?
Obgleich ich ein so gefährliches Menschenkind bin und
sogar Eva heiße!"

Er sagte nichts, aber er blickte in die ersterbende
Glut, und ein eigentümlicher Ausdruck breitete sich wie
ein heller Schein über seine dunklen, markierten Züge.

Eine Stunde später waren alle im Salon versammelt.
Die beiden älteren Damen, noch ganz erfüllt von dem
anregenden Vortrag, den sie gehört, Viola voll liebens=
würdiger Anmut und Würde, Evchen etwas nachdenklich,
und Euen im eifrigen Gespräch mit Onkel Adam, den

er an diesem Tage noch gar nicht gesehen. Viola unterhielt sich mit Drouthelm, den die Geheimrätin mitgebracht hatte, und lauschte, in einen Sessel zurückgelehnt,
seiner Schilderung eines Maskenballes, als die Geheimrätin, die an ihrer rechten Seite saß, sich plötzlich auf
ihren Arm herabbeugte und bewundernd sagte:

„Meine liebe Frau von Weeren, welch ein köstliches
Armband! Nichts als ein dünner goldener Reif, und
dies kostbare Kleeblatt von Edelsteinen! Aber wie apart,
wie geschmackvoll, wie sinnig und schön, — gewiß ein
Geschenk unseres lieben Grafen!"

Viola errötete unwillkürlich und sagte kurz: „Nein,
liebe Geheimrätin, ich hatte es schon früher," während
Euen hinzufügte: „Meine Braut gestattet mir leider
nicht, ihr etwas anderes zu Füßen zu legen als Blumen."

„Aber dann sind Sie wirklich zu streng, liebe Frau
von Weeren," meinte die Geheimrätin. „Ein hübsches
Medaillon oder dergleichen, das zugleich den schönen
Zweck hat, ein Bild oder eine Haarlocke des Geliebten
zu bergen, ist denn doch wohl gestattet, und gleichsam
eine natürliche Fortsetzung der Symbolik, welche dem
Wechseln der Verlobungsringe zu Grunde liegt. Oder
haben Sie auch dieses traditionelle Zeichen einer be-
glückenden und unauflöslichen Herzensneigung verschmäht?"

Viola lächelte. „Ja, liebe Geheimrätin," sagte sie,
„wenn Sie mich deshalb auch vielleicht verachten werden.
Bei einem jungen Mädchen, welche Braut ist, finde ich

dergleichen äußere Zeichen sehr hübsch und sinnig, bei einer Witwe aber ist das etwas anderes."

Tante Betty schüttelte sehr energisch den Kopf. „Gar nichts anderes ist es," sagte sie trocken. „Liebe bleibt Liebe, so oder so, aber ein Ding mag noch so schön und bedeutsam sein, wenn es nicht mehr modern ist, wirft man es jetzt erbarmungslos über Bord, und nennt jeden, der noch Herz und Gemüt hat, sentimental. Na, ich muß sagen, diese Richtung gefällt mir nicht, und ich danke Gott, daß ich jetzt nicht verlobt bin!"

Auf diese laute und energische Erklärung folgte ein lauter Ausbruch der Heiterkeit, und Viola hoffte das heikle Thema damit beseitigt, aber Onkel Adam hatte wieder einmal sehr aufmerksam zugehört und nahm den Faden der Unterhaltung zu ihrem großen Mißbehagen wieder auf.

„Das alles sind Nebensachen," sagte er, „und wenn ich mir einmal erlauben sollte, meiner schönen Nichte ein kleines Angebinde zu überreichen, als Ausdruck meiner neuerwachten, verwandtschaftlichen Gefühle, so hoffe ich, daß sie es nicht zurückweisen würde, — was mich viel schmerzlicher berührt, ist der Umstand, daß ich nicht ein einziges Bild meines Neffen in diesen Räumen sehe. Oder sollte es nur profanen Blicken entzogen und im geheimen Kämmerlein aufbewahrt werden?"

Viola errötete so jäh, daß selbst Euen überrascht in ihr Antlitz sah, und gedachte einer kleinen Photographie, die in einem verborgenen Schubfach ihres Schreibtisches ruhte und fast täglich von ihr hervorgezogen und be-

trachtet wurde. Die Antwort aber übernahm wiederum
Tante Betty, und diesmal war Viola ihr dankbar für
die prompte Erwiderung.

„Mein lieber Herr von Tschalrey," sagte sie, „ich
bin ganz Ihrer Ansicht! In jedem Zimmer sollte ein
Bild unseres lieben Grafen stehen, du lieber Gott, heut=
zutage sind ja die Photographien so leicht zu haben —
und ich hörte auch einmal, wie Ihr Neffe bat, Viola
eins überreichen zu dürfen, aber nichts da, sie behauptete,
das sei eine Art von Götzendienst und doppelt lächerlich,
wenn man an ein und demselben Ort lebe. Was war
da zu machen? Kränken will sie niemand, aber etwas
wunderlich sind wir manchmal. Nicht wahr, liebe Viola?"

Euen sah, wie peinlich seine Braut durch dergleichen
Erörterungen berührt wurde. Er hatte sie allerdings
wiederholt gebeten, um ihrer selbst willen, ihrer eigen=
tümlichen Situation dergleichen kleine Konzessionen zu
machen, aber ihre Wahrheitsliebe verwarf auch jetzt noch
jede Art von Betrug, welche ihr nicht absolut aufge=
drängt wurde, und Euen hatte Mitleid mit ihrer Be=
drängnis.

„Meine Herrschaften," sagte er mit seiner weichen,
wohltönenden, ein wenig ironisch angehauchten Stimme,
„ich erkenne Ihre freundliche Fürsorge dankbar an, aber
möchten Sie nicht die Entscheidung über dergleichen kleine
Differenzen mir überlassen? Ich bin doch derjenige,
welcher eventuell einzig und allein darunter leidet, aber
ich kann in diesem Falle nicht einmal sagen, daß ich es
thue. Unsere Neigung gehört nicht zu denen, welche

der äußeren Zeichen bedürfen, und wenn meine Braut selbst mein Bildnis als solches verschmäht, so darf ich wohl annehmen, daß dasselbe desto tiefer in ihrem Herzen eingegraben ist."

„Bravo!" rief man von allen Seiten, und: „Das nenne ich gut aus der Affaire gezogen!" Viola aber hörte nicht bloß die geschickte Verteidigung, sie sah auch den übermütig neckenden, triumphierenden Ausdruck in seinen Augen und war sichtlich verstimmt. Sie verlor die so notwendige Selbstbeherrschung, wurde immer steifer und abweisender gegen Euen, und die natürliche Folge davon war, daß Onkel Adam auf dem Nachhausewege zu seinem Neffen sagte: „Mein lieber Junge, du bist ein Thor! Wenn du schon einmal die immense Dumm-heit begehen wolltest zu heiraten, weshalb hast du dir nicht die kleine Lilie gewählt, die das Herz auf dem rechten Fleck hat und einen Mann nicht verhungern lassen wird, wenn auch die Köchin einmal nichts taugen sollte? Deine schöne Braut ist ja entzückend zum Ansehen, aber trotz allem und allem doch kalt wie Eis, und wenn du dir einbildest, daß sie dich liebt, bist du in einem Irrtum befangen."

Zwölftes Kapitel.

„Pst — pst — Fräulein Babett!" Das niedliche Kammerkätzchen der Frau von Weeren, welche soeben damit beschäftigt war, Zeitungen und Journale zurecht=zulegen und dazwischen flüchtig mit einem großen bunten Federbusch den Staub abfegte, wandte erstaunt den Kopf und sagte: „Nun, was soll denn das heißen?" Im nächsten Augenblick aber ging sie zur Thür, durch die Jean, der Diener des Grafen, vorsichtig den Kopf herein=steckte, und meinte beruhigt: „Ach, Sie sind es, Herr Jean! Sie können immer hereinkommen, die Herrschaft ist nicht zu Hause."

„So?" machte er. „Nun, wo ist sie denn, Babettchen, wenn man fragen darf?"

„Bei einem großen Diner! Aber was haben Sie denn da? Schon wieder ein Bouquet für die gnädige Frau? Du lieber Himmel, wir haben deren schon so viele, daß wir nächstens selbst einen Blumenladen anlegen können."

Der brave Jean sah sehr verblüfft aus. „Ja, aber wo sind sie denn?" sagte er erstaunt. „Ich sehe ja kein einziges!"

„Wo sie sind?" Babett zuckte verächtlich die Schul=
tern. „Drüben in der Hinterstube stehen sie alle in
Reihe und Glied, und die gnädige Frau sieht sie mit
keinem Blicke an."

„Aber das ist doch recht unfreundlich," meinte Jean.
„Mein Herr Graf gibt sich stets solche Mühe, die schönsten
und seltensten Blumen zu beschaffen, und die gnädige
Frau —"

„Macht sich nichts daraus!" ergänzte Babett.

„Das kann ich mir gar nicht denken, sie ist ja doch
seine Braut!"

Die kleine Zofe nickte. „Ja," sagte sie, „seine Braut
ist sie wohl, aber wissen Sie, Herr Jean, im Vertrauen
gesagt, ich habe schon in vielen vornehmen Häusern ge=
dient und manche Herrschaft kennen gelernt, aber ein so
wunderliches Brautpaar wie Ihr Herr Graf und meine
gnädige Frau ist mir noch nicht vorgekommen!"

„Jean trat etwas näher heran. „Wieso denn?"
meinte er neugierig. „Erzählen Sie doch, Babettchen,
erzählen Sie!"

Sie nahm eine wichtige Miene an. „Ja, sehen Sie,"
meinte sie geheimnisvoll, „das ist eine ganz kuriose Ge=
schichte. Wenn wir Besuch haben oder die Baroneß
Tante dabei ist, da sind sie so herzlich und liebevoll zu
einander wie ein echtes Brautpaar — etwas steif zwar
nach meinem Geschmack, na, das ist bei den Herrschaften
nun einmal nicht anders! Wenn sie aber allein sind,
was übrigens äußerst selten geschieht, da sollten Sie
einmal sehen! Wie ausgetauscht sind sie da alle beide,

und wenn ich der Herr Graf wäre, ich ließe mir eine solche Behandlung gar nicht gefallen."

Jean legte den Zeigefinger an die Nase und lächelte pfiffig. „Was meinen Sie, Babettchen, ob sie sich am Ende nicht lieben?"

Sie machte eine unwillige Gebärde. „Ach, Sie dummer Mensch, weshalb sollten sie sich denn da heiraten wollen? Geld haben sie doch alle beide!"

Aber er ließ sich nicht beirren. „Na, bei den Herrschaften kann man das niemals wissen," sagte er weise, „es sind immer dieselben schönen Redensarten, wenn sie sich auch nichts dabei denken, und bei den Herren Diplomaten vollends, da hängt alles mit der Politik zusammen. Für die ist die Liebe sozusagen nur eine Passion. Aber wenn ich mir's recht überlege, auf meinen Herrn Grafen will das doch nicht recht passen, er hat ja keinen anderen Gedanken als an seine schöne Braut."

„Sehen Sie wohl, und nun gar die gnädige Frau! Sie muß ihm doch wohl gut sein, weshalb würde sie denn sonst so oft rot werden, wenn sie ihn kommen hört? Freilich, wenn er dann ins Zimmer tritt, so macht sie ein ganz gleichgültiges Gesicht, aber glauben Sie nur, das alles ist nur Schein und Verstellung! Neulich, als sie noch bei der Toilette war, hörte sie den Herrn Grafen schon im Vorzimmer sprechen. Du meine Güte, wie ungeduldig wurde sie da mit einem Male! Nichts konnte ihr schnell genug gehen, alles nahm sie mir aus der Hand, und als sie dann endlich fertig war, was glauben Sie wohl, das sie that? Eine volle Viertelstunde spazierte sie noch in ihrem Zimmer herum und ließ den Herrn Grafen die ganze Zeit warten."

Jean sah sie bewundernd von der Seite an. „Es ist merkwürdig, woher Sie das alles wissen, Babettchen," sagte er, „Sie können doch nicht immer dabei gewesen sein."

„Na, natürlich nicht," meinte sie verächtlich, „aber wozu wären denn die Portieren und die Schlüssel= löcher da?"

„Freilich, freilich, daran dachte ich gar nicht; immer= hin scheint mir das Ganze höchst wunderbar."

Babett nickte. „Ja, ja, Monsieur Jean, manches ist wunderbar, wovon Ihr in Eurer Unschuld Euch nichts träumen laßt. So zum Beispiel, daß die gnädige Frau früher, wo sie allen gefallen sollte, nicht ein bißchen eitel war, und jetzt, wo es auf den Herrn Grafen ganz allein ankommt, von dem sie doch schon weiß, daß sie ihm gefällt, da ist sie so wählerisch in ihrer Toilette, so peinlich mit ihrer Frisur, daß man glauben möchte, sie wolle noch eine Eroberung machen."

Jean faßte die Sache tragisch auf. „J, du meine Güte," sagte er und schüttelte bedenklich das Haupt, „wenn die Herrschaften es jetzt schon so treiben, wie wird es dann erst in der Ehe sein! Wir beide werden das ja miteinander erleben, Babettchen, und können uns dann gegenseitig über die schlimmen Launen unserer Herrschaft trösten."

Babett lächelte kokett. „Ach ja, Herr Jean," meinte

sie, „trösten Sie, trösten Sie, ich bedarf jetzt schon des Trostes," und Herr Jean ließ sich das nicht zweimal sagen. Er legte galant den Arm um ihre Hüfte und wollte ihr eben einen Kuß geben, als die Kammeriera ihn plötzlich sehr energisch bei der Hand nahm und ihn ohne weiteres zur Thür hinausschob. „Sie kommen," flüsterte sie, „ich höre den Wagen, fort, schnell fort," und das Bouquet auf den Tisch stellend, fügte sie leise hinzu: „Ich will es doch einmal versuchen, sie hier zu lassen, die armen Blumen sind gar zu hübsch."

Gleich darauf trat Viola mit Tante Betty und Euen über die Schwelle, löste den Spitzenschleier vom Haupte, ließ den seidengefütterten Abendmantel von der Schulter gleiten und streifte mit einer gewissen Hast die langen Handschuhe ab, während der Graf Tante Betty beim Ablegen half.

Wundervoll sah sie aus in ihrer Toilette von veilchen= blauem Sammet und alten, golddurchwirkten Spitzen, die seitwärts in reichem Gefälte bis zu den Füßen herab= fielen und am Halse mit schmalen Brillantagraffen zu= sammengefaßt waren, aber ein stolzer, herber Zug lag um ihren Mund, und ihre Augen begegneten denen Euens mit einem kalten, fast hochmütigen Blick, der mit der Rolle einer liebenden Braut nicht ganz in Einklang zu bringen war. Sie war in einer jener Stimmungen, in der sie den ihr aufoctroyierten Verlobten recht gründlich zu hassen meinte, und ihr Groll war wieder einmal größer als ihre Klugheit, aber diesmal nicht ganz ohne Grund. Man war am Morgen in pleno im Gewerbe=

museum gewesen, und während Tschalrey sie mit seinen
warnenden, prüfenden Fragen langweilte, hatte Euen sich
nur Frau Thesch gewidmet und auf dem Nachhausewege
so von ihrem Liebreiz, ihren Vorzügen geschwärmt, daß
Viola eine ungeheure Bitterkeit in sich aufsteigen fühlte.
Die beiden schienen diese scheinbare Verlobung immer
noch wie einen lustigen Scherz zu betrachten, und sie,
sie allein mußte den ungeheuren Preis dafür zahlen.
Aber sie wollte nun auch ihre Rache haben, und so sehr
es auch ihrem innersten Naturell widerstrebte, die ober=
flächliche, herzlose Frau zu spielen, wie schwer es ihr
wurde, klug berechnet und kokett zu sein, sie mußte die
Aufgabe durchführen, um ihn zu reizen und zu gewinnen
und ihrem beleidigten Stolz Genüge zu thun.

Ein günstiger Zufall kam ihr zu Hilfe. Bei dem
heutigen Diner hatte sie unvermutet einen alten Bekannten,
einen Künstler aus Rom getroffen, der früher viel in
ihrem Hause verkehrt und die schöne Frau nicht ver=
gessen hatte. Er saß, nur durch eine schmale Tischplatte
von ihr getrennt, ihr gegenüber, und seine schönheits=
durstigen Augen schienen sich an ihrer vollendeten Er=
scheinung förmlich zu berauschen. Wenigstens drückten sie
in beredtester Weise seine Bewunderung aus, und Viola
schien ihrerseits diese Sprache recht gut zu verstehen.
Sie widmete sich fast ausschließlich der Unterhaltung mit
Professor Lahnstein, und wenn Euen eine Frage an sie
richtete, erschien sie fast ungeduldig und zerstreut. Trotz=
dem erlitt seine heitere Stimmung keine Veränderung.
Er war der glückliche Bräutigam und liebenswürdige

Kavalier par excellence, begegnete Viola mit demselben
offiziellen Empressement wie immer und hatte sogar für
den Professor einige freundliche Worte. Als aber die
Damen in den Wagen stiegen, um nach Hause zu
fahren, setzte er sich, ohne um Erlaubnis zu bitten, zu
ihnen, und nun stand er hier in ihrem Salon und hatte
offenbar die Absicht, zu bleiben.

Viola sprach kein Wort, maß ihn mit sprühenden,
flammenden Blicken und schritt erregt im Zimmer auf
und nieder, Tante Betty aber, welche einen Sturm
herannahen fühlte, plauderte um so lebhafter mit Euen
und sagte endlich, durch Violas Schweigen bedrückt:

„Aber wollen Sie denn nicht ablegen, lieber Graf?
Ich denke, Sie haben heute weiter nichts vor."

Er lächelte. „Allerdings nicht, Baroneß, aber ich
wußte nicht, ob es mir gestattet sein würde zu bleiben."

Viola zuckte die Achseln. „Sie scheinen einer besonderen Einladung nicht zu bedürfen," sagte sie scharf,
„Sie hätten dieselbe sonst wohl früher einholen müssen."

Euen nickte. „Immerhin wünsche ich die Form zu
wahren."

„Richtig," entgegnete sie, „und da es nur gilt, einer
Form zu genügen, so sage ich auch in diesem Falle:
Willkommen!"

Er verbeugte sich. „Meinen unterthänigsten Dank,"
erwiderte er, „ich werde also so unbescheiden sein, zu
bleiben."

Tante Betty blickte erstaunt von einem zum andern.
„Aber meine liebe Viola," sagte sie tadelnd, „man sollte

wirklich nicht glauben, daß es dein künftiger Gatte ist,
mit dem du sprichst! Kannst du ihn denn nicht freund=
licher zum Bleiben auffordern? Jede andere Braut ist
unglücklich, wenn sie die Gesellschaft des geliebten Mannes
entbehrt, und du —"

Viola unterbrach sie. „Ich bitte dich," sagte sie
ungeduldig, „lege doch nicht jedes Wort auf die Wag=
schale. Ich bin ein wenig angegriffen, voilà tout. Wir
bleiben also zusammen, und Sie nehmen bei uns den
Thee, Graf Dietrich, gestatten Sie nur, daß ich mich
schnell ein wenig umziehe. Tante Betty leistet Ihnen
inzwischen Gesellschaft."

Er verbeugte sich nochmals, sah sie hinter der Portiere
verschwinden und warf sich seufzend in einen Sessel.
Tante Betty aber holte ihr Strickzeug, zwei immense
Holznadeln und viele weiße Wolle herbei, setzte sich zu
ihm und sagte bekümmert:

„Meine gute Viola, ich kenne sie gar nicht wieder.
Früher die Güte und Gelassenheit selbst, scheint sie mit
einem Male wie ausgetauscht zu sein, und ihre Reizbar=
keit nimmt mit jedem Tage noch zu."

Euen hörte aufmerksam zu. „Ich sollte meinen, nur
ich hätte zuweilen unter ihrer Ungnade zu leiden," sagte
er lächelnd.

„Nein, nein," erwiderte Tante Betty, „glauben Sie
mir, mein lieber Graf, es trifft uns alle! Viola ist
jetzt gar zu ungleich in ihrer Stimmung, beinahe launen=
haft möchte ich es nennen, und zwar von dem Tage an,
seit sie verlobt ist. Irgend etwas muß auf ihr lasten,

was sie quält und aufreibt, und wenn ich auch nicht weiß, was es ist, so sehe ich doch, daß sie unter dem Konflikte leidet."

Euen schien erschreckt und besorgt. „Seit unserer Verlobung?" sagte er. „Ich bitte Sie, Baroneß, was kann es sein?"

Sie schüttelte bekümmert das Haupt. „Ja, wer das wüßte!" meinte sie. „Die Sache kam etwas überraschend, Sie müssen das zugeben, und sie hat sich gegen mich nie ausgesprochen, aber wenn Sie nicht selbst ein so reicher, wohlsituierter Mann wären, würde ich beinahe glauben, ihre alten Zweifel hätten sie überkommen und sie vermöge an ein volles Glück nicht zu glauben."

„Ihre Zweifel?" fragte er. „Wollen Sie sich nicht etwas näher erklären?"

Tante Betty lächelte verlegen. „Gern," sagte sie, „wenigstens hoffe ich Ihnen gegenüber keine Indiskretion zu begehen, wenn ich über diese kleine Schwäche rede, haben wir doch alle unsere Fehler! Viola ist, wie Sie wissen, ein stolzes, verschlossenes, aber auch leidenschaftliches Geschöpf, das in seiner Jugend zu wenig Liebe genossen hat, um sich jetzt nicht danach zu sehnen, und nur scheinbar jede Gefühlsregung verdammt. Indessen geht mit dieser Sehnsucht ein gewisses Mißtrauen Hand in Hand. Wie viele auch um sie geworben haben, an die Reinheit ihrer Motive hat sie nie zu glauben vermocht und auch da, wo allem Anschein nach echte Nei=gung ihr entgegengebracht wurde, wollte sie von keinem Unterschied wissen. Sie unterschätzt eben die Macht und

Anziehungskraft ihrer Persönlichkeit vollkommen, und der Gedanke an ihren Reichtum lag bisher immer als Stein des Anstoßes auf ihrem Wege."

Er sah ernst aus und blickte nachdenklich vor sich hin. „Das war früher," sagte er langsam, „jetzt, wo wir verlobt sind und sie sich von der Echtheit meiner Gefühle überzeugt hat, muß denn doch wohl ein anderer Grund vorliegen."

„Freilich, freilich," ermutigte Tante Betty, „und da sie schon einmal so unglücklich war, wird es wohl nur allgemeine Furcht vor der Ehe sein. Sie hält ja sonst ungeheuer viel von Ihnen, und wenn es mir auch ein ewiges Rätsel bleiben wird, wie es Ihnen so schnell gelungen ist, ihr Jawort zu erlangen, so glaube ich doch, daß sie Ihnen dasselbe nie und nimmer gegeben hätte ohne ihre Liebe."

Graf Euen ging einige Male im Zimmer auf und nieder, dann wandte er sich wieder zu Tante Betty, blickte in ihr gutes, altes Gesicht, und ein schneller Entschluß blitzte in ihm auf. „Wollen Sie mir einen Gefallen thun, Baroneß?" sagte er bittend.

Erstaunt blickte sie auf. „Von Herzen gern."

„Und mir auch nicht zürnen, wenn ich Sie bitte, uns jetzt ein Stündchen allein zu lassen?"

„Gewiß nicht, lieber Graf, — nur — aber —"

Er kam ihr zu Hilfe. „Ich weiß," sagte er, „Viola selbst hat dem vorzubeugen gesucht, und Ihnen strenge Ordre gegeben, uns nicht zu verlassen, aber diesmal dürfen wir schon ein wenig rebellieren. Jedes Brautpaar zankt sich einmal und söhnt sich wieder aus. Auch zwischen uns bestehen augenblicklich kleine Differenzen, die an sich nichtig und nebensächlich, doch wie ein böser Mehltau unser Glück vergiften und leicht gehoben werden können, wenn es zu einer offenen Aussprache kommt. Sie werden daher meine Bitte begreifen und erfüllen, nicht wahr, Tante Betty?"

Wie eindringlich er sie dabei ansah, wie galant er ihre Hand zu küssen wußte, und welch ein eleganter, bildhübscher junger Mann er doch war! Nein, wahrlich, Viola hatte keine schlechte Wahl getroffen, und man mußte alles thun, um die Harmonie wieder herzustellen. In ihrem Eifer stand sie hastig auf, ließ die Wolle fallen, die er mit Lebensgefahr unter dem Sofa hervor= zog, und sagte ängstlich:

"Wenn ich nur wüßte, wie ich es anfangen soll! Ich möchte in mein Zimmer gehen und Briefe schreiben, oder mich auch umziehen, obgleich mein Kleid einfach genug ist, aber Viola würde mich dann gleich zurück= holen, und die Sache wäre so schlimmer als wie zuvor. Vielleicht gehe ich ein Stündchen spazieren."

"Bei dem Wetter?" lachte Euen. "Nein, Baroneß, da ist es doch einfacher, Sie bleiben im Hause und statten der Frau Geheimrätin einen Besuch ab."

"Natürlich," rief sie erfreut, "daß ich auch daran nicht gleich gedacht habe! Heute ist Mittwoch, da finde ich sie jedenfalls zu Hause," und Euen freundlich zu= nickend eilte sie aus dem Zimmer.

Er sah sich um in dem schönen, behaglichen Raume,

über dem bei aller Eleganz ein Hauch von Wärme und Gemütlichkeit schwebte, schürte das Feuer im Kamin, rückte die roten und weißen Lampenschirme zurecht, welche die grellen Lichtflammen zum lauschigen Halbdunkel herab= dämpften, betrachtete bald diesen, bald jenen Gegenstand und blickte erwartungsvoll nach der Thür, durch welche Viola eintreten sollte.

Sie ließ lange auf sich warten, und als sie endlich kam, war ihre erste Frage: „Nun, so allein? Wo ist Tante Betty?"

Euen nahte sich ihr mit spöttisch=demütiger Miene und sagte zerknirscht: „Ich mag ihr wohl zu langweilig geworden sein, meine Gnädigste, wenigstens fühlte sie das unabweisbare Bedürfnis nach anderer Gesellschaft und hat sich in höhere Sphären begeben, um sich an einem ästhetisch=musikalischen Erguß der Frau Geheim= rätin zu erquicken; sie will zum Thee wieder zurück sein."

Viola hatte nicht umsonst so lange Toilette gemacht; jetzt, da sie in den Lichtkreis der Lampe trat, konnte man es sehen. Ein hellgraues Kleid von indischem Kaschmir legte sich in weichen Falten um ihre schlanke Gestalt, der hohe, mit leichter Silberstickerei gezierte Stehkragen von schwarzem Sammet hob ihren herrlichen Teint noch mehr hervor, und ein winziges, gleichartiges Häubchen, mit silbernen Nadeln befestigt, ruhte kokett auf dem duftigen Haar. Ja, sie sah sehr reizend aus in dieser schlichten, häuslichen Gewandung, weniger unnahbar und ein wenig echauffiert, und Graf Euen schien den Zauber ihrer Persönlichkeit in diesem Augenblick sehr

lebhaft zu empfinden. Wenigstens betrachtete er sie mit
bewundernden Blicken, und sie hatte einen Anflug von
Befangenheit zu überwinden, als sie, sich anmutig in
einen Sessel schmiegend, jetzt sagte:

„Also bei Lilies ist Tante Betty, und Sie selbst
haben sie natürlich hinaufgeschickt. Das ist ja eine nette
Überraschung! Wenn ich nun auch das unabweisbare
Bedürfnis nach anderer Gesellschaft in mir verspürte
und plötzlich fortginge, wie dann, mein sehr kluger und
verehrter Graf Euen?"

„Meine Gnädigste," bat er, „ich hoffe, Sie werden
so grausam nicht sein, zumal Sie heute noch viel gut
zu machen haben!"

„Ich?" sie zuckte die Achseln. „Nun, ganz wie Sie
wollen, Sie sind jedenfalls für die nächste halbe Stunde
vom Dienst dispensiert."

„Wie?" sagte er erschreckt. „Sie verbannen mich
aus Ihrer Nähe?"

Sie schüttelte den Kopf. „Das nicht, aber Sie
brauchen sich keine Mühe zu geben, mich zu unterhalten.
Sie sehen ja — wir sind allein."

„Und darum?"

„Können wir die unbequeme Maske fallen lassen."

Er neigte sich zu ihr. „Meine Verehrung für Sie
ist keine Maske," sagte er ernsthaft. Aber sie lachte
ihn aus.

„Mein lieber Graf," sagte sie, „Ihre Höflichkeit
führt Sie zu weit. Über die Opfer, welche Sie unserer
eigentümlichen Lage bringen, haben Sie mich ja gleich

anfangs gründlich unterrichtet, und Ihre Passionen liegen in so anderer Richtung, daß wir einander wirklich nicht zu genieren brauchen. Im Gegenteil, freuen wir uns der knapp bemessenen Augenblicke unserer Freiheit und lassen wie alle Phrasen beiseite. Sie sehen, ich habe meine Arbeit und einige Briefe, hier sind Zeitungen und Journale, und wenn Sie wollen, können Sie auch eine Cigarette rauchen."

Graf Euen biß sich auf die Lippen, aber er sagte kein Wort. Er setzte sich nur ihr gegenüber, nahm sein Etui heraus, rollte sich eine Cigarette und setzte sie in Brand. Erst nachdem er eine Weile schweigend geraucht, blickte er durch die blauen Ringel zu ihr hinüber, schlug mit der schlanken Hand den Rauch zur Seite und sagte lächelnd:

„Sie sehen, gnädige Frau, ich mache von Ihrer Güte Gebrauch, aber glauben Sie wirklich, ich könnte ungalant genug sein, in Ihrer Gegenwart zu lesen? Nein, Sie werden mir eine solche Verleugnung aller guten Sitte nicht zumuten wollen, und da Sie sich bei Ihrer Arbeit auch nur die Augen verderben, das Licht ist viel zu unsicher für eine feine Stickerei, so gestatten Sie mir vielleicht doch, mit Ihnen ein wenig zu plaudern."

Sie ließ die Hände in den Schoß sinken und sah ihn unsicher an. „Haben Sie ein interessantes Thema, Graf?" fragte sie mit erkünstelter Gleichgültigkeit.

„Gewiß," erwiderte er, „ich weiß nur nicht, ob es Ihren Beifall haben würde. Also reden wir von etwas anderem — sagen wir: von Politik!"

Sie warf den Kopf zurück. „Ich hasse alle Politik, sie verdirbt den Charakter."

„Ja," sagte er, „ich will das nicht leugnen. Politik ist nichts anderes als eine Art von Krieg, ein fortdauerndes Rekognoszieren, Erspähen, Kämpfen und Überlisten, und im Krieg wie in der Liebe sind alle Mittel erlaubt."

„Ein gefährlicher Grundsatz!"

„Der einzig richtige!"

„In der Politik vielleicht."

„In der Liebe nicht minder; hier wie dort entscheidet der Erfolg."

Sie sah ihn mit kaltem Lächeln an. „Mein lieber Graf," sagte sie, „wie Sie über dergleichen Dinge denken, ist mir bekannt, aber ich kann mich Ihrer Auffassung beim besten Willen nicht anschließen. Für mich existiert noch der Begriff von Schuld und Sühne, und ich bin überzeugt, man mag noch so klug und vorsichtig zu Werke gehen, es wird jedes gewagte Mittel doch mit der Zeit sich rächen!"

„Nur an dem, der das Ziel verfehlt," gab er zu. „Jeder andere wird es großmütig verzeihen, und unser Urteil immer mehr oder weniger beeinflußt werden durch die Bewunderung, die wir dem Sieger zollen."

„Vorausgesetzt, daß wir nicht selbst die Besiegten sind."

„Er schob seinen Sessel etwas näher an sie heran und sagte weich: „Es ist mitunter süß, zu unterliegen."

„Meinen Sie?" entgegnete sie hart. „Nun, die

Menschen empfinden eben verschieden; ich würde den=
jenigen hassen, der mich schwach gesehen."

Er schüttelte den Kopf. „Ein unnatürlicher Stand=
punkt für eine Frau! In ihrer Schwachheit liegt des
Weibes Macht, sie endigt, wo die Gleichberechtigung
mit dem Manne beginnt."

Sie lachte. „Sie sind wohl bei Onkel Adam in die
Schule gegangen?" fragte sie spöttisch. „Im übrigen
beruhigen Sie sich, lieber Graf, ich hege keine Emanzi=
pationsgelüste."

„Wirklich nicht?" meinte er forschend. „Auch nicht
insofern, als Sie sich jedem fremden Einfluß zu ent=
ziehen suchen? Mir will es manchmal scheinen, als
bestände Ihr ganzes Wesen in einer Art von Abwehr,
die sich oft bis zur Schroffheit steigert und im allge=
meinen ein ganz falsches Bild von Ihrem Charakter
gibt."

Sie machte eine ungeduldige Bewegung. „Woher
wissen Sie denn, daß es falsch ist?" sagte sie herb.
„Mir deucht, Sie könnten darüber noch nicht entscheiden."

„Doch, doch," erwiderte er eifrig, „wenn auch nur
durch eine Art von Intuition. Ich weiß immer ziemlich
genau, was Sie denken."

„Ah, wirklich!" Sie nahm in der Zerstreutheit die
Blumen vom Tisch, drückte ihr Antlitz aufatmend hinein
und zog dann Blüte um Blüte aus dem duftigen Strauß,
um sie mit ihren rosigen Fingerspitzen erbarmungslos
zu entblättern. Graf Euen aber, der sie fortwährend
beobachtete, fuhr scheinbar ganz ruhig fort:

„Zwei Strömungen bekämpfen sich in Ihrer Seele! Sie haben alle Anlage, eine gute und glückliche Frau zu sein, aber Sie verschließen sich absichtlich gegen jede weichere Regung und verhalten sich ablehnend nach jeder Richtung hin. Sogar meine Blumen finden keine Gnade vor Ihren Augen."

„Ah!" sagte sie, „ist es das?" und schob die Blumen achtlos in eine Schale. „Nun, gar so groß ist das Verbrechen wohl nicht, Sie haben dieselben ja weder selbst gepflanzt noch selbst gepflückt."

„Das ist wohl bei keinem der Fall, der sie zum Träger seiner Gedanken und Empfindungen macht," sagte er gereizt und warf den Rest seiner Cigarrette in den Kamin; „und doch erfüllen sie meist ihren Zweck."

Sie lächelte ironisch. „Sie vergessen nur eins, lieber Graf: Umstände verändern die Sache. Bei Ihnen ist diese duftige Spende nur das Aushängeschild für eine fingierte Position, und als solches kann es mir unmöglich viel Eindruck machen."

„Als ob das überhaupt so leicht wäre!" sagte er bitter. „Ich habe bisher nur einen Menschen gesehen, dem dies in kürzester Frist gelungen ist, und dieser eine ist Professor Lahnstein."

Sie entfernte ein Fädchen von der Lehne ihres Sessels und blickte eifrig darauf hin, um den Strahl der Freude zu verbergen, der aus ihren Augen brach, aber sie konnte es nicht verhindern, daß ein hellerer Klang durch ihre Stimme bebte und ihr ganzes Wesen weicher und liebenswürdiger erschien in demselben Maße als Euens gute Laune sich zu verlieren drohte.

„So?" meinte sie nachlässig. „Also Sie haben das auch bemerkt? Nun, ich kann und will es nicht leugnen, nur daß Sie der Macht des Augenblickes zuschreiben, was in der Vergangenheit bereits begründet war. Lahnstein ist ein eigenartiger und bedeutender Mensch, der mir schon in Rom angenehm auffiel, und wenn das Interesse, das ich an ihm nehme, den Eindruck einer impulsiven Eingebung machte, so müssen Sie das der freudigen Überraschung eines unerwarteten Wiedersehens zu gute halten."

Euen blickte finster zu ihr hinüber. „Gewiß," erwiderte er, „die Erinnerung an die Vergangenheit mag in diesem Falle nicht wenig dazu beitragen, die nüchterne Gegenwart zu verklären, und der berühmten Prinzeß Turandot steht es vollkommen frei, diese ihre Empfindungen in unbeschränktester Weise zum Ausdruck zu bringen; von der Frau aber, welche vor der Welt wenigstens die Ehre hat, meine Braut zu sein, wäre ein weniger rückhaltloses Eingehen auf die Intentionen dieses interessanten Fremden wünschenswerter, angemessener und auch taktvoller gewesen."

Sie richtete sich jäh empor. „Wie können Sie es wagen, mir solche Vorschriften zu machen?" sagte sie heftig. „Ich habe Sie nicht zu meinem Richter bestellt."

„Nein, gnädige Frau, aber so lange unsere Beziehungen bestehen, haben Sie auf mich Rücksicht zu nehmen. Mögen Ihre Motive sein, welche sie wollen, ich wünsche nicht zum Gespött der Leute zu dienen, und auch Ihr eigenes Renommée dürfte durch diese scheinbare Vielseitigkeit kaum gewinnen."

„Ha!" sagte sie aufspringend, „das Bewußtsein der Lüge, der ewige Zwang irritiert meine Nerven, — ich möchte das Netz zerreißen, das mich umfängt."

„Trotzdem," sagte er ernst, „müssen Sie sich beherrschen, müssen bis zu einem gewissen Grade Ihre persönlichen Neigungen zum Opfer bringen. Sie haben sonst die Verantwortung zu tragen, wenn die Sache mißlingt."

„Nun," meinte sie, „ich bin darin doch anderer Ansicht; was dem einen recht ist, ist dem anderen billig. Sie wollen mir Vorwürfe machen? Sie, der sie zuweilen, wie heute morgen z. B., nur Sinn und Augen haben für eine andere und, trotz allem, was vorgegangen ist, mit Thesch, einer verheirateten Frau, verkehren, als wäre sie ein junges Mädchen, deren Hand noch frei ist? Nein, mein gestrenger Herr, ich bin nicht blind, und wenn auch die Augenblicke, in denen Sie mir die Nichtigkeit unserer Beziehungen so recht zum Bewußtsein bringen, klug gewählt sind und weder die Welt noch Excellenz Randowitz zum Zeugen haben, so genügen sie mir doch, um auch mein Gewissen vor allzugroßer Ängstlichkeit zu bewahren, und mein ganzes Verbrechen besteht nur darin, daß ich ehrlicher und aufrichtiger bin als Sie!"

Sie hatte in immer steigender Erregung und Bitterkeit gesprochen, und man hätte meinen sollen, Euen würde entweder heftig empört oder tief zerknirscht sein. Aber

nichts von alledem geschah. Im Gegenteil, sein Groll
schien mit einem Male verflogen zu sein, sein ganzes
Wesen wohlthuend verwandelt, und auf die Zürnende
zueilend, sagte er froh, mit leuchtenden Augen:

„Also das war es nur? Sie wollten sich rächen,
Sie waren eifersüchtig, Viola!"

Einen Moment blickte sie in sein schönes, vor Aufregung gerötetes Gesicht und schien um eine Antwort
verlegen, dann aber gewann der alte Stolz wieder die
Oberhand und, sich steif und befremdet zurücklehnend,
sagte sie kühl:

„Mein lieber Graf, Sie vergessen bei Ihrer Anrede,
daß wir allein sind, — und eifersüchtig, wie wäre das
möglich? Eifersucht ist doch erst die Folge einer anderen
Empfindung, und da diese Prämisse bei uns gänzlich
fehlt, so scheint mir Ihre Annahme nicht ganz logisch."

Er ging ein paarmal im Zimmer auf und nieder,
wollte etwas entgegnen und schwieg doch wieder, dann
trat er, seiner Braut den Rücken wendend, vor ein Bild,
das er schon längst kannte, und betrachtete es, ohne etwas
zu sehen. Auch Viola blieb eine Weile stumm, dann
aber, sich sagend, daß sie in ihrer Schroffheit zu weit
gegangen und vielleicht jetzt schon der Augenblick ihres
Triumphes herannahe, preßte sie die Hand auf ihr wild
klopfendes Herz und sagte mit scheinbarer Ruhe: „Nun,
Sie sind ja mit einem Male so still, Graf Euen? Sie
armer Mann, ich glaube gar, ich langweile Sie!"

Er wandte sich langsam um und sah sie an. „Nein,"
sagte er ruhig, es gibt Dinge, welche diese Möglichkeit

ausschließen. Sie langweilen mich nicht, Sie quälen mich, gnädige Frau!"

Sie wurde mit einem Male wieder sehr liebens=würdig. „Aber, mein lieber Graf," sagte sie mit ihrem leisen, melodischen Lachen, „bedenken Sie nur, wie wäre das möglich? Unsere heutige kleine Debatte ausgenommen, habe ich mich doch redlich bemüht, Ihre Wünsche zu er=füllen, Ihren Instruktionen zu folgen. Ich glaubte, mir ein Anrecht auf Ihre Anerkennung erworben zu haben, und statt dessen erheben Sie eine schwere Anklage gegen mich!"

Er seufzte. „Es mag unrecht sein," meinte er, „ich gebe das zu, aber was wollen Sie, gnädige Frau, auch die Dankbarkeit gehört nicht zu meinen guten Eigen=schaften."

„Sie ist doch sonst die Signatur einer edlen Seele."

Er lächelte mühsam. „Auf eine solche kann ich dann allerdings keinen Anspruch machen," sagte er bitter, „ich würde es sonst vielleicht auch als besonders wohlthuend empfinden, wenn Sie mich schlecht behandeln, meine Gnädigste."

„Als ob ich das jemals gewagt hätte," sagte sie mit heuchlerischer Demut, „ich bin ja nichts als Ihre Sklavin, Ihre gehorsame Braut, die dem leisesten Ihrer Winke gehorcht und in stummer Bewunderung zu Ihnen auf=sieht."

Er stampfte mit dem Fuß auf, seine Selbstbeherrschung drohte ihn zu verlassen.

„Und was bin ich?" fragte er grollend. „Ein willen=

loſes Spielzeug in Ihrer Hand, ein Kind, das bald
Zuckerwerk, bald Schläge bekommt und mit allem zu=
frieden ſein muß, was man ihm bietet. Aber ich werde
das nicht länger ertragen, ich werde dieſen Qualen ein
ſchnelles Ende bereiten — Viola — gnädige Frau —
ich wollte, ich könnte — — —"

Er hatte haſtig, in tiefer, leidenſchaftlicher Bewegung
geſprochen, faßte ihre Hände mit ſchmerzhaftem Druck
und zog ſie ſtürmiſch näher an ſich, aber ſie verlor kein
Atom ihrer Ruhe, blickte mit einem ſonnigen Lächeln
und ſchimmernden Augen in ſein dunkles, ſeltſam erregtes
Geſicht und ſagte erwartungsvoll, einſchmeichelnd, be=
fangen:

„Nun, was wollten Sie denn, Graf Dietrich Euen?"

Er bewegte die Lippen, aber es war etwas in ihrem
Weſen, das ihn warnte, etwas grauſam Triumphierendes,
das ihn zurückſchrecken und verſtummen machte; er kam
zur Beſinnung, ließ ihre Hände ſinken, trat einen Schritt
zurück und ſagte, wie aus einem ſchweren Traume er=
wachend:

„Ich wollte, Ihre Baroneß Tante käme nach Hauſe!"

Viola war enttäuſcht, empört. So nahe hatte ſie
ſchon den Sieg geglaubt, und nun war er ihr wieder
entwunden, verſchoben. Sollte dieſer aufreibende Kampf
noch lange dauern, würde ihre Kraft ausreichen, ihn zu
Ende zu führen? Eine doppelte Rolle ſpielen müſſen,
es war zu viel! Sie wurde mit einem Mal blaß,
ſchloß ermüdet die Augen und ſagte ſo, in ihren Stuhl
zurückgelehnt, wie in einem Anfall körperlicher Schwäche:

„Tante Betty? Ja, Sie haben recht, ich war so thöricht zu glauben, Sie selbst hätten sie entfernt! Aber dann wäre es wirklich besser, Sie nähmen die Zeitung — wir haben einander nichts mehr zu sagen, und die Zeit wird Ihnen so schneller vergehen."

Dreizehntes Kapitel.

Als eine Viertelstunde später Onkel Adam im Salon erschien, bot sich ihm ein so sonderbares Bild, daß er überrascht auf der Schwelle stehen blieb. Euen und Viola saßen bei derselben Lampe, aber in auffälliger Weise voneinander abgewandt da, jeder mit einer Zeitung bewaffnet, und schienen so eifrig zu lesen, daß sie den Eintretenden gar nicht bemerkten. Tschalrey blickte erstaunt von einem zum anderen, beobachtete den kalten fast trotzigen Ausdruck ihrer Mienen und sagte endlich:

„Na, das muß ich sagen, das ist ja eine recht seltsame Situation für ein liebendes Paar! Just als wenn ihr schon zehn Jahre verheiratet wäret! Was studierst du denn da so eifrig in Gegenwart deiner Braut, mein guter Dietrich? Die Börsenkurse? Eine trockene Lektüre, an der du hoffentlich kein näheres Interesse nimmst, sie kann sonst auch aufregend wirken." .

Euen war erschreckt emporgefahren, als er seinen Onkel so plötzlich neben sich sah, und Viola murmelte ein „unerträglich". Zugleich fühlte sie aber auch, daß durch die Anwesenheit eines dritten der Bann wieder von ihr genommen sei, und sich ihrer Rolle erinnernd, sagte sie liebenswürdig:

„Willkommen, Herr von Tschalrey! Eine sonderbare
Unterhaltung, nicht wahr? Aber wir sind heute den
ganzen Tag zusammengewesen, und Graf Dietrich wollte
einen Blick in das Mittagsblatt thun, was blieb mir
da übrig, als auch eine Zeitung zu nehmen, um ihn
nicht zu genieren?"

Onkel Adam blickte sie mißtrauisch an. „Ah, meine
Gnädigste," sagte er, „war es wirklich nichts anderes?"
und zu Euen gewandt, fuhr er ängstlich fort: „Hat man
dich gekränkt, beleidigt, dir wehe gethan? Du bist, scheint
mir, verstimmt und zerstreut."

Der Graf nahm sich ernstlich zusammen. „Ich verstimmt?" lachte er etwas gezwungen. „Ich bitte dich,
Onkel, ich bin der glücklichste Mensch von der Welt!"

„Hm, — ich muß sagen, du siehst nicht so aus!"

Euen wurde ungeduldig. „Parbleu," sagte er, „du
thust ja gerade, als wäre ich noch ein dummer Junge;
man kann doch auch einmal ernst aussehen, ohne einen
besonderen Grund zu haben. Bin ich denn zu einer
steten Seligkeitsgrimasse verurteilt?"

Onkel Adam lächelte. „Mein lieber Freund," sagte
er, „deine unmotivierte Gereiztheit beweist mir am besten,
wie richtig meine Vermutungen sind; es hat gewiß ein
kleines Zerwürfnis gegeben," und zu Viola gewandt,
fügte er ernsthaft hinzu: „Gnädige Frau, Sie können
mich jetzt und für immer mit einem Wort beruhigen!
Sie sind seine erklärte Braut, sagen Sie mir, ich bitte
Sie inständigst, lieben Sie meinen Neffen wirklich und

wahrhaftig, lieben Sie ihn so, wie eine Frau ihren erwählten Gatten lieben soll und muß?"

In Violas Augen blitzte es zornig und ungeduldig
auf, aber nur einen Augenblick, dann fand sie die so
nötige Selbstbeherrschung wieder, blickte lächelnd auf
Euen, der sie erwartungsvoll ansah, und halb schelmisch,
halb verlegen klang es, als sie endlich sagte: „Mein
lieber Onkel Adam, welch eine Frage! So etwas ge-
steht man doch nur dem Betreffenden selbst, und auch
das nur, wenn man allein ist!"

Der glückliche Bräutigam aber wandte sein Antlitz
zur Seite, und Tschalrey hörte, wie er mit einem Anflug von Bitterkeit seufzte: „Ach ja, Onkel Adam, wenn
man allein ist!"

In diesem kritischen Moment erschien als patentierter
Friedensengel Tante Betty und hinter ihr Evchen Lilie,
die Viola in diesem Augenblick schon sehnlichst herbei-
gewünscht hatte. Bei ihrem Anblick erhellte sich auch
sogleich das Antlitz des Großinquisitors, wie Euen ihn
in seinem Herzen nannte, und seine Befriedigung nahm
noch zu, als er hörte, die Geheimrätin bäte die Herrschaften, den Thee oben bei ihr zu nehmen. Die Unterhaltung wurde unbefangener und allgemeiner, unter
Scherzen und Lachen ging man hinauf, und als man
sich in dem kleinen Speisesaal an den reichbesetzten und
hübsch arrangierten Theetisch niederließ, wurde die Stimmung immer animierter. Tschalrey saß neben der liebenswürdigen Wirtin und wurde von ihr besonders ausgezeichnet. Erst jetzt hatte sie gehört, daß er Schriftsteller,

ja sogar Dichter sei, und von diesem Augenblick an
war er für sie ein anderer Mensch. Während sie es
sich aber angelegen sein ließ, einen Nimbus um sein
Haupt zu weben, war er unvorsichtig genug, denselben
wieder zu zerstören, und nur dem Umstande, daß die
Geheimrätin seinen eigenen Worten nicht glaubte, hatte
er es zu verdanken, daß sie ihn nicht als einen dem
modernen Materialismus rettungslos Anheimgefallenen
verachtete.

„Mein lieber Herr von Tschalrey," sagte sie zu ihm,
„wie sehr habe ich bedauert, erst jetzt von Ihrem wahren
Beruf, Ihrer hohen Begabung zu hören! Ihr Pseudonym
ist mir wohl bekannt, und wenn ich Ihre Werke auch
nicht selbst gelesen, — Sie wissen, zu dergleichen fehlt
mir leider die Zeit, — so weiß ich doch, daß sie den
Stempel des Genius tragen und aus dem unerschöpf=
lichen Quell einer reichen Phantasie hervorgeströmt sind."

Tschalrey lächelte. „Frau Geheimrätin sind sehr
gnädig," sagte er, „aber Sie überschätzen mein geringes
Talent."

„Nein," sagte sie eifrig, „das thue ich nicht, und
Sie müssen mir schon gestatten, einen Blick in die geistige
Werkstatt Ihres Schaffens zu thun. Sind Sie nicht
beseligt, in dieser idealen Weise arbeiten zu können,
drängt es Sie nicht unaufhörlich zu einer neuen Offen=
barung Ihrer Ideen, vermag Ihre Feder dem Fluge
Ihrer Gedanken zu folgen? O, ich denke es mir schön
und erhaben, nur den höheren Eingebungen einer gott=
begnadeten Natur zu lauschen und verstehe vollkommen,

wie die Anforderungen des profanen Lebens Sie lang= weilen und belästigen mögen."

Onkel Adam nahm mit großer Ruhe ein Stück Gänseleber in Aspic, übergoß es mit Remouladensauce, kostete, wischte sich den langen Schnurrbart energisch mit der winzig kleinen Serviette ab und wandte sich dann erst höflich an seine Nachbarin.

„Ich bedaure, Ihre Illusionen zerstören zu müssen," sagte er gut gelaunt, „aber Sie haben wirklich eine ganz falsche Auffassung von diesen Dingen, Frau Ge= heimrätin, wenigstens so weit meine Persönlichkeit dabei in Betracht kommt. Man sagt es, und ich gebe es zu, daß ich ein gewisses Maß litterarischer Begabung besitze und über eine scharfe Feder verfüge, auch kann ich nicht leugnen, daß es Augenblicke gibt, wo ich am Arbeiten Freude habe; der Hauptzug meines Charakters aber ist Trägheit und Genußsucht, und beide muß ich überwinden, wenn ich mich an den Schreibtisch setze."

Die Geheimrätin schlug entsetzt die Hände zusammen. „Mein lieber Herr von Tschalrey," sagte sie erregt, „Sie verleumden sich selbst!"

„Kaum," meinte er ruhig, „ich bin mir nur klar über meine Fehler und das Maß meines Könnens, und überzeugt, wenn keine Notwendigkeit vorläge, rührte ich keine Feder an. Ich schreibe immer nur dann, wenn meiner Kasse eine vorzeitige Ebbe droht."

„Aber Ihr Schaffensdrang, Ihre produktive Phan= tasie," wagte sie einzuschalten.

„Hat mich noch nie belästigt," ergänzte er mit Ruhe.

„Ideen hat man wohl, o ja, vielleicht mehr als gut ist, aber sie in Worte kleiden und in der richtigen Form zu Papier bringen, ist ein ander Ding und ein ehrlich Stück Arbeit, so gut wie Holzhacken oder Steine klopfen."

Evchen lachte über diese drastische Schilderung, die Geheimrätin aber wandte die Augen gen Himmel und sagte ungläubig:

„Solche Vergleiche! Und Sie wollen mir wirklich weiß machen, die Freude über eine gelungene Skizze, eine gute Kritik Ihrer Werke sei für Sie nicht das höchste der Gefühle?"

„Ich bedaure," sagte er heiter, „aber ein Souper wie dieses hier, ein gutes Glas Wein und ein bequemer Lehnstuhl sind mir entschieden noch lieber!"

Nach Tisch zeigte er sich sehr animiert, zog ein Etui aus der Tasche, überreichte es Viola und sagte, ein wenig ironisch lächelnd: „Meine liebe Nichte in spe, da Sie das Bildnis meines Neffen verschmähen, wahrscheinlich, weil es Ihnen nicht hübsch genug ist, habe ich mir er= laubt, Ihnen ein anderes mitzubringen, das Sie an= nehmen und dem alten Onkel zuliebe hoffentlich tragen werden. Wollen Sie die Güte haben, zu öffnen?"

Der Deckel sprang auf und eine wundervolle Kamee in antiker Fassung, auf dunklem Sammet gebettet, wurde sichtbar, bei deren Anblick Viola heftig errötete. Denn das feine und doch kühne Profil des schönen Kopfes, das da so plastisch vor ihr ruhte, war doch dasjenige des Grafen Euen, das Tschalrey nach einer gelungenen Photographie hatte schneiden lassen, und an eine Ab=

lehnung in diesem Augenblick gar nicht zu denken. Ehe die arme Braut aber die nötige Fassung zu einer Erwiderung fand, drängten sich die anderen Damen mit lebhaften Achs und Os der Bewunderung um das schöne Schmuckstück, und Euen selbst blickte ihr neugierig über die Schulter.

„Arme Viola," flüsterte er dicht an ihrem Ohr, „wie schwer müssen Sie doch für andere büßen und wie leicht könnten Sie jetzt aus der Rolle fallen! Aber nein, Sie müssen das Ding nicht nur behalten, Sie müssen es auch noch schätzen und tragen und Onkel Adam den gebührenden Dank nicht vorenthalten. Das ist bitter, sehr bitter, nicht wahr, Violetta?"

Sie hörte ihn schon nicht mehr. Mit einem Zug sanfter Freude in ihrem schönen, stolzen Gesicht streckte sie Tschalrey beide Hände entgegen, und nichts Gezwungenes war mehr in ihrer Stimme, als sie warm und herzlich sagte: „Wie gut Sie sind, Onkel Adam, und wie reizend Sie zu strafen wissen! Ja, Sie haben recht, um Ihretwillen werde ich das Bildnis tragen, und wenn Sie wieder einmal so böse Zweifel überkommen wie vorhin, so soll es der Talisman sein, der mich vor Ihren Fragen schützt."

Tschalrey lächelte befriedigt, Euen rief „Bravo, meine kluge Viola," und Tante Betty zerdrückte eine Thräne der Rührung, Evchen aber hing sich lächelnd an Tschalreys Arm, und ihm ins Gesicht sehend sagte sie schelmisch: „Und ihrer kleinen Freundin haben Sie gar nichts mitgebracht, Sie böser Onkel Adam?"

„Wollen wir denn etwas, kleine Lilie?" fragte er launig und sah sie herausfordernd an, „können wir als echte Eva nicht sehen, wenn andere Leute etwas bekommen?" und mit den großen Händen in die weiten Taschen seines Rockes niedertauchend, brachte er ein zweites Etui zum Vorschein, zwar eben so elegant, aber kleiner, zierlicher als das andere. Evchen entriß es ihm, schaute hinein und stieß einen Schrei des Entzückens aus. Dann eilte sie zu ihrer Mutter, und ihr das Kleinod zeigend, sagte sie stürmisch: „O bitte, Mama, erlaube, daß ich ihn behalte, sieh nur, wie reizend er ist, und wie gut er mir paßt," und sie schob den zierlichen Ring mit dem länglichen Schild auf den Goldfinger der linken Hand und betrachtete ihn mit leuchtenden Blicken.

Die Geheimrätin blickte bald auf ihr Kind, bald auf den weißköpfigen Mann mit dem ernsten, fast strengen Gesicht in der Mitte des Zimmers, sah die lächelnden, zustimmenden Mienen der anderen und sagte zögernd: „Mein liebes Kind, Herr von Tschalrey ist sehr gütig, aber ich weiß wirklich nicht, ob ich das gestatten darf. Ein so kostbares Geschenk von einem fremden Herrn —"

Evchen lachte hell auf. „Aber Mama," sagte sie, „Onkel Adam ist doch kein fremder Herr, und wenn ich auch nicht gerade seinen Neffen heirate, wer weiß, ob ich nicht noch einmal nahe, ganz nahe mit ihm verwandt sein werde. Da ist es besser, ich habe gleich etwas praenumerando," und auf ihn zueilend fügte sie hinzu: „Onkel Adam, Sie sind ein reizender Mensch, und

ich muß Ihnen heute ganz besonders danken! Wollen
Sie einen Kuß? — Ja? — Den sollen Sie haben!"
und sich auf den Zehenspitzen emporhebend bot sie ihm,
unbefangen wie ein Kind, die frischen Lippen dar. Das
alles kam so schnell und natürlich, daß zu Bedenken und
Einwendungen gar keine Zeit blieb, und schon neigte er
sich herab, um den süßen Lohn in Empfang zu nehmen,
als sie, seinem Blick begegnend, plötzlich die Augen nieder=
schlug, sich errötend losmachte und mit einer halblauten
Entschuldigung aus dem Zimmer stürmte.

Alle blickten ihr halb erstaunt, halb belustigt nach,
Tschalvey aber schien weder verletzt noch enttäuscht, nur
ein melancholisches Lächeln glitt wie ein Schatten über
sein dunkles Antlitz, und er begann von etwas anderem
zu reden. Als der kleine Vorfall aber vergessen schien,
und die Geheimrätin mit ihrer immer noch schönen
Stimme einige schmelzende Lieder sang, betrachtete er
einige Bilder in der Nähe der Thür und schlich dann
unbemerkt ins Nebenzimmer, um zu sehen, wo Evchen
bleibe.

Da saß sie denn im Dunkeln auf dem Fensterbrett,
nur beleuchtet von dem Lichte der Gaslaternen, das von
außen hereinschien, und wandte ihm ein paar große,
vorwurfsvolle, feucht schimmernde Augen zu.

„O, wie schlecht Sie sind," sagte sie mit leiser, halb=
erstickter Stimme, „wie schlecht, Onkel Adam! Ich
glaubte immer, Sie wären der beste Mensch von der
Welt, trotz allem, was Sie sagen mögen, und nun weiß
ich es, Sie haben mich doch getäuscht!"

Er mußte ein sehr gutes Gewissen haben, denn er fühlte sich scheinbar nicht im mindesten getroffen und ließ die Anklage ruhig über sich ergehen. Er nahm nur behutsam ihren blonden Kopf zwischen seine großen Hände, wandte ihr süßes junges Gesicht dem Lichtschein zu und sagte ruhig: „In wiefern, kleine Lilie, wenn ich fragen darf?

„Sie haben mich und uns alle in dem Glauben bestärkt, Sie seien alt, ganz alt," schmollte sie, „und nun mit einem Male ist es gar nicht wahr."

Er lachte. „Woher wissen Sie denn das plötzlich so genau?" fragte er belustigt.

„O," stammelte sie, „vorhin — da — Sie waren plötzlich so verändert, besonders Ihre Augen — und ich schämte mich so, und nun bin ich ganz, ganz böse auf Sie!"

„Habe ich denn jemals von meinem Alter gesprochen?" fragte er. „Und wenn ich wirklich jünger wäre als meine Erfahrungen und meine weißen Haare, ein Familienerbteil, mich erscheinen lassen, was geht das Sie an, my little one? Können wir nicht gute Freunde sein nach wie vor?"

Sie schüttelte sehr energisch den Kopf. „Nein, o nein," sagte sie befangen, „das ist nun vorbei für immer."

„Und weshalb, kleine Lilie?"

„Weil —" sie stockte. „O, Sie wissen ganz gut, was ich meine," sagte sie dann hastig. „Ich werde Sie jetzt nicht mehr Onkel Adam nennen, und ich kann Ihnen auch nicht mehr sagen, wie mir ums Herz ist, — ich hätte es überhaupt nie gethan, wenn ich gewußt hätte, daß Sie kein alter, sondern ein ganz junger Mann sind!"

„Ich bin vierzig Jahre alt," lächelte er, „also, wenn auch kein Greis, so doch weder jung noch gefährlich, und ein konzessionierter Weiberfeind außerdem. Sie brauchen sich mithin vor mir nicht zu fürchten, Kleine!"

„Fürchten?" sie warf trotzig das Köpfchen zurück. „O nein, ich fürchte mich auch gar nicht! Im Gegenteil, ich habe keinen Respekt mehr vor Ihnen, und wenn Sie wirklich ein so großer Weiberfeind sind, so ist es am besten, Sie kümmern sich nicht mehr um mich. Ich gehöre ja auch zu dem geschmähten Geschlecht."

„Aber den Ring werden Sie doch behalten?"

Sie erschrak und betrachtete ihre linke Hand. „Den Ring? Ach, den hatte ich ganz vergessen, über — über Ihren Augen — Onkel Adam!"

„Nun, und was stand in den Augen?" Er beugte sich forschend zu ihr herab.

„Ich weiß es nicht," stammelte sie nun wieder befangen, und vermied es, ihn anzusehen, „aber den Ring will ich Ihnen doch lieber zurückgeben — er ist zu kostbar für mich als ein Spielzeug — und sonst —" sie stockte.

„Ich denke, Sie tragen ihn zur Erinnerung an frohe Stunden, die wir gemeinsam verlebt, kleine Lilie," sagte er heiter, „und wenn ich fort bin, denken Sie an mich."

„Fort?" sagte sie ängstlich. „Sie wollen fort — Onkel Adam?"

„Nun," tröstete er, „heute oder morgen nicht; aber

in einigen Wochen doch jedenfalls. Sie wissen ja, ich bin ein unruhiger Gast und habe keine Heimat."

Sie wurde nachdenklich. „Ach, nehmen Sie mich mit," sagte sie plötzlich, „wir kaufen uns eine schöne Jacht und fahren zusammen um die Welt! Wie schön, wie schön würde das sein!"

„Meinen Sie?" fragte er lächelnd. „Immer allein mit einem mürrischen alten Gesellen wie ich bin?"

Sie schüttelte energisch das Haupt. „Sie sind nicht mürrisch," sagte sie, „Sie sind nur unglücklich, sonst aber ein lieber, guter, prächtiger Mensch, und viel, viel besser, als Sie sich den Anschein geben wollen."

„So?" sagte er amüsiert. „Da sieht man wieder einmal die Hinfälligkeit aller weiblichen Logik! Vorhin hielten Sie mir eine Strafpredigt und meinten, ich sei ein ganz schlechter Kerl und jetzt —"

„Jetzt sind Sie es noch, wenn Sie mich so in die Enge treiben," schmollte sie bittend. „Da haben Sie Ihren Ring, und nun wollen wir zu den anderen gehen."

Er hielt sie noch einen Augenblick zurück. „Wollen Sie mir nicht vorher noch sagen, als was Sie mich begleiten möchten, kleine Lilie? Vielleicht arrangiert sich die Sache."

„Als Ihre Tochter natürlich," erwiderte sie übermütig und entschlüpfte ihm geschickt. „Ich nenne Sie dann Papa statt Onkel, und kein Mensch wird an unserer Verwandtschaft zweifeln."

„Möglich," sagte er, „aber was machen wir mit den verräterischen Augen, Kleine? Sind Sie sicher, daß sie immer nur väterliche Gefühle widerspiegeln werden? Die Missethäter haben Sie heute schon einmal erschreckt."

Aber er hatte gut reden, sie antwortete ihm nicht, ja, er wußte nicht einmal, ob sie ihn gehört, nur der Ring war von dem Fensterbrett verschwunden, und als er sich wieder in den Salon getastet hatte, fand er sie dort bereits damit beschäftigt, die Noten zu ordnen. Von den Neckereien aber, die ihrer harrten, blieb sie diesmal durch einen Zufall verschont. Man hatte Wichtigeres zu thun, als an sie zu denken, und Aller Aufmerksamkeit wandte sich einer Zeitungsnotiz zu, die Tante Betty soeben entdeckt. Es war darin von dem Scheiden einer beliebten Schauspielerin in einer süddeutschen Residenz die Rede, welches allgemeines Bedauern hervorrief, seinen Grund aber in ihrer bevorstehenden Vermählung mit einem Gutsbesitzer, dem Grafen Euen auf Mellenburg, habe, dessen Vorliebe für das Theater eine solche Wahl begreiflich erscheinen lasse.

Die Bestürzung, welche die laute Wiederholung dieses Passus bei Euen hervorrief, wurde von den älteren Damen als natürliche Folge peinlicher Bedenken aufge= faßt, welche bei einem Familienmitglied gleichen Namens in diesem Fall durchaus gerechtfertigt erschienen, und die Neuigkeit nur in schonendster Weise kommentiert, Viola aber, die den wahren Grund seiner Mißstimmung ahnte, neigte sich zu ihm und sagte zögernd, halblaut:

„Ist es der Vetter Karl Theodor, dessen Sie neulich gegen die Löwenclau erwähnten? Dann beraubt er sich durch diese Mesalliance jeder Anwartschaft auf das

Majorat, und Sie haben eine Chance mehr, — ist es nicht so, Graf Dietrich?" Und als er nur schweigend das Haupt neigte, fuhr sie fort: „Wie schade, daß Sie sich in einem so ungeeigneten Moment gebunden haben! Ihr Geburtstag ist nicht mehr fern, und eine Verzögerung Ihrer Verpflichtungen kann identisch werden mit einem späteren Verlust. Selbst bei vollständiger pekuniärer Unabhängigkeit dürfte derselbe Sie dereinst schmerzen."

Er zwang sich zu einem Lächeln. „Wer weiß, ob die Zeitungsschreiber recht haben," sagte er, „und wenn auch, mich berührt die Sache wenig oder gar nicht. Ich kenne die Mellenburger nicht persönlich und, wie ich Ihnen schon sagte, meine Aussichten sind auch nach diesem Zwischenfall gleich Null."

Gleich darauf trennte man sich, aber Graf Dietrich war trotz seiner Versicherung zerstreut und präoccupiert; er schlief schlecht, und als er am anderen Morgen erwachte, war es nicht der Gedanke an Viola, der ihn zumeist beschäftigte, sondern die Schwankung der Börsenkurse und die Heirat seines Vetters Karl Theodor Euen. Jean hatte von seiner üblen Laune viel zu leiden.

Vierzehntes Kapitel.

Der Colportagebaron hatte wieder einmal sehr viel
zu thun. Ein Ministerportefeuille war frei geworden,
ein junger Offizier hatte sich unter geheimnisvollen Um=
ständen erschossen, ein Bankhaus seine Zahlungen einge=
stellt, und Lerchenfeld sich mit der Geheimrätin Lilie
verlobt. Letztere Nachricht war zwar noch nicht offiziell,
aber man raunte sie sich unter vielsagendem Lächeln in
die Ohren, und Eva, die Zunächstbeteiligte, war die
einzige, die nichts davon wußte. Mit banger Sorge
und lebhaftem Mißbehagen sah sie zwar den ihr wider=
wärtigen Menschen immer wieder erscheinen, aber sie war
nach wie vor der Überzeugung, daß seine aufdringliche
Liebenswürdigkeit ihr und nur ihr allein gelte, und suchte
sich derselben um jeden Preis zu entziehen. Lerchenfeld
hingegen wußte ihre Abwesenheit trefflich zu benutzen,
und sein Wunsch, sich an dem spröden Mädchen zu rächen,
ließ sich mit seinen sonstigen Interessen aufs angenehmste
vereinen, und nachdem er keine Hoffnung mehr hatte, die
Tochter für sich zu gewinnen, wandte er seine ganze
Aufmerksamkeit der Mutter zu. Während Evchen in
ihrem Stübchen saß und heimlich Onkel Adams Werke
studierte oder hinabeilte, um neben Tante Betty am

14*

Kamin zu träumen, schwärmte Lerchenfeld mit der Frau
Geheimrätin von Kunst und Poesie, machte vorbereitende
kleine Attacken auf ihr Herz und sondierte zwischendurch
geschickt ihre Vermögensverhältnisse und die testamen-
tarischen Bestimmungen des seligen Lilie. Erst nachdem
er über diesen Punkt die ausreichendsten und erfreulichsten
Aufschlüsse erhalten, wagte er es, um ihre Hand zu
werben und stellte sein Interesse für Evchen als das
eines väterlichen, wohlwollenden Freundes dar. Die
arme Frau wollte zwar von einer solchen Steigerung
seiner freundschaftlichen Gefühle zuerst nichts wissen und
bat sich eine kurze Bedenkzeit aus, aber ihre Kunst-
schwärmerei und die durch Lerchenfelds stürmische Huldigung geschmeichelte Eitelkeit vereinten sich mit ihrem
weichen Herzen, um seine Werbung in günstigem Lichte
erscheinen zu lassen, und nur der Gedanke an Eva war
es, welcher sie noch zögern ließ. Wie aber die Entscheidung ausfallen würde, ließ sich jetzt schon voraus-
sehen, und Lerchenfeld that bereits selbst hier und da
vorsichtige Äußerungen, welche ihn als glücklichen Freier
erscheinen ließen.

Überhaupt trug er eine strahlende und geheimnisvolle
Miene zur Schau, welche von seiner Wichtigkeit und
Unentbehrlichkeit zeugte. Even aber ging er vorsichtig
aus dem Wege, und dieser fühlte einen keimenden Groll
gegen diesen Menschen immer mehr und mehr wachsen.
Wurde ihm doch jetzt schon klar, daß sein Rat, die
Papiere betreffend, kein guter gewesen, denn sie fielen
rapide von Tag zu Tag, und das Aktienunternehmen,

das so reiche Erfolge versprochen, erschien durch den Zusammenbruch jenes Bankhauses bedenklich gefährdet. Wußte er auch nicht, welche Gründe Lerchenfeld bestimmt, ihn zu einer so falschen Operation zu verleiten, so ahnte er doch, daß dieselben unreiner Natur gewesen und einen Vorteil für Lerchenfeld involvieren mußten. Er ärgerte sich über seinen eigenen Leichtsinn, seine allzu große Sorglosigkeit und Indolenz, und beging doch in derselben Angelegenheit von neuem Fehler über Fehler. Statt sich einer über allen Verdacht erhabenen, kompetenten Persönlichkeit anzuvertrauen und die Papiere zur rechten Zeit wieder loszuschlagen, versäumte er es, um des kleinen Verlustes willen, dem größeren endgültig vorzubeugen, und bemerkte an sich selbst bereits die ersten drohenden Anzeichen jenes Börsenfiebers, das er früher an anderen wie etwas Unverständliches beobachtet. Sogar Onkel Adam wagte er nicht sich anzuvertrauen, und Frau Thesch hatte ganz recht, als sie eines Tages zu ihrer Freundin sagte:

„Weißt du, Vi, Euen fängt an, entsetzlich langweilig zu werden, ganz so wie ein wirklicher Bräutigam, und wenn ich nicht wüßte, wie wenig er dich mag, würde ich glauben, er sei in dich verliebt. Aber auch in deiner Gesellschaft ist er mitunter entsetzlich zerstreut, und nun, da sein Antlitz nicht mehr den frischen, übermütigen Ausdruck trägt, finde ich ihn auch nicht mehr so hübsch wie früher."

Frau von Weeren hatte dieselben Beobachtungen ge= macht, allerdings ohne dieselben Schlüsse zu ziehen.

Seine Stimmung fand bei ihr einen Wiederhall, aber über das, was ihn innerlich beschäftigte, quälten sie immer dieselben Zweifel. War es die Liebe zu ihr, deren er sich bewußt wurde, und die sie so heiß ersehnte, oder war es anderes, was ihn so sehr erregte? Angst und Hoffen stritten in ihrem Innern und dazu kam die Sorge um ihr eigenes Herz. Die kühle Ruhe desselben schien mit einem Male ernstlich gefährdet; ein Hangen und Bangen, für das sie keinen Ausdruck fand, peinigte ihre stolze Seele, und der Wunsch, sich zu rächen, trat zurück gegen heiße, uneingestandene Wünsche anderer Art. Ihre zornige Stärke, ihr künstliches Selbstvertrauen schwanden vor dem Blick seiner Augen, die kokette Berechnung, welche die Liebe zum Siege verhelfen sollte, erlahmte, als diese selbst ihren Einzug hielt, und nur der Stolz bewahrte sie vor eigenem Verrat und vollständiger Hin= gabe. Aber er hielt treulich Wacht vor Lippen und Augen, und was ihr Herz auch empfinden mochte, der Schein der Unnahbarkeit und kühlen Reserve hüllte sie wie in einen Panzer von Erz und überschritt mitunter sogar die Grenzen, welche ihrer Rolle gesteckt worden waren. Ihr Verlobter schien dies jetzt kaum zu be= merken, er war immer gleich höflich, gleich liebenswürdig, gleich absorbiert, nur dann und wann schien eine Frage auf seinen Lippen zu schweben, und in seinen Augen blitzte es dann auf wie die spontane Offenbarung eines leidenschaftlichen submarinen Gefühls.

Dem allen ließ sich von ihrer Seite begegnen und vorbeugen, es gab aber auch Momente, wo eine Art von

Galgenhumor die neuerdings so ernste Stimmung durch-
brach und manches an den tollen Grafen von früher
erinnerte. Er konnte dann eine ganze Gesellschaft unterhalten oder eine Viertelstunde lang in outriertester Weise
Frau Thesch den Hof machen, seine Braut aber vermochte er in solchen Augenblicken am wenigsten zu täuschen,
und selbst ihre Eifersucht blieb dann unberührt; sie ließ
die Defensive fallen und beobachtete mit einer gewissen
Gespanntheit sein geschraubtes Wesen. Demselben folgte
dann auch fast immer eine herbe, feindselige Stimmung,
welche die eigentümliche Eigenschaft hatte, ihre eigene
Laune zu verbessern, und ihr deutlicher zeigte, als alles
andere, auch er leide unter der Unwahrheit der Situation.

Ja, sie war stark und wachsam ihm gegenüber, um
so mehr, als sie sich der eigenen Schwäche bewußt geworden war, aber einen Moment gab es doch, wo sie
die Unzulänglichkeit ihrer künstlichen Reserve erkennen
lernte, und ihr ganzes Wesen erschüttert wurde durch
die Ahnung eines großen unsäglichen Glücks.

Es war an einem stürmischen, regnerischen Abend
im Monat März. Prinz Karneval hatte sich zwar noch
immer nicht entschließen können, in Sack und Asche Buße
zu thun, aber die lustige Schellenkappe war ihm doch
schon vom Haupte geglitten, und wenn man genauer
hinsah, bemerkte man bereits Spuren der Ermüdung in
seinem Gesicht. Statt auf Soireen und Bällen traf
man sich im Konzertsaal und in den Foyers der Theater,
und vor den Läden der Blumenhändler standen schon
große Büsche blühenden Flieders.

Viola hatte am Morgen Einkäufe gemacht und den Besuch des Grafen versäumt, war aber sicher, ihn abends im Opernhaus zu treffen, wo man mit anderen Bekannten eine Loge genommen, um „den Trompeter" zu hören und dann gemeinsam soupieren zu gehen. Sie hatte dementsprechend Toilette gemacht, ein dunkles Sammetkostüm mit einem Einsatz von lichtblauem Surah, einen Tuff eben solcher Federn im schimmernden Haar und auf den Wangen die Röte der Erregung, welche jede Begegnung mit ihm jetzt bei ihr hervorrief. Als sie nun im Theater erschien, sah sie so auffallend schön aus, daß manches Opernglas sich nach der Loge richtete, in der sie neben einer anderen Dame Platz nahm, und Euens Antlitz aufleuchtete, als er sie begrüßte. Da er aber direkt hinter ihr saß, ward ihm der Anblick ihrer Züge sehr bald entzogen, und er wandte scheinbar seine ganze Aufmerksamkeit der Bühne zu. Im Zwischenakt erschien dann Excellenz Randowitz, dessen Anwesenheit man noch gar nicht bemerkt hatte, nahm lächelnd neben Viola Platz, sagte ihr einige Komplimente über ihr brillantes Aussehen und veranlaßte dadurch Euen, sich nach der kleinen Excellenz umzusehen. Er fand sie in einer versteckten kleinen Loge, welche der seinen schräg gegenüber lag, setzte sich zu ihr und wurde von ihr mit einer Flut von Fragen bestürmt, die in Ansehung des Ortes mitunter etwas unvorsichtig waren und ihn mit dumpfem Unbehagen erfüllten. Die Pflicht der Höflichkeit erforderte aber, daß er darauf einging, und Viola, die ihn von fern beobachtete, glaubte, er unterhalte sich vortrefflich. Gerade die ruhige Haltung, welche er diesesmal wieder zur Schau trug, die Art, wie er sich Abschied nehmend zu Thesch herabneigte, weckte bei ihr Erinnerungen an die Zeit vor ihrer scheinbaren Verlobung, und jenes Gefühl bitteren Hasses, das sie schon so oft zu bekämpfen gehabt, stieg wieder bei Theschs Anblick in ihrer Seele auf. Ihr schien, als wäre diese übermütig lächelnde, leichtherzige kleine Person der böse Geist, welcher koboldartig immer wieder zwischen sie und ihre Wünsche trat, und wie erleichtert atmete sie auf, als Euen endlich jene Loge verließ. Aber ihre Freude wurde von neuem getrübt, denn der Gatte jener anderen Dame, welcher sie sich angeschlossen, forderte den General auf, an dem nachfolgenden kleinen Souper teilzunehmen, bei dem auch Graf Düren und Kaisler erwartet wurden, und Seine Excellenz, welche wußte, wie sehr seine Frau dergleichen liebte, sagte mit Vergnügen zu. Viola konnte nichts dagegen thun, sie mußte sich in das Unvermeidliche fügen, aber die Freude an dem schönen Abend war ihr vergällt, und sie wäre am liebsten nach Hause gefahren, wenn dies nicht zu unbequemen Fragen und Erörterungen Anlaß gegeben hätte.

Inzwischen hatte die Musik wieder begonnen, die Dekoration wechselte, zauberische Harmonien erfüllten das Haus, und endlich klang Scheffels berühmtes „Behüt dich Gott" wie ein erschütternder Abschiedsgruß zu ihnen empor. Auch in Violas Herzen fanden die Worte des Schlußrefrains einen schmerzlichen Wiederhall, und mit

bebenden Lippen flüsterte sie leise, unhörbar: „Es wär'
zu schön gewesen, es hat nicht sollen sein!"

Da, während alles atemlos lauschte, flammte plötzlich
zwischen den Coulissen eine Feuergarbe empor, der gellende
Ruf „Feuer" übertönte das Geräusch des Orchesters und
den Gesang des ahnungslosen Trompeters, die Musik
verstummte, der eiserne Vorhang wurde herabgelassen,
und einzelne Stimmen riefen zur Ruhe. Dieselben er-
wiesen sich aber als machtlos. Obgleich für das Publikum
keine Gefahr vorhanden war, strebte es in sinnloser
Angst dem Ausgange zu, in der Garderobe entstand eine
entsetzliche Verwirrung, von einer Fortführung der Vorstellung war keine Rede mehr, und nur der energischen
Besonnenheit einzelner war es zu verdanken, daß durch
die allgemeine Panik kein wirkliches Unglück geschah.

Auch Violas Begleiter hatten zur Flucht gedrängt
und die junge Witwe, im Gefühl der momentanen Zu-
sammengehörigkeit mit jenen, hatte ihnen folgen wollen,
aber Euen legte gebieterisch die Hand auf ihren Arm, und
indem er sie zwang, wieder Platz zu nehmen, sagte er
ruhig: „Sie bleiben hier, gnädige Frau, denn nur hier
sind Sie sicher, nicht gedrängt und gestoßen zu werden.
Erst wenn die Passage frei ist, gehen auch wir, bis
dahin müssen Sie sich schon gedulden."

Wie geborgen sie sich fühlte in seiner Nähe, wie
beruhigt durch seinen Schutz, und als er jetzt, ihre Blässe
falsch deutend, besorgt fragte: „Fürchten Sie sich, gnädige
Frau?" erwiderte sie, ihre gewöhnliche Reserve vergessend,

mit impulsiver Aufrichtigkeit: „Nein, Graf Dietrich, so lange Sie bei mir sind, nicht."

Da saßen sie denn beisammen, ungestört und doch nicht allein, denn einige andere hatten sich, gleich ihnen, in den sicheren Hafen der Logen geflüchtet, und plauderten miteinander wie zwei gute Freunde, die viele gemeinsame Interessen haben. Viola frug nach Onkel Adam, hörte zu ihrer großen Freude, daß er auf einige Tage verreist sei, aus Angst vor Fräulein Eva, wie Euen sagte, und berichtete ihrerseits, daß Tante Betty plötzlich sehr ge= heimnisvoll thue, auch heute abend zurückgeblieben sei, um ungestört einige wichtige Briefe zu schreiben. Als der Graf sich dann aber nach Violas „Königreich" er= kundigte, wie er scherzhaft ihre Besitzungen nannte, und die Hoffnung aussprach, sie habe gute Nachrichten von Hause, blickte sie plötzlich ganz sorgenvoll drein und sagte seufzend:

„Im Gegenteil, lieber Graf, die schlechtesten, die man sich denken kann. Mein Güterdirektor, ein Ehren= mann und eine landwirtschaftliche Kapacität ersten Ranges, setzt mir mit einem Male den Stuhl vor die Thür und kann sich trotz aller meiner Bitten nicht entschließen zu bleiben. Was ich ohne ihn anfangen werde, ist mir noch unklar."

„Handelt es sich um eine Steigerung seiner An= sprüche?" fragte Euen.

„O, wenn es nur das wäre," meinte Frau Viola, „dann wäre die Sache leicht zu arrangieren. Nein, der Grund, weshalb er seine Demission eingereicht hat, ist anderer Art und besteht eigentlich in einem Irrtum, den aufzuklären ich aber machtlos bin. Ich meine — unsere Verlobung!"

Weshalb wurde sie jetzt jedesmal befangen bei der Erwähnung ihrer seltsamen Vereinbarung, die sie früher immer nur mit gerechter Entrüstung erfüllt, und weshalb zitterte ihre Stimme, wenn sie davon sprach? Eine Waffe nach der anderen entfiel ihren Händen; ob Euen dies ahnen mochte, ob ihm diese oder jene ihr fühlbare Veränderung wohl auffiel? Sein Gesicht verriet davon nichts, aber wieviel er sonst auch gespottet, er sah jetzt aufrichtig bekümmert aus, als er ihren Worten lauschte, und als sie geendet, sagte er zögernd: „Gnädige Frau, ist der Mann alt oder jung?"

„O, genau weiß ich das nicht," erwiderte sie, „aber jedenfalls in den besten Jahren. Er sieht noch sehr gut aus."

„Und heißt?"

„Herr von Müller."

„Ah — also ein Edelmann. Dann will er Sie wahrscheinlich selbst heiraten und grollt, daß Sie scheinbar einen anderen gewählt."

Viola lachte. „Nein," sagte sie, „er fürchtet nur einen neuen Herrn und ein neues Regime, jede andere Möglichkeit ist ausgeschlossen, denn er hat nicht nur eine Frau, sondern auch eine Menge Kinder, und wird, soviel ich weiß, demnächst seine silberne Hochzeit feiern."

„Dann allerdings ziehe ich meinen Verdacht zurück," sagte er lächelnd, „aber der Verlust bleibt für Sie doch

derſelbe. Haben Sie ſchon verſucht, ihm die abſolute
Unſchädlichkeit Ihres imaginären Zukunftsgatten zu
ſchildern?"

Viola bejahte. „Es iſt alles vergebens," ſagte ſie,
„erſt heute bekam ich wieder einen Brief."

„Und Sie glauben, den Hartnäckigen nicht ſo leicht
erſetzen zu können?"

„Unmöglich, lieber Graf, Güterdirektoren bekomme
ich viele, einen ſolchen nie."

Euen blickte gedankenvoll vor ſich hin. „Dann wäre
unſere Verlobung alſo wiederum im Begriff, Ihre In=
tereſſen ernſtlich zu ſchädigen," ſagte er bedauernd, „ein
Fall, der eigentlich vermieden werden müßte. Aber wie?
— that is the question."

Er ſtand auf, öffnete die Logenthür und ſpähte
hinaus. Draußen war alles leer. Ja, man fing ſogar
ſchon an, das Gas auszulöſchen, und die letzten Gäſte
verließen friedlich das Haus. Man war offenbar mit
dem bloßen Schrecken davongekommen. Auch in der
Garderobe rüſtete man zum Aufbruch. Violas Um=
hüllungen fanden ſich unter einer Menge zurückgelaſſener
Sachen auch noch glücklich vor, der Paletot des Grafen
aber und ſein Schirm waren ſpurlos verſchwunden, und
draußen rieſelte der Regen noch immer hernieder. Er
war in Verlegenheit, was er thun ſolle, drapierte ſich
interimiſtiſch mit einem dunklen Shawl, den Viola ihm
aufdrängte, und ſah mit gutem Humor der weiteren
Entwickelung entgegen. Unten im Veſtibül fand man
aber angenehmerweiſe Violas Diener, welcher konſta=

tierte, daß der Wagen bereits da sei, und es wäre un=
christlich gewesen, hätte die Besitzerin des eleganten kleinen
Coupés dem, jedes Schutzes Beraubten, dasselbe nicht
als Obdach angeboten.

So stieg er denn zu ihr in den Wagen, mußte mit
einem Zipfel ihres langen Mantels seine Knie bedecken,
scherzte über sein eigenes Mißgeschick und fand es außer=
ordentlich behaglich in dem kleinen eleganten Raum, der
mit hellgrauem Atlas ausgeschlagen und von Violas
Lieblingsparfüm durchduftet war. Zwar bot er nur
Platz für zwei Personen, und auch diese mußten sich fest
in die Kissen drücken, wollten sie nicht miteinander in
Berührung kommen, aber Euen hatte gegen die nahe
Nachbarschaft nichts einzuwenden und fuhr lächelnd an
Violas Seite in die trübe regnerische Nacht hinaus.
Das Souper hatte man unter den obwaltenden Umständen
aufgegeben, wenigstens erschien es Viola nicht ratsam,
nach dem bekannten Restaurant zu fahren, auf die Mög=
lichkeit hin, die auseinander gesprengte Gesellschaft dort
wieder vereint zu finden, und man beschloß, sich direkt
nach Hause zu begeben. Euen konnte, nachdem Viola
ausgestiegen, seinen Weg allein fortsetzen, jedenfalls war
keine Aussicht vorhanden, daß er den Abend in Thes's
Gesellschaft beschließen werde, und dieser Gedanke be=
ruhigte Viola ungemein.

Anderseits fühlte sie sich seltsam befangen; Euen
war so übermütig heiter, und die Fahrt dauerte so lange,
da der Kutscher eines Brückenbaues wegen einen großen
Umweg machen mußte. Um ihre Unsicherheit zu ver=

bergen, sprach sie zuerst mit forcierter Lebhaftigkeit, aber nach und nach wurde sie immer stiller, und die Vorstellung, er könne Stimmung und Gelegenheit für günstig halten, um ihr eine Liebeserklärung zu machen, raubte ihr fast Atem und Besinnung. Aber sie hatte allem Anschein nach die Gefahr überschätzt. Er sprach von allen möglichen Dingen, nur nicht von dem, was sie beide am meisten berührte, spottete über die Sentimentalitäten des Trompeters, bedauerte, trotz des Feuerlärms keine Gelegenheit zu einer heroischen That gefunden zu haben, und sagte dann plötzlich ganz unvermittelt: „Haben Sie Herrn von Weeren wirklich nicht geliebt? Waren Sie wirklich sehr unglücklich? Die kleine Excellenz behauptete es neulich."

Sie war sehr erstaunt. „Wie kommen Sie zu der Frage?" sagte sie kühl.

„Hm," machte er, „sie mag unbescheiden sein, ich gebe das zu, aber ich fühle mitunter eine seltsame Neugier in betreff Ihrer Vergangenheit. Sie reden so wenig darüber."

„Wie sollte ich auch!" meinte sie. „Ein Interesse für meine Angelegenheiten durfte ich bei Ihnen nicht voraussetzen, und meine Erinnerungen sind nicht angenehmer Art. Weshalb also sie auffrischen?"

„Weshalb?" seufzte er. „Weil man aus der Vergangenheit mitunter lernen kann. Aber wenn es Ihnen Schmerz bereitet, davon zu reden, so lassen wir es, meine Beweggründe waren rein egoistischer Natur. Nur eins möchte ich wissen. Waren Sie immer so ruhig, so

kühl und unnahbar wie jetzt, hat Ihr Herz nie in Lust
und Freude gezittert, wenn eine geliebte Stimme Ihr
Ohr berührte, haben Sie nie die Sehnsucht gekannt nach
einem großen, unsäglichen Glück?" Und als sie schwieg,
fuhr er leidenschaftlich fort: „Sie sind stolz, gnädige
Frau, ich weiß es, stolz aus Bescheidenheit, wenn man
so sagen darf, aber glauben Sie mir, der Stolz macht
nur elend, und wenn Sie ehrlich gegen sich selbst sein
wollen, so werden Sie mir recht geben müssen. Alle
Unnatur rächt sich. Haben Sie einmal den Mut, nichts
sein zu wollen als ein echtes Weib, nichts zu erstreben
als glücklich zu sein, und Sie werden zum erstenmal
sehen, wie schön die Welt und das Leben ist. Sie haben
noch viel nachzuholen, Viola, lassen Sie mich Ihr Lehr-
meister sein, lassen Sie uns zusammen an der Quelle
der Glückseligkeit ruhen und den neuerwachten Stimmen
lauschen, welche in unserm Herzen klingen, und Sie
werden alles vergessen, was Ihnen einst so bitteres Leid
gebracht. Oder zürnen Sie mir noch, Viola, hören Sie
noch die Worte, mit denen ich einst Sie verletzt, — o,
dann strafen Sie mich und lassen Sie mich Buße thun,
aber führen Sie mich nicht mehr in Versuchung durch
Ihre berückende Nähe, den verlockenden Zauber Ihrer
sinnverwirrenden Schönheit! Lassen Sie mich lieber
frierend in den Straßen umherirren, als hier neben
Ihnen sitzen, berauscht von Ihrer Nähe, von Ihrem
Atem umweht, und bedenken Sie, daß ich auch nur ein
Mensch bin und keine besonderen Anlagen zum Tantalus
habe! Fürchten Sie nichts, ich werde mein Wort nicht

brechen, werde die Vorteile der Situation nicht miß=
brauchen, aber seien Sie gut zu mir, gnädige Frau,
zeigen Sie mir, daß ich mich in Ihrem wahren Sein
nicht geirrt, daß Sie einer wärmeren Regung fähig
sind, und ich will beglückt und beruhigt nach Hause
fahren, Sie Ihren eigenen Gedanken und Träumen über=
lassend."

So hatte sie ihn noch nie gesehen, sein ganzes Wesen
schien ihr verändert, ja, jetzt, jetzt liebte er sie endlich!
Sein Angesicht strahlte, sein Blick umfing sie mit heißem
Flehen, und sie fühlte, daß nun der entscheidende Augen=
blick nahe, aber sie hatte weder ein Wort der Abwehr
noch des Triumphes, sie streifte nur zitternd die langen
Handschuhe ab, die ihm ein stetes Ärgernis waren,
reichte ihm verwirrt ihre weichen, warmen, duftenden
Hände dar und fühlte sich wie unter einem süßen, ge=
heimnisvollen Bann, als er dieselben mit freudiger Hast
ergriff und in anderer Weise als sonst mit seinen heißen,
bebenden Lippen berührte.

Dann hielt der Wagen; er selbst öffnete den Schlag,
sprang auf die Straße, und während der Diener voran=
eilte, um die Hausthür zu öffnen, hob Euen seine Braut
aus dem Wagen, preßte sie einen Augenblick an sich
und flüsterte mit leidenschaftlicher Innigkeit: „Gute Nacht,
mein Lieb, gute Nacht — und tausend Dank, ich werde
süß träumen dieses Mal." Indessen kehrte der Diener
auch schon mit dem aufgespannten Regenschirm zurück,
ein Händedruck, ein stummer Gruß von ihrer Seite, dann
sprang Euen wieder zurück in das Coupé, die Thür fiel

zu, die Pferde zogen an, und fort rollte er, die lange
Straße hinab, während Viola wie träumend die Treppen
emporstieg und wie im Traum sich von ihrer Jungfer
entkleiden ließ. In jener Nacht schloß sie kein Auge.
In der seligen Verwirrung der maßlosen Aufregung,
welche sich ihrer bemächtigt, versanken ihre Zweifel wie
ihr Groll, als hätten sie nie bestanden; ihr Stolz
triumphierte, aber ihr Herz zitterte vor dem Übermaß
des Glücks, das ihrer, so leicht erreichbar, zu harren
schien, und das verhüllte Geständnis seiner Liebe erfüllte
sie mit namenloser Wonne. Ja, so, so wollte sie geliebt
sein, — heiß, leidenschaftlich, schrankenlos, und wenn er
auch nicht in klare Worte gekleidet, was sie so sehr zu
hören begehrte, sein ganzes Wesen sagte ihr, daß er sie
für sich, für seine Zukunft zu eigen begehre und aus
den trügerischen Fäden einer Scheinverlobung ein Band
weben wolle, das sie für immer unauflöslich vereinige.

Morgen — ja, morgen würde er kommen, um ihre
Hand zu werben, würde sie entscheiden lassen über sein
Wohl und Wehe, und sie zweifelte schon nicht mehr, wie
diese Entscheidung ausfallen werde. Ihn zurückweisen,
um ihn zu demütigen, wie sie es geplant? Nein, nimmermehr! Mit dem seinen würde sie auch das eigene
Glück zertrümmern, ihre Zukunft vernichten, ohne ihn
weiterleben müssen, und das allein schien undenkbar, die
größte Qual! Sie wollte nicht länger sich selbst be-
trügen. Hatte sie ihn nicht schon lange geliebt, war er
ihr jemals gleichgültig gewesen? Ach, selbst Groll,
Rachsucht und Haß waren nur unbewußte Regungen

jener einen großen, unverstandenen Sehnsucht gewesen, welche er allein kannte, er allein zu erfüllen vermochte. Sie hatte sich seine Liebe erkämpfen, erobern müssen, unter tausend Schmerzen, aber nun wollte sie sich mit ihr auch schmücken wie mit einem kostbaren Juwel, und das sein, was sie bisher nur geschienen — eine stolze, glückselige Braut!

Als daher Babett am andern Morgen mit einem Blumenstrauß, schöner und duftiger als alle anderen, an ihr Bett trat und ihr ein Billet reichte, das Jean ebenfalls abgegeben, griff sie mit fieberhafter Freude nach dem kleinen Blatt und riß es hastig und errötend auf. Aber sie erblaßte, als sie die wenigen, hastig gekritzelten Worte las, und wie eine kalte Hand legte es sich auf ihr heißes Herz. „Untröstlich!" schrieb Euen. „Eben zurückgekommen, finde ich den amtlichen Befehl, in wichtiger Mission sofort abzureisen. Ziel Geheimniß! Zug geht in einer halben Stunde, keine Minute zu verlieren, kehre erst in drei Tagen zurück. Dann endlich!"

Das war alles — und so unerträglich dünkte Viola diese kurze Trennung, dieser dreitägige Aufschub, daß sie in heftigem Schmerz ihr Gesicht in die Kissen drückte und bittere Thränen weinte, wie in der Vorahnung eines kommenden Unheils.

15*

Fünfzehntes Kapitel.

Onkel Adam hatte nicht umsonst die Flucht ergriffen. Er war nahe daran gewesen, seinen Grundsätzen zum Trotz um die kleine Lilie zu werben und so genau dieselbe Thorheit zu begehen, welche er bei anderen so arg verdammte. Er bemerkte bereits allerhand verdächtige Symptome an sich, welche ihm bewiesen, daß die Liebe selbst seine grauen Haare nicht respektiere, und da er sich der Versuchung nicht gewachsen fühlte, ging er derselben aus dem Wege. Auch hatte er seinen Aufenthaltsort sehr zweckmäßig gewählt, indem er einen Freund besuchte, der notorisch unglücklich verheiratet war und eine herzlose kleine Xantippe zur Frau hatte. Man konnte sich kein abschreckenderes Beispiel für alle heiratslustigen Männer denken, und Onkel Adam sah an diesem einen Exemplar seine schlimmsten Ansichten über das Geschlecht bestätigt. Aber Evchens blasses Gesicht und ihr schelmisches Lächeln verfolgten ihn demungeachtet von Tag zu Tag, und sein Gewissen sagte ihm, daß sie sich um ihn sorgen werde. Es gehörte eine gewisse Festigkeit dazu, um acht volle Tage fern zu bleiben, und als dieselben um waren, sagte er sich, es sei seine Pflicht, wieder einmal nach dem Brautpaar zu sehen. Violas Benehmen gab ihm noch immer zu denken. Auch hatte er sich nun wiederum in seiner Weiberfeindschaft und seinem Ehehaß gründlich gekräftigt und eine ganze Reihe schöner Vorsätze gefaßt, welche ihn vor Evchens Liebreiz schützen sollten. Ein alter Mann wie er und dieses Kind, — es war rein lächerlich, und er hatte gewiß allerhand gesehen, was gar nicht da war, nun, man würde ja sehen, ein Wiedersehen war nicht zu vermeiden, aber kalt und steif, so recht würdig und väterlich wollte er ihr gegenübertreten und somit gleich die nötige Wandlung in ihrem Verkehr bezeichnen."

Je näher er der Stadt kam, um so besser wurde seine Laune, natürlich nur, weil er sich freute, seinen Neffen zu sehen, und als er auf dem Bahnhof mit dem Colportagebaron zusammentraf, fragte er ihn sogleich nach dem jungen Grafen. Zu seinem Erstaunen hörte er, derselbe sei auf einige Tage verreist, und während er noch über diese unerwartete Abreise nachdachte, sagte der andere:

„Wissen Sie schon das Neueste, Herr von Tschalrey, das Heiraten wird jetzt epidemisch, auch Herr von Lerchenfeld hat sich verlobt."

„So?" meinte er ruhig. „Mit wem denn?"

„Nun, mit der armen Lilie, die er schon lange zu seinem Opfer auserkoren hat."

„Mit der kleinen Lilie?" stotterte Onkel Adam und wurde plötzlich ganz blaß. „Aber, lieber Baron, das ist ja nicht möglich, sie konnte ihn ja doch nicht leiden!"

„Fräulein Eva hegte immer eine instinktive Abneigung gegen diesen Menschen, aber die Mutter —"

„So hat sie das arme Kind zu dieser Heirat ge= zwungen?" fragte Tschalrey.

Der Baron lachte. „Nein, Herr von Tschalrey, sie hat sich selbst mit ihm verlobt."

„Wer, die Geheimrätin?"

„Jawohl, die Geheimrätin!"

Onkel Adam atmete auf. „Gott sei Dank," sagte er, „ich dachte schon —" um dann plötzlich fortzufahren: „Aber dann wird er ja ihr Stiefvater!"

„Allerdings, und die Kleine soll schon ganz unglücklich darüber sein. Aber das Schlimmste ist, daß ich ihm auch sonst nicht recht traue, und da das Hauptvermögen von der Mutter stammt, wird er schon dafür sorgen, daß das junge Mädchen nicht allzu viel bekommt. Sie wäre sonst keine üble Partie, unter diesen Umständen wird ihr wohl aber nichts anderes übrig bleiben, als sich eine Stellung zu suchen, im Hause ihrer Mutter bleibt sie auf keinen Fall."

Onkel Adam hörte ihn schon nicht mehr; mit großen Schritten war er davongestürmt, fuhr in sein Hotel, um seinen Koffer abzugeben und eilte dann spornstreichs zur Geheimrätin Lilie, um sich von der Wahrheit der über= raschenden Nachricht selbst zu überzeugen. Im Hause begegnete ihm Lieutenant Dronthelm, der mit rotem Gesicht und einer gewissen Hast die Treppe herabgestürmt kam und auf sein Fragen berichtete, die Geheimrätin sei mit Lerchenfeld ausgefahren und nur Fräulein Eva zu Hause.

Das war dem verstockten Weiberfeind gerade recht. „Lieber eine allein, als alle zusammen," sagte er sich befriedigt, klingelte oben, schritt an dem erstaunten Diener vorüber in das Wohnzimmer und stand im nächsten Augenblick seiner kleinen Freundin gegenüber.

Sie sah noch blasser aus als sonst und hatte rotgeweinte Augen, kaum aber hatte sie ihn erblickt, als sie auch auf ihn zuflog, sich an seine Brust warf und vorwurfsvoll sagte: „Ah, endlich — Onkel Adam — wie konnten Sie mich in all der Trübsal so lange allein lassen?"

Er wußte nicht, was er sagen sollte, er strich nur beruhigend über ihr lockiges Haar, blickte ihr forschend in die klaren Kinderaugen und sagte lächelnd: „So hat sich die kleine Lilie ein wenig nach mir gebangt, wirklich, und freut sich, daß der alte Eisbär wieder da ist?"

„So sehr, so sehr!" sagte sie mit zitternder Stimme und legte schmeichelnd ihre zarte Wange auf seine große Hand. „Ich wußte schon gar nicht mehr, was ich anfangen sollte. Sie fern — verschwunden ohne jedes Lebewohl — und dann dieses entsetzliche Unglück mit Mama, Sie können sich nicht denken, wie furchtbar es mich berührt hat! Ich kann diesen Lerchenfeld nicht sehen, und nun denken zu müssen, daß er der Gatte meiner armen Mutter wird! Sie ist wie von Sinnen, sie weiß nicht, was sie thut, aber ich will fort von hier, je eher je lieber, und habe schon an einen Onkel geschrieben, der mich abholen soll. Aber was dann? Ich bin ganz unglücklich und verzweifelt —" und ihre Thränen begannen von neuem zu fließen.

Ihm schnitt ihr Kummer ins Herz. Er wollte helfen und wußte nicht wie, alles geriet in Aufruhr in seinem Innern, seine felsenfesten Grundsätze begannen zu wanken, und um nur etwas zu sagen, frug er zerstreut: „Was wollte denn eigentlich Lieutenant Drontheim bei Ihnen, Kleine? Wir trafen uns, als ich heraufkam."

Evchen hob den Kopf und lächelte durch Thränen. „Was er wollte?" sagte sie. „Heiraten wollte er mich, der gute Mensch, und behauptete plötzlich, mich unglaublich zu lieben! Aber ich weiß das besser, es ist nur Mitleid, was ihn dazu treibt, mir einen Antrag zu machen. Um mich aus meiner unerträglichen Lage zu befreien, bietet er mir gut und großmütig seine Hand und vergißt ganz und gar, daß ich es war, die bisher über seine vielen Herzensangelegenheiten Protokoll geführt hat. Ich habe ihm das denn auch ganz offen gesagt und für seine Großmut gedankt; annehmen kann ich dieselbe nicht."

Onkel Adam blieb stehen. „Sie wollen ihn also nicht heiraten?"

„Nein!"

„Obgleich er ein so netter und hübscher junger Mann ist, der auch einiges Vermögen hat?"

„Trotzdem. Ich kann ein solches Almosen ebenso wenig annehmen wie ein anderes. Außerdem," fuhr Evchen fort, „habe ich noch ein Anerbieten in demselben Genre gehabt, nur daß in diesem Falle die Liebe das Leitmotiv

bildet und das Mitleid nur Beigabe ist. Herr Deringer
hat mir vorgeschlagen, mit ihm zu entfliehen."

„Deringer — der schüchterne Jüngling!" staunte
Onkel Adam.

„Ja," meinte Evchen, „mein Kummer hat ihm die
Zunge gelöst, er will mich zu seinen Eltern bringen, die
eine große Handelsgärtnerei im Vogtlande haben, und
mich von fern anbeten, bis es ihm gelungen ist, ein
berühmter Mann zu werden. Eine verlockende Perspektive,
nicht wahr, Onkel Adam?"

Herr von Tschalren schritt unruhig hin und her.
Welche Schwierigkeiten ihm dieses junge Mädchen bereitete, es war unglaublich, und wie brav und ritterlich
Dronthelm sich benommen hatte! Wahrhaftig, er schien
vor einer Heirat mit der kleinen Hexe gar nicht zurück-
zubeben, obgleich er sie nicht liebte, während er — —
ach, Teufel, es war zum Verzweifeln!

Eva hatte sich in einem dunklen Winkel in eine
Sofaecke gekauert, stützte den Kopf auf die Hand und
sagte kein Wort, aber ihre lebhaften Augen folgten jeder
seiner Bewegungen, und sie lächelte leise, als sie sah, wie
er mit sich kämpfte.

„Onkel Adam," meinte sie endlich, „sagen Sie mir
denn kein freundliches Wort? Verdiene ich nicht etwas
Mitleid und Teilnahme, und wollen Sie mir nicht wenigstens sagen, weshalb Sie gleich auf acht Tage davon
liefen, ohne mich auch nur um Erlaubnis zu fragen?
Ich denke, ich habe eine solche Behandlung von Ihnen
nicht ganz verdient."

Er ging zu ihr, zog einen Stuhl dicht an das Sofa, das für seine langen Beine viel zu niedrig war, setzte sich vor sie hin, nahm ihre Hand in die seine und sagte gut gelaunt: „Wissen Sie, kleine Lilie, daß Sie Ihren bösen Namen gar nicht umsonst tragen? Eva — Versucherin! Sie sind mit der Schlange im Bunde, und ich armer alter Adam werde schließlich doch unterliegen."

Sie machte ein ganz unschuldiges Gesicht. „Wie meinen Sie das, Herr von Tschalrey?" sagte sie erstaunt.

„Herr von Tschalrey!" brummte er, „weshalb mit einem Mal die formelle Anrede? In Ihrem Herzen wissen Sie doch, daß ich Ihnen gegenüber völlig willenlos bin und daß Sie mit mir machen, was Sie wollen. Wenn Sie aber wissen möchten, weshalb ich verreist war, so will ich es Ihnen sagen, Kleine. Ich fürchtete mich einfach."

„Wovor?"

„Vor meiner eigenen Schwäche und — vor Ihren schelmischen Augen."

„O," lächelte sie, „wie mich das freut, Sie lieber, guter Onkel Adam, also eine regelrechte Flucht! Und darf ich fragen, wie das Mittel angeschlagen hat?"

„Gar nicht!" bekannte er offen.

„Gar nicht?" und sie wurde immer heiterer. „O, wirklich, das ist ja sehr schade! Aber wie wär's, vielleicht versuchen wir ein anderes — jetzt gehe ich einmal fort."

„Nein, nein," sagte er, „das würde ich unter keinen

Umständen gestatten, aber meine Lage ist wirklich sehr
kritisch. Sie entsinnen sich doch, was ich damals, als
ich so unglücklich war, gelobt habe: nie mehr um ein
Weib zu werben, nie mehr ein Weib zu fragen, ob sie
mich liebe und mein sein wolle für immerdar!"

Eva nickte.

„Nun und jetzt — ich darf mein Wort nicht brechen
und habe doch einen großen Wunsch, eine Bitte!" seine
Stimme zitterte. „Kleine Lilie, Sie wissen, was ich
meine, wollen Sie mir nicht ein wenig helfen?"

Seine Worte riefen bei Evchen eine ungeahnte Er=
schütterung hervor, aber sie kämpfte tapfer, ließ die Ver=
wirrung nicht Herr über sich werden, und ihr errötendes
Antlitz ihm zuwendend, sagte sie einfach: „Ja, Onkel
Adam, ich weiß alles, und wenn zwei Menschen sich lieb
haben und zu einander gehören, wie wir beide, so ist es,
denke ich, das natürlichste von der Welt, daß sie sich
heiraten. Wozu bedarf es da noch der Worte? Ich
wenigstens kann mir ein getrenntes Leben gar nicht
mehr vorstellen und habe auf diesen Augenblick gehofft
und geharrt mit fester Zuversicht. Soll dieselbe jetzt
noch zu schanden werden?"

Da leuchtete es in seinem Antlitz auf wie der Wider=
schein einer hohen unsäglichen Freude; bewegt sprang er
auf, streckte die Arme nach ihr aus, nahm sie an sein
Herz und sagte, während er ihren süßen Mund mit
Küssen bedeckte, leise und zärtlich: „Eva, mein Liebling,
du weißt noch nicht, wie ich lieben kann, aber du wirst
es erfahren, bald, bald! Frohsinn und Glück nehme

ich zurück aus deiner lieben Hand, und du sollst es nie bereuen, mich wieder jung gemacht zu haben. Wir schaffen vereint ein Paradies!" — — — — —

Eine Stunde später kehrte die Geheimrätin zurück, nahm Tschalreys Glückwünsche entgegen und war nicht wenig erstaunt, als er, seine Gefühle nur flüchtig berührend, Evas Hand von ihr erbat. Zwar war er nicht die Persönlichkeit, welche ihrer Vorstellung von einem künftigen Schwiegersohn entsprach, ihre Tochter aber schien, wie gewöhnlich, anderer Ansicht zu sein, und da außer seinem Alter und dem noch ehrwürdigeren Aussehen nichts an ihm auszusetzen war, er auch bei Erwähnung seiner Verhältnisse betonte, daß er für seine Frau nur ihr väterliches Erbteil zu beanspruchen gedenke, so fand sie keinen Grund, ihre Einwilligung zu verweigern, umsomehr als die Lage der Dinge Evas Verheiratung dringend gebot. Zudem war sie im Augenblick durch eigene Angelegenheiten zu sehr occupiert, um der Wichtigkeit einer solchen Frage die nötige Würdigung angedeihen zu lassen, und obgleich selbst erst seit einigen Tagen verlobt, fühlte sie schon allerlei Skrupel und Bedenken in sich aufsteigen, welche dem Manne ihrer Wahl und ihrer eigenen Handlungsweise galten. Ihre Bitte, Geldangelegenheiten nicht zu berühren, hatte bei Lerchenfeld nicht Gewährung gefunden, immer wieder kam er auf ihre Papiere zurück, und als sie ihm dieselben nicht zur Einsicht überantworten wollte, forderte er die Überlieferung als einen Beweis ihres Vertrauens.

Er mußte dabei so geschickt den verletzten Ehrenmann, den zartfühlenden Freund zu spielen, verstand so gut ihre Schwächen zu benutzen, daß sie ihm wirklich den größten Teil der Papiere zur Prüfung vorlegte und sich endlich auch darin fand, als er dieselben zu Umtausch und Vergleichen, wie er sagte, mit sich nach Haus nahm. Das war gestern gewesen, und heute fiel ihr sein un= ruhiger Blick, sein seltsam zerstreutes Wesen unangenehm auf. Hatte er gegen ihren Willen für sie spekuliert oder war irgend ein Unglück geschehen? Sie sah ihn einmal, als ein fremder Herr mit ihnen in einem Laden zusammentraf, erschreckt auffahren und dann sein Gesicht zur Seite wenden, und als sie auf der Straße einem Schutzmann begegneten, der ihn forschend ansah, erschrak er wieder in auffallender Weise. Zum erstenmale be= mächtigte sich der zarten, sensitiven Frau ein lebhaftes Unbehagen in der Nähe dieses Mannes, und sie war froh, als sie sich trennten und sie allein nach Hause zurückkehren durfte.

Der Colportagebaron aber, der Lerchenfeld in letzter Zeit zu seinem besonderen Beobachtungsobjekt erwählt und die Polizei veranlaßt hatte, Recherchen über sein Vorleben und seine Unternehmungen anzustellen, machte an jenem Abend der Gräfin Löwenclau einen Besuch, verweilte bei ihr in eifriger Unterhaltung, und als sie sich trennten, sagte er befriedigt: „Sie sehen, Gräfin, wir sind nicht umsonst thätig gewesen, hier wie dort ist der Knoten geschürzt, wir brauchen nur die Schlinge zuzuziehen und wir sind am Ziel. Also, wie ich Ihnen schon sagte: en avant deux!"

Auch Tante Betty hatte in letzter Zeit allerhand Aufregungen gehabt und, wenn sie allein war, stunden= lang Zwiesprache mit ihrem Papagei gehalten, was ihr immer einen großen Trost gewährte, denn da ihr Gesichts= kreis klein, ihre Art zu denken etwas umständlich war, erschienen die Schwierigkeiten, die sich ihr entgegentürmten, riesengroß. Kaum hatte sie sich über Violas übereilte Verlobung beruhigt und in dem Grafen den Mann er= kannt, welcher ganz geeignet schien, Violas Glück zu begründen, als auch andere schon auf dieses Ereignis hin allerhand Pläne und Voraussetzungen bauten, und ihre sanfte Seele in einen argen Zwiespalt brachten. Sie hatte alles überlegt und erwogen, nirgends anstoßen und verletzen wollen und schließlich doch, aus lauter Rücksicht, ungeschickt und übereilt gehandelt. Sie mochte instinktiv Violas klares Urteil und ihren Einspruch ge= fürchtet haben, aber nun, wo demselben endgültig vor= gebeugt war, mußte sie doch endlich Farbe bekennen, und da Euen gerade verreist war, hielt sie den Augenblick für besonders günstig, um ihrer Nichte eine Eröffnung zu machen.

Es war am Abend, und Viola hatte den Tag in unbeschreiblicher Aufregung verlebt. Glück und Hoffen, Sehnen und Bangen hatte sie ruhelos von einer Be= schäftigung zur anderen getrieben, und es war ihr ein angenehmer Gedanke, für eine kurze Spanne Zeit ihren eigenen Empfindungen entzogen zu werden. Sie nahm

deshalb Tante Bettys feierlichen Hinweis auf eine wichtige
Mitteilung mit gutmütigem Lächeln auf, setzte sich zu
ihr und sagte ermutigend: „Nun, was ist's, Tante Betty?
du hast mich schon entsetzlich neugierig gemacht. Hast
du das große Los gewonnen, oder willst du etwa auch
noch in den Ehestand treten, wie deine Freundin Lilie?“

Die alte Dame schüttelte den Kopf, nahm die Brille
von der Nase und legte sie bedächtig in einen Korb.
„Spotte nicht,“ sagte sie, „ich danke Gott, daß ich über
dergleichen Thorheiten hinaus bin, immerhin scheine ich
arme alte Person doch noch begehrt zu sein, denn mein
Neffe Franz, der, wie du weißt, voriges Jahr seine Frau
verloren, bittet mich dringend, zu ihm zu kommen, um
seinen beiden erwachsenen Töchtern die Mutter zu er-
setzen und die Erziehung der kleinen Kinder zu über-
wachen. Ich schrieb zuerst ab und wollte dir von der
ganzen Sache nichts sagen, er bestürmte mich aber so
mit seinen Briefen und bat so dringend, daß ich anfing
wankend zu werden, und da ich dir, liebe Viola, jetzt
entbehrlich scheine —“

Aber ihre Nichte unterbrach sie. „Entbehrlich, mir?“
sagte sie erstaunt. „Ich bitte dich, Tante Betty, was
fällt dir ein? Ich brauche dich so notwendig wie Luft
und Licht, und du darfst niemals daran denken, mich
zu verlassen.“

Tante Betty neigte schuldbewußt das Haupt. „Du
bist sehr gütig,“ sagte sie, „und der Abschied von dir
wird mir unendlich schwer werden, schwerer als du vielleicht denkst, — aber — daß du heiratest, ist doch ein

Faktum, und in einer jungen Ehe ist jeder dritte von Übel. Ich habe also gedacht —"

„Du hast schon angenommen?" erriet Viola.

„Um ganz offen zu sein — ja. — Ich glaubte, es sei am besten so."

„Ohne mir ein Wort zu sagen?"

Die junge Witwe fühlte sich tief verletzt. Also alles verließ sie — ihr Güterdirektor und nun Tante Betty, keiner hielt bei ihr aus! Freilich, sie waren nicht unlöslich mit ihr verbunden. Und die andern alle? — Bezahlte Diener. Es fröstelte sie, sie kam sich verwaist und verlassen vor trotz ihres Reichtums, und ein wehes Gefühl beschlich ihre Seele. Und doch, es war gut, daß sie es erst heute erfuhr — heute, wo das Morgenrot einer neuen Zukunft zu ihr herüberglänzte, wo sie hoffen durfte, endlich ein Herz gefunden zu haben, das ihr ganz und für immer gehörte. Wenn ihr Verhältnis geblieben wäre, was es früher war — eine Scheinverlobung — wie bitter hätte sie Tante Bettys Verrat empfunden, jetzt schmerzte er sie, aber der Gedanke an ihr Scheiden ließ keinen Stachel zurück. Alles wies sie hin auf die Vereinigung mit dem Einen, der ihr gerade in diesem Augenblick entrückt war, und den sie doch herbeisehnte mit allen Fasern ihres Herzens, ihr Hort, ihr Schützer, ihr bestgehaßter und vielgeliebter Freund — Graf Dietrich Euen!

Sechzehntes Kapitel.

Es gibt Tage, an denen die Ereignisse von Jahren sich zusammenzudrängen scheinen, und ein solcher Tag war für unsere Bekannten der zwanzigste März, des Frühlings Anfang.

Wie ein Brausen ging es durch die Lüfte, wie ein Drohen und Klagen, die Dachrinnen klapperten und das Trottoir war glatt und schlüpfrig vom vielen Regen, aber über dem allen wölbte sich der Himmel im schönsten, verheißungsvollsten Blau, und der Wind, der aus Süd-westen herüberwehte, war weich und lind, wie die Hand einer Mutter.

Gräfin Löwenclau, die es sonst liebte, lange zu ruhen, hatte sich heute schon früh erhoben, da sie den Besuch eines durchreisenden Freundes erwartete, der nur über Stunden zu verfügen hatte und nicht verfehlen wollte, sie aufzusuchen. Über seine Persönlichkeit ist nichts zu sagen; sie erwartete ihn in einer entzückenden Morgen-toilette, die ganz dazu angethan war, ihre passierte Schönheit zu heben, empfing ihn mit einem vortrefflichen Frühstück, dem er alle Ehre anthat, und plauderte mit ihm so eifrig und anregend, daß er, trotz der langen Nachtfahrt, keine Müdigkeit spürte und mit aufrichtiger schon stattfinden wird. Sie erinnern sich doch noch unseres kleinen Disputs? Nun, Sie sehen, ich habe recht behalten, aber ich beneide Sie dennoch! Der Graf ist jetzt nach dem unerwarteten Tode seines Vetters eine brillante Partie, und einige Illusionen wiegt das Majorat schon auf. Nicht wahr, meine Liebe?"

Sie schob den Brief in ein Couvert, klingelte und sagte zu dem eintretenden Mädchen: „Sofort an seine Adresse zu besorgen." Dann dachte sie einen Augenblick nach, machte Toilette und beschloß, der kleinen Excellenz einen Besuch abzustatten. Sie hatte dazu ihre besonderen Gründe. — — — — — — — —

Frau Viola hatte wieder nicht geschlafen; sie sah übernächtig und abgespannt aus, behandelte Tante Betty mit auffallender Kälte und atmete erleichtert auf, als Onkel Adam, der sich schon am Abend vorher mit Eva als glückstrahlenden Bräutigam präsentiert und bei ihr den Thee genommen hatte, auf einen Augenblick erschien und die Nachricht brachte, Euen sei in der Nacht zurückgekehrt und im Vorübergehen bei ihm gewesen. Wann er aber bei seiner Braut erscheinen werde, darüber hatte er nichts gesagt, und Viola lauschte nun mit fieberhafter Spannung auf jeden Klingelzug, den Augenblick herbeisehnend und doch auch fürchtend, wo er ihr zum erstenmal nach jenem Abend gegenübertreten sollte.

Da brachte man ihr einen Brief, den sie, als von ihm kommend, hastig an sich nahm, erstaunt aber wieder sinken ließ, als sie die Handschrift der Gräfin gewahrte,

16*

und aus der Länge der Epistel ersah, daß es sich weder um eine Anfrage noch eine Einladung handelte. Sie las, und während sie las, fühlte sie etwas wie einen stechenden Schmerz in ihrem Innern. Also sein Vetter war tot, und darum war er so plötzlich verreist. Hatte Onkel Adam davon gewußt, konnte er ihr schon Näheres mitteilen? Sie sah sich nach ihm um, doch er hatte schon wieder das Zimmer verlassen, und nun fiel ihr ein, daß er erst zurückgekehrt war, nachdem Euen bereits verreist war, er konnte also nicht instruiert sein!

Ihr erschien mit einem Male alles verschoben, verrückt, die alten Zweifel beschlichen ihre Seele. Hatte er es vielleicht schon damals gewußt, auf jener verhängnisvollen Fahrt, da er ihr von Liebe geredet, war das alles schon Berechnung gewesen, um sich für später die Wege zu ebnen, ja, hatte er denn überhaupt das Wort Liebe gebraucht? Ihre Gedanken verwirrten sich, eine ungeheure Angst erfaßte ihr Herz. Sie hatte alles aus seinen Reden herauszuhören gemeint, aber ihre eigene Erregung konnte sie geblendet, sie irregeführt haben, es war vielleicht nur die Macht des Augenblicks, der auch er unterlegen, und bei ruhiger, nüchterner Überlegung erschien alles anders.

Aber nein, sie wollte an ihn glauben, an ihn und die Echtheit seiner Gefühle, wollte nicht zweifeln und grübeln, wenn er ihr offen und ehrlich gegenübertreten und sie bitten würde, sich ihm zu eigen zu geben, nicht nur später, sondern bald, um des Majorates willen.

Nur ihre Herzen sollten zu einander reden, alles andere mußte verschwinden, vergehen wie ein Hauch!

Sie ging ruhelos im Zimmer auf und nieder. War ihre Aufregung, ihre Ungeduld vorher schon groß gewesen, jetzt sah sie seinem Kommen mit fieberhafter Spannung entgegen und frug sich wieder und immer wieder: „Was wird er sagen, wie die Erfüllung seiner Wünsche von mir erflehen?" Sie zitterte. Von dem „wie" würde ihre Antwort abhängen.

Und dann kam er wirklich. Sie hörte seinen Schritt und wollte ihm entgegeneilen, aber in dumpfer Befangenheit und stolzer Scham blieb sie mitten im Zimmer stehen, preßte die Hand auf das hochklopfende Herz und sah so seinem Eintritt entgegen. Mochte ihre Liebe auch riesengroß emporschwellen, sie durfte sich nicht verraten, ehe sein Benehmen nicht ihre Hoffnungen bestätigt und seine geliebte Stimme ihr Ohr erreicht.

Aber er sagte kein Wort, als er auf sie zukam, und nun, da sie endlich die Augen zu ihm aufhob, schrak sie zurück vor dem Ausdruck seines Gesichts. So düster, so gebrochen sah er aus, tiefe Schatten lagen um seine Augen, tiefer Kummer in seinem Blick. Er führte mechanisch die Hand an seine Lippen, strich sich das wirre Haar aus der Stirn und ließ sich dann erschöpft in einen Sessel sinken.

„Verzeihen Sie," sagte er, „aber ich fühle mich ganz matt. Tag und Nacht gereist, jetzt seit vielen Stunden unterwegs, und dazu diese entsetzlichen Aufregungen. Geben Sie mir ein Glas Wein, gnädige Frau!"

Sie wollte den Diener nicht als Zuschauer haben
und ging selbst es zu holen. Eine Karaffe mit Rotwein
vor ihn hinstellend, sagte sie weich: „Kann ich Ihnen
sonst noch etwas bringen, lieber Graf?" Aber er schüttelte
nur den Kopf, goß sich ein Glas nach dem andern ein
und stürzte es herab. „Nein, danke," sagte er dann
haftig, „mir ist jetzt schon viel besser," und in die Neben=
zimmer spähend, fügte er hinzu: „Wir sind doch hier
ungestört, nicht wahr? Ich habe mit Ihnen zu reden,
gnädige Frau."

Eine heiße Blutwelle stieg in ihr empor. Was würde
nun kommen? Sie hatte Mühe, ihre Fassung zu be=
wahren. Sein Anblick erfüllte sie mit Mitleid und
tiefer Zärtlichkeit, aber es lag zugleich etwas in seinem
Wesen, was sie mit dumpfem Unbehagen erfüllte, und
wie ein dunkler Schatten lag es zwischen ihm und ihr.

„Wir sind allein, Graf," sagte sie, sich niederlassend,
„wenn Sie mir also etwas mitzuteilen haben. —"

Es wurde ihm offenbar nicht leicht zu sprechen, er
ging noch einmal auf und nieder, fuhr sich mit dem
Taschentuch über die Stirn und blieb dann vor ihr
stehen. Er sah erschreckend blaß aus.

„Ich habe eine Bitte an Sie, gnädige Frau," sagte
er ernst, „ein Anliegen, das Sie, nach allem was voran=
gegangen, doch einigermaßen befremden dürfte."

Viola atmete auf. „Nun," sagte sie, „bei Ihnen ist
man ja an Überraschungen gewöhnt, und manches dürfte
sich erraten lassen. Also reden Sie, ich bin ganz Ohr!"

Er fuhr fort: „Es handelt sich um unsere scheinbare

Verlobung! Ich wollte Sie nämlich bitten, inständig bitten, unser Verhältnis —"

Viola blickte ihn ermutigend an. „Nun," sagte sie, „unser Verhältnis?"

Er kämpfte sichtlich mit einem schweren Entschluß. „Etwas früher zu lösen, als wir anfangs geplant!"

„Das heißt?" fragte sie atemlos.

„Schon jetzt — heute — in dieser Stunde noch auseinanderzugehen!"

Also das war es! Statt dem Geständnis seiner Liebe, die Bitte um seine Freiheit! Verschmäht, ver= schmäht! das war das Wort, das in ihren Ohren gellte, verschmäht, nachdem sie ihm verziehen, ihm ihren Stolz zum Opfer gebracht. Wie unter einem akuten, körper= lichen Schmerz zuckte sie zusammen. Dann starrte sie ihn an wie eine neue, fremde Erscheinung, Sekunden, Minuten lang, und eine unsägliche Bitterkeit klang aus ihrer Stimme, als sie, sich fassend, sagte: „Das habe ich allerdings nicht erwartet. Sind Sie der freiwillig übernommenen Pflichten schon müde, Graf Euen?"

Er blickte sie düster an. „Nein," sagte er, „ich hatte gehofft, noch eine Weile die Rolle des vielbeneideten Glücklichen zu spielen, den die Welt als Ihren Verlobten kennt, aber wir sind nicht immer die Herren unseres Schicksals, ein unerwarteter Zwischenfall ist eingetreten, welcher es wünschenswert, ja sogar notwendig erscheinen läßt, unsere Beziehungen schon jetzt zu beenden, und Ihnen zugleich den besten Vorwand bietet, den schein= baren Bruch herbeizuführen. Sie waren ja stets gütig und nachsichtig gegen mich, ich hoffe, Sie werden mich auch diesmal verstehen."

„Nicht ganz," sagte sie, kühl zurückweichend, „aber das thut nichts zur Sache. Sie reklamieren Ihre Frei= heit, und Sie sollen Sie haben. Der Mohr hat seine Schuldigkeit gethan, der Mohr kann gehen! Früher oder später wäre dieser Fall ja doch eingetreten, und ich finde Ihren Wunsch begreiflich, nur den Zeitpunkt zu bestimmen, hielt ich für mein besonderes Vorrecht."

„Das ist es auch," sagte er ernst, „und nie hätte ich mir erlaubt, auf unsere Trennung hinzudeuten, wenn nicht Umstände eingetreten wären, welche eine derartige Rücksicht unmöglich machen."

Sie warf den Kopf zurück. „Wollen Sie sich nicht etwas deutlicher ausdrücken?" meinte sie scharf. „Bis jetzt sprechen Sie für mich in Rätseln."

Er nickte. „Wenn es Sie nicht langweilt, von meinen Angelegenheiten zu hören?"

„Durchaus nicht, Graf, dieselben scheinen mehr oder weniger doch auch mich zu betreffen."

„In gewissem Sinne — ja."

„Nun — also!"

„Ich bin in der unangenehmen Lage, mich selbst an= klagen zu müssen," sagte er, zu Boden blickend, „wenn die Tücke und Bosheit eines anderen auch vielleicht mehr zu meinem Unglück beigetragen hat als mein eigener Leicht= sinn, aber die Thatsache bleibt dieselbe, und darum —"

Sie unterbrach ihn. „Sie haben durch Lerchenfeld Verluste erlitten?" fragte sie etwas weicher gestimmt.

„Ja," erwiderte er, „wenn auch indirekt, und sie
sind bedeutender, als Sie ahnen können. Der Zusam=
menhang ist mir in der Kürze der Zeit noch nicht völlig
klar geworden, aber soviel weiß ich seit meiner Rückkehr:
ich bin ein Bettler — und Lerchenfeld ein gewissenloser
Intrigant, der meine Sorglosigkeit zu nutzen wußte.
Meine Zukunft, meine diplomatische Carriere, alles ist
dahin! Was mir bleibt, ist verschwindend wenig, und
niemand kann mir fortan sein Vertrauen schenken. Sie
sehen also, meine Voraussetzung, es werde kein Mißton
dazwischen klingen, wenn man unsere Namen in Ver=
bindung nennt, trifft nicht mehr zu, man wird mit
Fingern auf mich zeigen, und je eher Sie sich von mir
lossagen, um so besser wird es sein."

Sie sah ihn forschend an. „Also nur die Sorge
um mich ist es, welche Sie zurücktreten läßt?" fragte
sie leise.

„Ja," erwiderte er, „und die Überzeugung, daß jetzt
der geeignetste Augenblick zu einem Auseinandergehen
gekommen ist. Kein Mensch wird es Ihnen verdenken,
wenn Sie einem leichtsinnigen Menschen, der sein eigenes
Vermögen nicht zu verwalten verstand, Ihre Zukunft
und Ihren Besitz nicht anvertrauen wollen, und alle
unangenehmen Konsequenzen, welche das Scheinverhältnis
für Sie gehabt, fallen zugleich mit einem Male fort.
Ihr Güterdirektor wird nicht mehr daran denken, Sie
zu verlassen, Ihre Tante, die neulich geheimnisvolle
Andeutungen gegen mich machte, bleibt bei Ihnen —"

„Und Sie?" unterbrach ihn Viola, „was wird aus

Ihnen? Haben Sie nicht bedacht, daß unsere Trennung
gerade in diesem Augenblick Ihnen schaden wird und
muß? Daß jeder die Hand aufheben wird, um Sie zu
steinigen? Während die Aussicht auf eine reiche Heirat
Ihren Kredit hebt und fördert, ist Ihr Rücktritt gleichbedeutend mit einem zweiten Bankerott, und um Ihrer
selbst willen ist es notwendig und gut, daß unser Scheinverhältnis noch eine Weile fortbesteht."

Er war wieder von ihr fort durch das Zimmer ge-
schritten, nun trat er vor sie hin, sah sie unsicher an
und sagte mit unterdrückter Leidenschaft: „Führen Sie
mich nicht in Versuchung, Viola! Auch ich hatte einst
an eine andere Lösung gedacht, aber sie ist unmöglich
geworden für jetzt und für immer, und länger noch so
neben Ihnen dahinzuleben, in der alten Weise, das er-
trage ich einfach nicht!"

„Ah," sagte sie spöttisch, „weil die Komödie anfängt,
Ihnen unbequem zu werden. Sie ziehen es vor, einen
anderen zu spielen, und glauben, mich durch Ihren scheinbaren Edelmut, Ihre zarte Rücksicht düpieren zu können!
Nun, ich gebe es zu, die diplomatische Wendung war
nicht schlecht erdacht, ich wäre um ein Haar in die Falle
gegangen. Aber zu meinem Glück oder Unglück bin ich
bereits informiert, und was mir sonst in dem Lichte
einer edlen, ritterlichen Gesinnung, einer stolzen Bescheidenheit erschienen wäre, erkenne ich jetzt nur als die
schlauste Berechnung!"

Er blickte sie mit weitgeöffneten Augen an. „Ich
verstehe Sie nicht!" sagte er staunend.

„Nicht?" erwiderte sie und zitterte vor Erregung.
„Nun, so muß ich wohl noch deutlicher reden!" und das
Briefblatt hervorziehend, das Gräfin Löwenclau ihr ge=
sendet, sagte sie verächtlich: „Sie wollen nicht offen und
wahr gegen mich sein, auch jetzt nicht, in dieser Stunde
nicht? Sie schmücken sich mit dem Heiligenschein der
schmerzlichsten Entsagung, um mich zu rühren, mich zu
erschüttern und haben dabei doch bloß den einen Ge=
danken, den Kopf rechtzeitig aus der Schlinge zu ziehen
und das ersehnte Ziel zu erreichen. Ich glaubte, wir
würden wenigstens Freunde sein, aber dazu gehört vor
allem Vertrauen, und nach allem, was ich für Sie gethan,
hätte ich wohl verdient, die Wahrheit zu hören. Wenn
das, was Sie bei unserem letzten Zusammensein bewegte,
nichts war, als der flüchtige Rausch einer Stunde, wenn
Sie andere Wünsche und Ziele haben, weshalb kamen
Sie nicht zu mir und sagten ehrlich: Ich will frei sein,
weil ich frei sein muß. Diese Scheinverlobung gefährdet
meine höchsten Interessen! Ein Majorat ist kein Kinder=
spiel, besonders nachdem man aller anderen Ressourcen
beraubt ist, und ich hätte auch dafür Verständnis gehabt,
aber mit einer Lüge von mir zu gehen, mich täuschen
zu wollen bis zum letzten Augenblicke, das ist gemein,
das ist erbärmlich, Graf Euen!"

Sie war blaß vor Erregung, aber ihre Augen glühten
und ihre Lippen bebten, der zornige Schmerz, der in
ihrem Innern tobte, offenbarte sich in ihrer ganzen
Haltung, und Euen sah mit Staunen den Sturm, den

er entfesselt. Bei den letzten Worten aber zuckte er zusammen und die Hand erhebend sagte er stolz:

„Gnädige Frau, Sie haben mich jetzt genugsam beleidigt! Ein Mann erträgt viel von einer Frau, die
er verehrt, aber es gibt auch dafür gewisse Grenzen, die
nicht überschritten werden dürfen, und wessen Sie mich
beschuldigen, ist mir noch immer ganz unklar! Ich bin
ruiniert, ich bitte Sie, in Ihrem eigenen Interesse, um
baldige Trennung unserer Beziehungen, und Sie über-
schütten mich infolge dessen mit einer Flut von Vorwürfen, die ich absolut nicht begreifen und verstehen
kann. Ich frage Sie, gnädige Frau, womit habe ich
Ihren Zorn verdient? Bin ich nicht offen und ehrlich
zu Werke gegangen, habe ich Ihnen den Grund meiner
Bitte nicht genannt?"

„Nein," sagte sie hart, „denn Sie ließen mich über
Ihre wahren Motive im Dunkeln, und wenn alles nach
Wunsch gegangen wäre, hätte ich wahrscheinlich die an-
genehme Überraschung gehabt, demnächst Ihre wirkliche
Verlobung mit einer anderen in der Zeitung zu lesen."

Er blickte sie ruhig an. „Ich wiederhole," sagte er
kalt, „ich verstehe Sie nicht. Wenn Sie auf das Familienstatut anspielen, so kann ich Ihnen nur sagen, daß
ich trotz meiner veränderten Lage nach wie vor nicht die
geringste Rücksicht darauf zu nehmen gedenke, und wie
Sie noch einmal darauf zurückkommen können, ist mir
ganz unbegreiflich! Ich glaubte, Ihr Mißtrauen nach
dieser Richtung hin ein für allemal beseitigt zu haben."

„Ah," sagte sie, „Sie werden mich doch nicht glauben

machen wollen, daß die neuesten Ereignisse in Ihrer
Familie Ihre Entschlüsse in keiner Weise beeinflußt
hätten! Schon früher haben Sie Ihren Aussichten auf
das Majorat viel zu wenig Wert beigelegt, jetzt, wo
Sie Ihr Vermögen verloren haben und Ihnen nur noch
eine kurze Frist gegönnt ist, um das Versäumte nachzuholen, wäre es Wahnsinn, wollten Sie sich selbst von
der Nachfolge ausschließen. Burg Euen ist ein schöner,
wertvoller Besitz, Sie sind jetzt der nächste rechtmäßige
Erbe!"

„Der nächste?" unterbrach er sie. „Und mein Vetter,
der Sohn des jetzigen Besitzers, was wird aus ihm?"

Sie zuckte die Achseln. „Sie wollen die Komödie
also noch weiter fortsetzen?" sagte sie bitter. „Sie halten
das für möglich? Dann lesen Sie, bitte, diesen Brief,
er wird Ihnen am besten zeigen, daß Ihre Bemühungen,
wenigstens mir gegenüber, umsonst sind."

Er nahm das Blatt, las und ließ es mit einem
Ausruf schmerzlichen Staunens wieder sinken. „Wie,"
sagte er, „ist das Wahrheit, was hier steht? Mein
junger, blühender Vetter tot, ertrunken bei seinem edlen
Rettungswerke? Es ist undenkbar, es scheint mir nicht
möglich! Mein armer Onkel, die arme Braut, welch
entsetzliches Verhängnis!"

Wie in Gedanken verloren starrte er eine Weile vor
sich hin, dann, sich der Situation erinnernd, flammte es
plötzlich auf in seinen dunklen Augen, und sich an Viola
wendend sagte er heftig: „Und Sie konnten glauben, ich
wisse darum und wolle es Ihnen absichtlich verschweigen?

Konnten mich einer so niedrigen Handlungsweise für
fähig halten? Nun, gnädige Frau, dann kennen Sie
mich doch noch herzlich wenig, und Ihr Verdacht, der
mich bitter kränkt, entbehrt zugleich jeder logischen Be=
gründung."

„Man muß Sie als einen der Zunächstbeteiligten
doch benachrichtigt haben," sagte sie unsicher, „erhielten
Sie denn keinen Brief, kein Telegramm?"

„Nichts," sagte er, „nichts, es ist mir selbst unbe=
greiflich!"

Ihr Argwohn wurde von neuem rege. „Ja, sehr
unbegreiflich," ergänzte sie spöttisch, „zumal Ihre ge=
heimnisvolle Reise merkwürdigerweise mit dem Ereignis
zusammentraf, aber lassen wir das, Graf Euen, ein er=
zwungenes Vertrauen ist für mich doch völlig wertlos.
Daß aber dieser an sich hochtragische und erschütternde
Vorfall für Sie ein unerwartetes Glück bedeutet, liegt
auf der Hand, und da Sie dieses Glück nur durch eine
baldige standesgemäße Heirat erlangen können, so erscheint
es Ihnen natürlich vor allem geboten, ein Scheinver=
hältnis zu lösen, das Ihre Freiheit in dieser Beziehung
hemmt. Irgend ein weibliches Wesen wird sich ja auch
wohl noch finden lassen, welche sich bereit erklärt, binnen
heute und vier Wochen Ihre Gattin zu werden, und an
der Sache selbst wäre nichts auszusetzen, wenn Sie, statt
sich mit einem heuchlerischen Nimbus zu umgeben, offen
und ehrlich zu Werke gingen."

Er starrte sie an wie eine Erscheinung. „Sie zweifeln
also immer noch an meiner Unkenntnis der Sachlage,"

fragte er bebend, „trotz meiner Beteuerung? Glauben
immer noch, ich könnte Ihnen den Affront anthun, in
übereilter Hast eine andere zu heiraten, nachdem ich
wochenlang die Ehre und das Glück hatte, Ihr Ver=
lobter zu heißen? Ich sollte Sie rücksichtslos beiseite
schieben, um mir mein eigenes Glück zu sichern, und der
Brutalität die Heuchelei, die Lüge hinzufügen? Nun,
gnädige Frau, es ist ein recht schmeichelhaftes Bild, das
Sie da von meinem Charakter entwerfen, und wenn ich
den Regungen folgen wollte, welche mein beleidigtes
Gefühl mir vorschreibt, so würde ich nicht ein Wort
mehr an Sie verschwenden, aber mein Stolz, meine
Ehre verlangen eine Rechtfertigung, und da Sie nach
der Wahrheit verlangen, so sollen Sie auch die Wahrheit
hören!"

Er blieb in höchster Erregung vor ihr stehen, eine
ehrliche Entrüstung sprach aus seinen Zügen, ein edler
Zorn, aber auch ein ungeheurer Schmerz, und Violas
Blick hing wie gebannt an seinem Antlitz, das seinen
Zauber für sie noch nicht verloren hatte.

„Viola," sagte er erregt, „wissen Sie denn nicht,
daß Ihre Rache sich erfüllt hat, daß ich unendlich ge=
litten habe durch Sie, entsinnen Sie sich nicht der Worte,
die ich an jenem Abend zu Ihnen sprach? Ich kehrte,
trunken vor Glück, nach Hause zurück, denn ich hoffte
zum erstenmal, daß es mir gelungen sei, Ihren Groll
zu besiegen, aber die beglückende Aussprache, die volle
Verständigung, die der folgende Tag uns bringen sollte,
wurde durch meine unerwartete Reise verschoben. Trotz=

dem glaubte ich, Ihrer sicher zu sein! Voll Sehnsucht,
voll kühner Pläne kehrte ich heim, hörte unterwegs schon
von Lerchenfelds Entlarvung und Flucht, und fand mich
selbst beinahe ruiniert. Konnte, durfte ich unter diesen
Umständen noch um Sie werben? Ich sagte mir — nein!
Als ich unsere Verlobung in Scene setzte, absichtlich
Ihren Zorn herausforderte, um Sie aus Ihrer kühlen
Apathie zu wecken, war ich ein arrangierter, wohlsituierter
Mann, jetzt gehe ich meinem Ruin entgegen. Der Schein
war gegen mich, mehr denn je, Ihr Mißtrauen, Ihre
Zweifel wären wieder erwacht, Sie hätten in mir nur
den berechnenden Glücksjäger gesehen, der sich an Ihrer
Mitgift bereichern wollte, und dessen offenes Geständnis
wie eine nachträglich ersonnene Fabel klingen mußte.
Ich fürchtete Ihren Unglauben, Ihren Hohn, Ihren
Spott. Ihre Ruhe erschien mir nicht gefährdet, und
mein Stolz gebot mir zu schweigen — um jeden Preis!
Aber es war mir anderseits auch unmöglich, die Rolle
Ihres Verlobten noch weiter fortzuspielen. Alles oder
nichts, das war mein Begehren! Und da ich keine
Hoffnung mehr hatte, Sie zu erringen, wollte ich die
Qual nicht länger erdulden. Denn eine Pein, eine Qual
war diese Verlobung für mich in letzter Zeit. Ja, Viola,
es gab Stunden, wo ich meinen Einfall bitter bereute,
wo ich unter dem Zwange meiner unnatürlichen Stellung
litt. Wie sehr ich mich auch nach außen zu beherrschen
vermochte, das stete Zusammensein mit Ihnen, der Anblick Ihrer Schönheit übte eine berauschende Wirkung
auf mich aus, ließ meine Leidenschaft zu ungeahnter

Höhe emporwachsen und drohte, mir die Besinnung
zu rauben! Wie oft, wenn es mir nur gestattet war,
Ihre Hand zu berühren, mit dem Hauch meines Mundes
Ihre Wange zu streifen, faßte mich ein wahnsinniges
Verlangen, Sie in meine Arme zu schließen, Ihnen, der
Braut meiner Wahl, mein Geheimnis zu offenbaren und
das Geständnis der Gegenliebe von den zitternden Lippen
zu küssen, aber ich ahnte, daß Sie meinen Übermut
strafen, daß Sie sich rächen wollten; der triumphierende,
erwartungsvolle Blick Ihres Auges warnte mich vor jeder
Übereilung, und ich sah, meine Zeit war noch nicht gekommen. Erst jetzt, vor wenigen Tagen erst, begann ich
zu hoffen — und wurde um so bitterer enttäuscht!
Großmut verlange ich nicht von Ihnen, aber Gerechtigkeit,
Vertrauen! Sie haben mich mit Vorwürfen und An-
schuldigungen überhäuft, haben an die Reinheit meiner
Motive nicht zu glauben vermocht und fühlen sich durch
mein Zurückziehen beleidigt, aber Sie übersehen ganz,
daß, wäre ich von dem Tode meines Vetters unterrichtet
gewesen, ich auch kaum anders hätte handeln können.
Wie man die Sache auch beleuchten und auffassen mag,
es drängt mich alles zu einer baldigen Heirat hin, und
mein größter und einziger Vorteil läge in einer Verbindung mit Ihnen! Oder meinen Sie, es wäre leichter
und angenehmer für mich, in der Kürze der Zeit um
eine andere zu werben, die den gestellten Ansprüchen
kaum genügen würde und überhaupt erst gesucht werden
müßte, als hier, wo alles aufs glücklichste vorbereitet
schien, zuzugreifen und den Schein einfach zur Wahrheit

zu machen? Glauben Sie mir, gnädige Frau, wenn ich genügend orientiert und der erbärmliche Komödiant gewesen wäre, als den Sie mich hinzustellen belieben, ich hätte alles andere eher gethan, als Sie um meinen Abschied zu bitten. Nur weil ich nicht wußte, daß auch ich unter den gegebenen Bedingungen für die Zukunft noch etwas zu bieten habe, weil ich Ihre Hand nicht erbetteln wollte wie ein großmütiges Almosen, trat ich zurück, und verzichte nach dem Vorangegangenen auch jetzt noch auf jede Verständigung mit Ihnen! Darum leben Sie wohl; wir haben einander nichts mehr zu sagen, gnädige Frau!"

Immer schneller und leidenschaftlicher hatte er gesprochen, mit immer steigender Bitterkeit, und sie mußte den Strom seiner Rede willenlos über sich dahinbrausen lassen, ohne ihn unterbrechen zu können. Zu tief hatte sie ihn verletzt, zu mächtig war sein Zorn, aber sie fühlte sich mehr betäubt als erschüttert, und der letzte Schatten eines Zweifels hielt noch immer ihre Seele gefangen. War es nicht immer dasselbe, was er wollte? Freiheit, Freiheit für sich und seine Handlungen. Klang das Geständnis seiner Gefühle nicht kühl und dürftig gegen das Hohelied der Liebe, das in ihrem eigenen Herzen erklungen, und gedachte er auch nur mit einem Wort ihrer eigenen Pein?

War seine Entrüstung echt, sein Zorn berechtigt? Oder war es nur ein neuer Schachzug, um sein rücksichtsloses Vorgehen zu decken? Wenn er sie nicht liebte! Ihr Herz zuckte zusammen, ihr Stolz bäumte sich auf,

sie sah sein Antlitz, das ihr so verändert erschien, und
ein Gefühl heißer Reue überkam sie plötzlich. Sie hatte
ihn der Täuschung und Lüge geziehen, mußte er ihr
da nicht zürnen?

Sie stöhnte auf vor innerer Qual und Bedrängnis,
sie preßte die Hände vor ihr Angesicht und hätte weinen
mögen vor Angst und Verzweiflung, aber keine Thräne
kam, ihr die Lider zu netzen, und nun sagte er gar:
„Leben Sie wohl, gnädige Frau!" War das ihr Triumph,
war das das Ende?

Sie rührte sich nicht, sie streckte die Hand nicht aus,
um ihn zurückzuhalten, sie war wie gelähmt, sie sah nur,
wie er langsam, langsam der Thür zuschritt, vielleicht
auf Nimmerwiedersehen, und ihr Herz erstarrte zu Eis.

Da wurde draußen heftig die Klingel gezogen, man
hörte den Diener öffnen, ein leichter, hastiger Schritt
näherte sich der Thür, und im nächsten Augenblick stürzte
Frau Thesch erhitzt, atemlos in das Zimmer, an Euen
vorüber, der grüßend und wortlos weiterschreiten wollte.
Aber sie legte die Hand hastig auf seinen Arm, zog ihn
wieder zurück in die Mitte des Zimmers, flüsterte:
„Bleiben Sie, Sie müssen mich hören!" und sank er=
schöpft in einen Sessel. Erst als sie selbst sich erholt
hatte, bemerkte sie das verstörte Aussehen der beiden,
blickte erstaunt von einem zum andern und sagte endlich:
„Was — um Gottes willen — was ist geschehen?"

Viola war keines Wortes mächtig, sie blickte nur
erwartungsvoll auf Euen, und dieser sagte denn auch
mit einem Anflug seines spöttisch=überlegenen Lächelns:

„Excellenz, wir sind im Begriff auseinanderzugehen, der Augenblick ist günstig, die Komödie ist zu Ende; wenn Sie applaudieren wollen, es steht Ihnen frei!"

Frau Thesch richtete sich erschreckt empor. „Sie meinen — daß Ihre Verlobung —" stammelte sie.

„In das Nichts zerfällt, aus dem sie entstanden ist," ergänzte Graf Euen. „Sie hat ihren Zweck vollkommen erfüllt, und Ihre Freundin tritt wieder in den unbe= schränkten Besitz ihrer Freiheit!"

Wie kühl er das sagte, wie stolz und ironisch! Viola fröstelte bei seinen Worten, Thesch aber fand ihre ganze Lebhaftigkeit wieder, und plötzlich aufspringend rief sie energisch: „Aber das ist unmöglich, das darf nicht sein, es wäre unser aller Verderben! Ich hatte mich so daran gewöhnt, Sie zusammen zu sehen, daß ich an die Wahr= scheinlichkeit einer Trennung gar nicht mehr dachte, und heute, gerade heute sind Umstände eingetreten, welche dieselbe geradezu verbieten! Eine Scheinverlobung genügt gar nicht mehr, Sie müssen sich heiraten, und wenn Sie es nicht thun wollen —" sie brach in Thränen aus.

Theschs Aufregung gab Viola ihre Fassung wieder. Sie trat neben ihre zitternde kleine Freundin, legte die Hand beschwichtigend auf die Schulter und sagte ernst: „Was ist es, hast du eine Unvorsichtigkeit begangen?"

„Natürlich," schluchzte jene, „wie sollte ich nicht, fing sie es doch gar zu klug und listig an!" und als Euen frug: „Gräfin Löwenclau?" nickte sie und fuhr ruhiger fort: „Ich begreife jetzt, daß sie mich schon früher aushorchen wollte, aber ich mußte ihr immer ge=

schickt auszuweichen, und in letzter Zeit schien sie auch
keinen Verdacht mehr zu hegen. Da wurde ich denn
auch weniger ängstlich und argwöhnisch, sprach von euch
ganz unbefangen wie von einem wirklichen Brautpaar,
und glaubte an keine weitere Gefahr; heute aber kam sie
schon ziemlich zeitig, als ich noch bei der Toilette war,
zeigte sich sehr liebenswürdig, plauderte von diesem und
jenem und erzählte mir endlich, Ihr Vetter sei gestorben,
Graf, und Sie der nächste Anwärter für das Majorat.
Von dem Euenschen Hausgesetz, wonach das standes=
gemäße Heiraten vor dem dreißigsten Jahr obligatorisch
ist, sprach sie schon früher und erging sich nun in bos=
haften Bemerkungen, welche Ihre Werbung um Viola
damit in Zusammenhang brachten. Ja, sie ging so weit,
zu behaupten, Sie hätten schon damals von der pro=
jektierten Vermählung des Mellenburger Euen mit einer
Schauspielerin gewußt und darum Ihre eigene Ver=
lobung beschleunigt, so gleichsam zwei Fliegen mit einer
Klappe schlagend, indem Sie sich der reichen Erbin und
des Majorats zu gleicher Zeit zu versichern suchten.
Mich empörte die Grundlosigkeit dieser Beschuldigungen!
Trotz meines Widerspruchs wußte sie immer neue Be=
stätigungen für ihre Annahme zu finden, zudem reizte
mich ihr hohnvolles überlegenes Lächeln, ich redete mich
immer mehr in Eifer, vergaß, wen ich vor mir hatte —"

„Nun — und?" frugen Viola und Euen wie aus
einem Munde.

Frau Thesch wurde sehr verlegen. „Ja, was ich
eigentlich gesagt habe, weiß ich selbst nicht genau," er-

widerte sie zerknirscht, „aber irgend etwas muß ich doch
wohl verraten haben, denn ich erschrak plötzlich bis ins
Herz hinein, als sie höhnisch sagte: ‚So, so, das wollte
ich ja nur wissen! Also nur eine Art freundschaftlichen
Übereinkommens, keine wirkliche Verlobung — das wird
alle Welt ungemein interessieren!‘ Ich wollte etwas
einwenden, aber sie fuhr unbeirrt fort: ‚Mir ahnte der=
gleichen, aber der Colportagebaron war anderer Ansicht
und wollte es mir nicht glauben, die Idee erschien ihm
zu ungeheuerlich. Nun kann ich mir alles zusammen=
reimen. Du lieber Gott, was thut man nicht alles aus
Freundschaft — und Ihr Herr Gemahl —‘

„Ich hatte inzwischen meine Fassung wiedergewonnen
und sagte so ruhig und erstaunt wie möglich: ‚Was reden
Sie da, Gräfin? Sie müssen mich in unbegreiflicher
Weise mißverstanden haben. Viola und Euen sind das
glücklichste Brautpaar von der Welt und werden gewiß
in kurzer Zeit ein ebenso glückliches Ehepaar werden.‘

„Sie sah mich höhnisch an. ‚Nun, liebe Excellenz,‘
meinte sie, ‚die Sache wird sich ja sehr bald entscheiden.
Entweder sie heiraten sich bis zu dem angegebenen Termin
— und dann habe ich mit meiner ersten Behauptung
recht — oder sie gehen noch vorher auseinander, und
dann haben wir den Beweis, daß diese Verlobung nichts
war und ist, als ein sehr geschicktes kleines Manöver,
ein amüsantes Impromptu. Man wird das natürlich
nicht zugeben wollen, das Brautpaar wird triftige Gründe
für eine Entzweiung finden und die Welt sich den Kopf
zerbrechen, wie das alles gekommen. Der General aber

und meine nächsten Bekannten dürften dann doch durch mich erfahren, daß die Sache nicht ganz so harmlos ist, als sie von weitem ausschaut, und die lustige Farce vielleicht ein kleines Nachspiel erleben. Bis dahin gelobe ich Ihnen zu schweigen!"

Die kleine Excellenz atmete tief auf. „Ich bin überzeugt," sagte sie, „sie weiß noch nichts positiv, aber sie errät alles und wird, wenn ihre Vermutungen sich bestätigen sollten, den umfassendsten Gebrauch davon machen. Unsere Lage ist kritischer als je vorher, die ganze Komödie umsonst gewesen, wenn sie nicht in der angedeuteten Weise zu Ende geführt wird, und unser guter Ruf, unser Friede dahin. Ich zittere vor meinem Mann, wenn er die Sache entdeckt!"

Die beiden anderen sagten kein Wort. Sie standen jedes an einem anderen Fenster und starrten hinaus, Thesch in achtloser Weise den Rücken zukehrend. Die kleine Frau war ganz ratlos! Zum erstenmal in ihrem Leben befand sie sich in einer wirklichen Verlegenheit, zum erstenmal litt sie unter den Folgen ihres Thuns. Und niemand wollte ihr helfen! Sie stand auf und blieb dann wieder unschlüssig stehen.

„Ich begreife eigentlich gar nicht, warum Ihr Euch nicht heiraten wollt," sagte sie schmollend, „es ist doch die einfachste Sache von der Welt und zugleich das Klügste, was Ihr thun könnt, von meinem unfreiwilligen Verrat ganz abgesehen! Du, Viola, kannst jetzt doch fürs erste keinen anderen heiraten, und Sie, Graf Euen, brauchen eine Frau für Ihr Majorat, zudem sollen Sie

durch Lerchenfeld Verluste erlitten haben, und Viola hat
entsetzlich viel Geld. Es paßt also alles vortrefflich, und
wenn Ihr Euch auch weiter nicht entsetzlich liebt — du
lieber Himmel — es wird ja auch ohnedem gehen!"

Wieder dasselbe starre Schweigen. Thesch war außer
sich, was hatten nur diese beiden Menschen? Sie lief
ein paarmal ungeduldig hin und her, blieb dann in
der Mitte des Zimmers stehen, stampfte mit den Füßen
auf den Boden wie ein ungezogenes Kind und sagte
endlich: "Wollt Ihr Euch nun heiraten oder wollt Ihr
nicht?" und im nächsten Augenblick erscholl auch schon
ein lautes, trotziges, zweistimmiges "Nein!"

Was war da zu thun? Die reizende kleine Frau
sah ganz verblüfft aus, aber ihre Verlegenheit hielt nicht
lange vor. Sie dachte nach, schüttelte den Kopf, blickte
auf die beiden regungslosen Gestalten, schlug sich plötzlich
wie unwillig über sich selbst vor die Stirn, lächelte
pfiffig und schlich dann, einer neuen Eingebung folgend,
leise, ganz leise aus dem Zimmer. — — — —

Auch oben, bei der Geheimrätin, war alles in größter
Verwirrung. Lerchenfeld, durch einen Fremden rekognos-
ziert und als Betrüger entlarvt, war in der vergangenen
Nacht entflohen, und die arme Frau, die seinen falschen
Liebesschwüren gelauscht, sah sich durch ihn nicht nur
verraten, sondern auch beraubt. Ein großer Teil ihres
Vermögens war mit ihm verschwunden, und wenn man
auch hoffen durfte, einige Bruchstücke desselben wieder zu
erhalten, so war doch das Faktum, daß sie seine Braut
gewesen, nicht zu verwischen, und ein Teil der Schmach

traf auch ihr unschuldiges Haupt. Es schien darum nur
natürlich, daß sie so schnell wie möglich den Ort zu
verlassen wünschte, der ihre Niederlage gesehen hatte.
Sie war daher, ebenso wie ihre Tochter, eifrig mit
Packen beschäftigt, und wenn sie auch in ihrer Auf=
regung und Verzweiflung wenig dazu beitrug, um
die Koffer zu füllen, und immer das herausnahm, was
Evchen hineingelegt hatte, so gewährte ihr die eifrige
Beschäftigung doch einige Zerstreuung, und sie richtete
in den Zimmern eine solche Zerstörung an, daß Onkel
Adam, der gekommen war, um seine kleine Lilie zu
trösten, kaum ein Plätzchen für seine langen Beine finden
konnte. Trotz alledem sah er ganz vergnügt und verklärt
aus. Da nichts ihn zurückhielt, als die Sorge um
Dietrichs Glück, beschloß er den Damen in wenigen
Tagen zu folgen, und daß er sich dann von ihnen nicht
mehr trennen würde, schien allen ganz selbstverständlich
zu sein. Konnte er doch jetzt schon kaum ohne Evchen
leben, und obgleich die Abreise erst am Abend stattfinden
sollte, begann er doch jetzt schon Abschied zu nehmen.

Zu seinem Leidwesen wurde er jedoch in dieser an=
genehmen Beschäftigung gestört. Jean, der Diener des
Grafen, ließ ihn herausrufen, um seine Vermittlung in
Anspruch zu nehmen, und überreichte ihm mit zerknirschter
Miene eine Depesche für seinen Herrn, die während
dessen Abwesenheit angekommen und von ihm verlegt
worden war. Sie ihm nun selbst zu übergeben, getraute
er sich nicht, und da er Herrn von Tschalrey in dem=
selben Hause wußte, wandte er sich mit seinem Geständnis

an diesen. Onkel Adam riß die Depesche ohne weiteres
auf, las sie, schickte Jean nach Hause und stürmte dann
selbst herunter zu Frau von Weeren.

„Pardon," sagte er, in das Zimmer tretend, das
die kleine Excellenz soeben durch eine andere Thür ver=
lassen, „Pardon, wenn ich störe, ich bringe da eine sehr
wichtige Nachricht —" und an Euen herantretend, der
sich bei seinem Erscheinen jäh umgewandt hatte, fuhr er
fort: „Eine Depesche von deinem Onkel Herbert, mein
Junge, die dein Schlingel von Kammerdiener eben erst
für dich brachte, obgleich sie schon vorgestern angekommen
ist. Ich habe ihm bereits eine gründliche Strafpredigt
gehalten. Konnte freilich nicht ahnen, was darin stand.
Hm, hm, traurige Geschichte! Hat seinen einzigen Sohn
verloren, dein Onkel, und wünscht, daß du zur Beerdigung
kommst — aber für dich ist's ein Glücksfall, Dietrich,
und was dir der Schuft, der Lerchenfeld, gestohlen, gibt
dir unser Herrgott in Gnaden wieder. Nun, du sagst
ja gar nichts, bist du denn weder betrübt noch erfreut?"

Euen zwang sich zu einer Erwiderung. „Ich mußte
es schon," meinte er dumpf. „Frau von Weeren sagte
es soeben."

„Frau von Weeren," wiederholte Onkel Adam, „holla,
Junge, was soll denn das heißen? Nennt man so seine
künftige Gattin, das Weib, das man liebt? Ich bin
erst seit zwei Tagen verlobt und habe schon eine ganze
Menge reizender Namen für meine kleine Lilie, unter
denen „Herzblatt" und „Grasmücke" die geringsten sind.
Oder ändert sich das kurz vor der Hochzeit? Na, nichts

für ungut, du bist heute verstimmt, ich kann mir's schon
denken, aber heiraten mußt du nun binnen vier Wochen,
und wenn du nicht bald das Aufgebot bestellst —"

Der junge Graf erhob abwehrend die Hand. „Wo
sind deine Grundsätze, Onkel Adam?" fragte er spöttisch.
„Erst verfolgst du die Frauen mit Feuer und Schwert,
dann verlobst du dich selbst, und schließlich mahnst du
mich, mit dem Heiraten Ernst zu machen, obgleich du
bisher an meiner Braut gar viel auszusetzen hattest.
Wie soll ich das verstehen?"

Onkel Adam lachte und blinzelte zu Frau von Weeren
hinüber. „Nun," sagte er, „auszusetzen hatte ich eigentlich nichts an ihr, ich konnte mir nur nicht klar werden,
ob sie dich liebe."

„Nun und jetzt?" Die Frage klang hastig.

„O, jetzt bin ich aufs innigste davon überzeugt,"
lachte Onkel Adam ganz listig. „Erstens habe ich selbst
jetzt erst den richtigen Maßstab für dergleichen Messungen
gefunden, und dann, während du fort warst, konnte ein
jeder es sehen: sie verzehrte sich vor Sehnsucht!"

Euen wandte sich wieder dem Fenster zu, und in
demselben Augenblick machte sich ein Geräusch vernehmbar,
oben, über dem Kronleuchter, ward sehr energisch geklopft.
Onkel Adam sprang auf. „Das ist sie," sagte er strahlend,
„das ist ihr Zeichen, die kleine Hexe kann es nicht erwarten,
mich wieder zu sehen!" und fort war er, in der Thüre
noch versichernd, daß er und Eva zum Frühstück herunter-
kommen würden und hofften, etwas recht Gutes zu finden.

Die beiden waren nun wieder allein und wieder

hörte man kein Wort. Das dauerte eine ganze Weile. Dann glitt Viola mit unhörbaren Schritten über den weichen Teppich zu Euen hin, legte ihre verschlungenen Hände auf seine Schulter, neigte die Stirn und sagte leise, mit halberstickter Stimme: „Können Sie mir nicht verzeihen, Dietrich, dürfen wir nicht glücklich sein?" Und als er sich nicht rührte — nur die ominöse Depesche knisterte leise in seiner Hand — fuhr sie zitternd und undeutlich fort: „Ich wollte Ihnen ja nicht wehe thun, ich war nur so unglücklich, so verzweifelt, und der Ge= danke, Sie zu verlieren, machte mich sinnlos."

„So hat Onkel Adam recht?" fragte er aufatmend.

Sie antwortete nicht, sie hob nur ihr schönes er= rötendes Antlitz zu ihm empor, und als ihre Blicke sich nun begegneten, da war auch der Bann von ihm ge= nommen, der ihn so schmerzvoll gefangen gehalten, und der ganze Zauber seiner Persönlichkeit kam wieder zur Geltung. Wie Sonnenlicht und jubelndes Entzücken brach es aus seinen strahlenden Augen, seine Arme um= fingen sie, seine Lippen suchten die ihren, und ein Rausch reinster Wonne und leidenschaftlichster Hingabe hob sie über alle kleinlichen Bedenken hinweg. Sie schmiegte sich an ihn, sie erwiderte seine Küsse, und während er ihr tief in die schönen, schwimmenden Augen sah, stam= melte er mit heißer Zärtlichkeit:

„Endlich mein, mein Kleinod, meine Braut, meine süße Vi, nun soll uns nichts und niemand mehr trennen!"

Sie waren noch ganz versunken in ihr Glück, als die Thür, welche zu Violas Ankleidezimmer führte, leise geöffnet wurde und die kleine Excellenz erschien. Sie hatte Hut und Mantel abgelegt, ihre Frisur in Ordnung gebracht und ihren Übermut, ihre schalkhafte Laune wiedergefunden. Nun, da sie die Situation schnell übersah, eilte sie auf das wirkliche Brautpaar zu, weidete sich an Violas leiser Befangenheit und sagte lachend:

„Na, nehmt's mir nicht übel, das hat aber lange ge=dauert! Ich glaubte schon, ich müßte heute hier über Nacht bleiben, denn ehe die Sache nicht klipp und klar war, wäre ich nicht von dannen gegangen, aber nun scheint ja, Gott sei Dank, alles in Ordnung zu sein, und ich brauche den Löwenrachen der bösen Gräfin nicht mehr zu fürchten. Wenn's also erlaubt ist — ich gratuliere!"

Euen verbeugte sich zustimmend und küßte ihr mit strahlendem Lächeln die Hand, Viola aber konnte sich nach der gehabten Erschütterung so schnell nicht zurecht=finden, und ihre innere Erregung klang noch durch, als sie staunend fragte: „Aber, Thesch, ich bitte dich, woher konntest du wissen?"

„Daß Ihr Euch liebtet?" ergänzte die kleine Excellenz, „ohne einander nicht leben könnt? Ja, Schatz, spät genug ist mir die Erleuchtung gekommen, und sehr er=hebend für mein Selbstbewußtsein ist sie just auch nicht gewesen, aber als ich vorhin Euens energisches „Nein" mit angehört hatte, da ging mir mit einem Male ein Licht auf, und ich merkte, daß Ihr nicht vor anderen, sondern vor Euch selbst Komödie gespielt hattet. Über den Ausgang war ich nun nicht mehr im Zweifel, die Entscheidung stand nahe bevor, die wirkliche Verlobung

mußte der scheinbaren folgen, und das einzige, was not
that, war, daß Ihr noch eine Weile ungestört bliebt.
So überließ ich Euch denn Eurem Schicksal, legte mich
ein Stündchen auf deine Chaiselongue und komme nun,
wie du siehst, erfrischt und beruhigt zum erfreulichen
Aktschluß gerade zurecht."

Viola, der in diesem Augenblick selbst das Bild der
reizenden kleinen Egoistin wieder in einem milderen
Lichte erschien, und die sich nun ihres eifersüchtigen
Grolls und Unmutes schämte, umarmte sie stürmisch,
das gute Einvernehmen ward auch ihr gegenüber wieder
hergestellt, und eine Stunde später waren alle in heiterster
Stimmung bei einem solennen Frühstück versammelt.

Euen feierte offiziell Onkel Adams Verlobung und
in seinem Herzen die eigene, der Gedanke an die Ver=
luste, die er gehabt, und an den Tod seines Vetters ver=
mochte seinen neu hervorquellenden glücklichen Übermut
kaum zu dämpfen, und Tante Betty, die wieder in
Gnaden aufgenommen worden, konnte sich die wunderbare
Veränderung, die mit Viola vorgegangen, gar nicht
erklären. Onkel Adam ließ sich schmunzelnd von seiner
kleinen Lilie die besten Bissen vorlegen, und Eva selbst
wußte nicht, ob sie lachen oder weinen solle. Sie war
ja glücklich, so unsagbar froh, aber ihre arme Mama!

Nur die kleine Excellenz war trotz ihrer scheinbaren
Munterkeit nicht ganz befriedigt. Sie hatte ihren
alten Courmacher verloren und vorderhand keinen neuen,
fand fremdes Glück nicht ausreichend, um sich daran zu
berauschen, ahnte, daß es ihr so rein und voll wohl nie

zu teil werden würde, und wollte, wie immer, etwas
für sich ganz allein haben. Indessen sie war zu leicht=
lebig, um unter der momentanen Verstimmung ernstlich
leiden zu können, und klug genug, dieselbe nicht zum
Ausdruck zu bringen. Sie verbarg sie vielmehr sehr
geschickt unter übermütigen Scherzen und schelmischen
Neckereien, und betonte es so sehr, daß sie es sei, welche
dieses Brautpaar glücklich vereint, daß Viola doch wieder
unruhig wurde und nach ihrem Weggange den Grafen
fragte: „Dietrich, sage mir, hast du Thesch wirklich geliebt?"
Aber er schüttelte leise das Haupt, zog Viola mit
stürmischer Zärtlichkeit an sich und sagte heiter: „Nein,
Vi, nie, niemals, auch damals nicht, als ich ihr noch
wie ein Schatten folgte. Ich fand sie nur sehr reizend,
sehr unterhaltend und sehr pikant, und brauchte jemand,
dem ich offiziell den Hof machen konnte, ohne dabei
gerade ein Herz zu brechen. Bei Frau Thesch war
diese Gefahr ganz ausgeschlossen, und außerdem — Ihr
schient unzertrennlich! Mir aber lag vor allem daran,
dich zu beobachten, in deiner Nähe zu weilen und doch
scheinbar gleichgültig an dir vorüber zu gehen. Denn
deine Erscheinung, deine ganze Art und Weise hatte
einen tiefen Eindruck auf mich gemacht, ich wollte dich
umwerben, deine stolze Schönheit für mich gewinnen,
und hätte dies vielleicht auch offen gezeigt, wenn ich
durch den Namen Turandot nicht gewarnt worden wäre.
Ich sah die klägliche Rolle, welche du deine glühendsten
Verehrer spielen ließest, und wollte nicht wie sie mit
einem Korbe heimgeschickt werden. Ich beugte meinen

Nacken nicht willig unter das süße Joch, und weil ich
dich nicht lieben wollte, machte ich dir Opposition. Als
du aber in jenem kritischen Moment mich anflehtest, dir
und deiner kleinen Freundin zu helfen, erschien mir eine
scheinbare Verlobung nicht nur als das beste Mittel, um
Frau Thesch zu retten, sondern auch ganz geeignet, nun
meine eigenen Interessen in überraschendster und er=
freulichster Weise zu fördern. Deine kalte Ruhe mußte
zerstört, deine Gleichgültigkeit erschüttert werden, nur so
konnte ich endlich zum Ziele gelangen, und da sich mir
die Gelegenheit bot, hatte ich auch die Kühnheit, sie zu
ergreifen. Darum drängte ich mich dir auf, darum
reizte ich deinen Zorn, ja, bebte selbst vor deinem Haß
und deiner Rache nicht zurück, sollten sie mir doch zum
Siege verhelfen. Nun, Geliebte, ich gebe zu, es war
ein toller Streich und jugendlicher Übermut, die Lust
am Abenteuer mag wohl auch noch mitgespielt haben;
welche Konflikte und Konsequenzen aber aus diesem einen
Schritt hervorgehen würden, konnte ich nicht ahnen und
vermag auch jetzt nicht meinen Entschluß zu beklagen,
der mich zu dem ersehnten Ziele geführt. Was jugend=
licher Leichtsinn verschuldet, kann durch ein ernstes,
thätiges Leben wieder gut gemacht werden, meine Liebe
zu dir ist Sühne und Bürgschaft zu gleicher Zeit, und
wenn du mir verzeihst und vertraust, Geliebte, bereue ich
nichts; ich wollte dich eben erringen um jeden Preis!"

Druck von Velhagen & Klasing in Bielefeld.